philosophie est une réflexion pour qui toute matière étrangère est bonne, et nous dirions volontiers pour qui toute bonne matière doit être étrangère.

Georges Canguilhem

La philosophie est une réflexion pour qui toute matière étrangère est bonne, et nous dirions volontiers pour qui toute bonne matière doit être étrangère.

Georges Canguilhem

Au tour de l'imposture

dans la même collection

Pierre Cassou-Noguès, *Une Histoire de machines, de vampires et de fous*, 2007.

Guillaume le Blanc, *Les Maladies de l'homme normal*, 2007.

Jean-Michel Salanskis, *Territoires du sens*, 2007.

Alexandru Dragomir, *Banalités métaphysiques*, 2008.

Mauro Carbone, *Proust et les idées sensibles*, 2008.

Olivier Schefer, *Variations nocturnes*, 2008.

Alexandru Dragomir, *Cahiers du temps*, 2010.

Christophe Genin, *Kitsch dans l'âme*, 2010.

Roberto Diodato, *Esthétique du virtuel*, 2011.

Mauro Carbone, *La Chair des images : Merleau-Ponty entre peinture et cinéma*, 2011.

Michel Malherbe, *D'un pas de philosophe en montagne*, 2012.

Pietro Montani, *Bioesthétique. Sens commun, technique et art à l'âge de la globalisation*, 2013.

Jean-Philippe Pierron, *Mythopées. Un portrait de la modernité tardive*, 2014.

Marc Berdet, *Chiffonnier de Paris. Walter Benjamin et les fantasmagories*, 2015.

Michael J. Sandel, *Contre la perfection. L'éthique à l'âge du génie génétique*, 2016.

Andrea Pinotti, *L'empathie. Histoire d'une idée de Platon au posthumain*, 2016.

Fritz Heider, *Chose et medium*, 2017.

Emin Boztepe, *Philosophie des arts martiaux modernes*, 2017.

Chantal Jaquet, *Philosophie du kôdô 香道. L'esthétique japonaise des fragrances*, 2018

Laurent Bove, *Pieter Bruegel. Le tableau ou la sphère infinie. Pour une réforme théologico-politique de l'entendement*, 2019.

Eric Trémault, *Structure et sensation. Une critique de la psychologie de la forme*, 2020.

Jean-Baptiste Vuillerod, *Hegel féministe. Les aventures d'Antigone*, 2020.

Roland BREEUR

Au tour de l'imposture

VRIN

Matière Étrangère

Directeurs de collection :
Bruce Bégout et Étienne Bimbenet

Imprimé en France
ISSN 1961-8336
ISBN 978-2-7116-3010-3
www.vrin.fr

Pour truc,
machin, bidule,
et autres signifiants flottants.

Faussaire. Fausse ère.
Mauvaise époque. Le temps va se gâter.
Georges Perec (*Le Condottière*)

avant-propos
mensonge et imposture

Pierre : — *Mais comment faire ? C'est là en moi*
Jacques : — *Quoi ? Qu'est-ce qui est là ?*
Pierre : — *Les faits. La vérité. C'est là.*
Jacques : — *D'abord commencez par ne pas appelez ça la vérité.*
Changez son nom. C'est un nom, dès qu'on le prononce,
il impressionne. On se cramponne à ça comme si notre
vie en dépendait On se croit obligé Il faut changer ça
Appelez ça le mensonge [ ] Mieux vaut se changer soi-même
que la face du monde, c'est la sagesse[1].

post-truth

Plus de deux siècles après que Thomas Jefferson ait proclamé l'espoir de voir les humains enfin gouvernés par la raison et la vérité[2], l'*Oxford Dictionnary*, on le sait, sélectionne « Post-Truth » comme mot de l'année. Visiblement l'espoir de l'ancien président était vain. En outre, le terme est lui-même accompagné d'une série d'expressions confirmant la faillite contemporaine de la vérité et dont l'auteur Lee McIntyre s'est même évertué à dresser l'inventaire : il s'agit de termes du genre de « alternative facts », « confirmation bias », « fake news », etc. Lui-même

1. N. Sarraute, « Le mensonge », dans *Œuvres complètes*, « Bibliothèque de la Pléiade », Paris, Gallimard, 1996, p. 1411.

2. « *... that man may be governed by reason and truth* », cité par J. Baggaini, *A Short History of Truth, Consolations for a Post-Truth World*, London, Quercus, 2018, p. 43.

définit *post-truth* de façon quelque peu cavalière : « l'affirmation que les sentiments sont plus exacts que les faits, en vue de la subordination politique de la réalité »[1]. Par là il détermine d'emblée l'enjeu du discours : la vérité des faits, obtenue avec méthode et respect par une communauté scientifique, est démentie par une foule de plus en plus importante de personnes qui renient ces vérités objectives, les « science deniers »[2]. Il s'agit bien souvent de « chercheurs » qui contestent toute sorte de faits auxquels ils ne veulent pas croire, et font croire en se mettant eux-mêmes à croire des faits qui « entrent dans leur agenda »[3].

Les « fake news » ont bien entendu toujours existé. Le terme lui-même avait du reste déjà été mis en circulation à l'occasion des mensonges que l'administration Bush, Blair et leurs complices avaient propagés au sujet des armes à destruction massive en Iraq. Mais c'est bien sûr les élections présidentielles américaines de 2016 qui ont propulsé l'usage du terme à une prolifération épidémique[4]. On dirait que ces élections et leur résultat pour le moins inattendu ont réveillé une communauté d'intellectuels et de scientifiques de leur profond sommeil dogmatique, ou idéologique[5]. Il a fallu qu'un président se mette à accuser à tort et à travers de *fake news* des faits qui remettent

1. L. McIntyre, *Post-Truth*, Massachussets, MIT, 2018, p. 174 (son « Glossary »).

2. *Ibid.*, p. 21.

3. *Ibid.*, p. 11.

4. On se souvient comment H. Clinton dénonçait à la suite de sa défaite aux élections et lors de son speech le 8 décembre 2016 « the epidemic of malicious fake news ». Pour une contextualisation du terme, *cf.* par exemple P. Levinson, *Fake News in Real Context*, New York, Connected Editions, 2018, et K. Kuhla, *Fake News*, Hamburg, Carlsen Verlag, 2017. Elle montre entre autres comment l'usage même du terme de *Fake news* s'est propagé en réaction à celui de *Lügenpresse*, aux connotations politiques très lourdes. En effet, ce terme était utilisé par le régime nazi pour dénigrer les nouvelles issues de la presse « ennemie ».

5. L'irruption du terme « post-truth » a donné naissance à nombreux commentaires et ouvrages. Dans le monde francophone, je me borne à deux livres, le premier mettant surtout l'accent sur les rapports conflictuels entre vérité et politique (M. Revault d'Allonnes, *La faiblesse du vrai*, Paris, Seuil, 2018), le deuxième analysant l'essor de la post-vérité et le refus de la vérité « objective » à partir de la question du rapport entre la philosophie postmoderne avec la technologie internet (M. Ferraris, *Postvérité et autres énigmes*, Paris, P.U.F., 2019).

en cause son intégrité auto-proclamée pour que politiciens, électeurs et médias revendiquent leur profond et indéracinable amour pour la vérité. Car en effet, c'est « surtout lorsque tout est faux qu'on aime le vrai »[1]. Pis, comme dirait Jonathan Swift dans sa « brochure » sur le mensonge en politique, la vérité vient toujours trop tard, elle fait souvent l'effet d'un « remède infaillible » découvert par un médecin « après la mort de son patient »[2].

Rien de plus fragile, bien entendu, que des « faits ». Comme le notait jadis Hannah Arendt à propos « du problème de dissimulations, des contre-vérités et du rôle du mensonge délibéré » à l'occasion des documents du Pentagone[3], « la falsification délibérée porte sur une réalité contingente » et qui ne recèle pas de vérité intrinsèque[4]. Ainsi, aucune déclaration se référant à des faits n'est à l'abri de doutes, de manipulations et de dissimulations organisées qu'est la propagande, etc.

Toutefois, dans la lutte actuelle contre le faux, le « vrai » que certains penseurs contemporains affirment « aimer » prend une forme très particulière et d'étendue limitée : celle de faits objectifs établis et validés par la science. Ces faits (concernant par exemple le réchauffement climatique) sont démentis pour des raisons elles-mêmes non scientifiques mais souvent idéologiques, économiques ou autres[5]. Ils sont niés et contestés délibérément par des « experts » subventionnés par des entreprises afin de produire de la « fake research » dans le but de créer la confusion auprès du public. Cette confusion profite bien entendu à une classe politique qui, grâce au doute atteint, peut

1. Diderot, « Paradoxe sur le comédien », dans *Œuvres*, « Bibliothèque de la Pléiade », Paris, Gallimard, 1951, p. 1039.

2. J. Swift, *L'art du mensonge en politique*, Grenoble, Million, 1993, p. 86.

3. Les célèbres « Pentagon papers », soit les documents secrets établis par le *département de la défense* des Etats-Unis concernant l'implication politique et militaire du pays dans la Guerre du Viêt Nam de 1955 à 1971. Ils seront publiés dès 1971 par le New York Times après avoir été clandestinement communiqués à sa rédaction.

4. H. Arendt, *Du mensonge à la violence*, Paris, Agora Pocket, 2002, p. 10.

5. *Cf.* à ce sujet le livre de Ari Rabin-Havt, qui met au jours justement le lien interne entre les intérêts économiques et la politique dite « post-truth », in *Lies, Incorporated. The World of Post-Truth Politics*, New York, Anchor, 2016.

déployer un programme « ignorant » les problèmes et les faits pour lesquels leurs adversaires tentaient de trouver des solutions à échelle gouvernementale. Ainsi, à l'aide des médias et de leur prolifération incontrôlable, certaines vérités incommodes sont remises en question par ce qui ne s'avère être qu'une *imposture scientifique*, effet de lobbying financé par de grosses entreprises ou sociétés sur la politique et les médias.

Les exemples foisonnent. J'en retiens un, parce qu'il est paradigmatique et nous aide à comprendre l'enjeu du débat actuel sur les fausses nouvelles. Les faits remontent à 1953 dans l'Hôtel Plazza de New York[1]. Ce jour-là les chefs de grandes sociétés du tabac se réunissaient afin de déterminer la stratégie à suivre face à un article ravageur venant tout juste de publier les résultats d'une analyse qui démontrait noir sur blanc les rapports entre la cigarette et le cancer. John Hill, figure incontournable des relations publiques de l'époque, proposait un plan global : arrêtez de vous battre entre vous pour savoir laquelle de vos cigarettes est moins nocive. Il faut adopter une stratégie plus unie : « combattez la science »! Ce qui se ferait en sponsorisant des « recherches » additionnelles. C'est ainsi que fut créé le *Tobacco Industry Research Committee* (TIRC) dont la mission se réduisait surtout à convaincre le public « qu'il n'y avait aucune preuve que fumer la cigarette causait le cancer »[2] et que les études prétendant le contraire avaient été remises en question par « un grand nombre de scientifiques »[3].

Et cela a pris… justement en misant sur la donnée qu'aucun rapport conclusif n'avait été prouvé entre la cigarette et le cancer[4], en mobilisant les médias et atteignant 43 millions de personnes.

1. Pour une analyse détaillée, *cf.* N. Oreskes, Erik N. Conway, *Merchants of Doubt : How a Handful of Scientists Obscured the Truth on Issues from Tobacco Smoke to Global Warming*, New York, Bloomsbury Press, 2011. Je me base sur le résumé qu'en donne L. McIntyre, *Post-Truth*, *op. cit.*, p. 23 *sq.*

2. L. McIntyre, *Post-Truth*, *op. cit.*, p. 23.

3. *Ibid.*

4. Rien d'étonnant à cela, puisqu'en statistique, corrélation ne signifie pas causalité.

L'effet immédiat – et probablement l'enjeu et le but même de cette campagne – était l'apparition ou l'établissement de *confusion*. Comme le remarque fortement Rabin-Havt, le but de la création de *Tobacco Industry Research Committee* était « de semer le doute sur le consensus scientifique que fumer des cigarettes cause le cancer, de convaincre les médias qu'il y avait deux versions de l'histoire concernant les risques du tabac et que chaque version devait être considérée à poids égal. Et enfin, [cette commission] devait éviter que les politiciens ne nuisent aux intérêts économiques des compagnies de tabac »[1]. Et ce programme a duré et a fonctionné pendant quatre décennies, jusqu'en 1998.

Vu son efficacité, ce programme a été adopté pour défendre d'autres causes. La stratégie du TIRC se résume à ceci : « trouvez et financez vos experts, mobilisez-les à convaincre les médias qu'il y a toujours une autre version de l'histoire à défendre, imposez votre vision à l'aide de relations publiques et lobbying gouvernemental et profitez de la confusion publique atteinte afin de remettre en question n'importe quel résultat scientifique que vous cherchez à contester »[2]. Et c'est cette stratégie qui a été abondamment mise en œuvre à l'occasion d'autres « disputes » et « controverses » scientifiques comme celles liées aux théories sur le trou d'ozone, les pluies acides, le réchauffement climatique[3]. Or ces controverses sont « fausses » et ne résultent que d'une atteinte à l'autorité de la communauté scientifique et sont basées sur une tentative de discréditer ces sources d'informations. Le but est même moins d'établir une vision alternative sur les faits, que de faire croire au public que les faits déjà validés et largement admis ont fait l'objet de nouvelles recherches et ont été remis en question[4]. La confusion ainsi créée, comme on le verra tout au long de ce livre,

1. A. Rabin-Havt, *Lies, Incorporated*, cité par L. McIntyre, *Post-Truth*, *op. cit.*, p. 23.

2. L. McIntyre, *Post-Truth*, *op. cit.*, p. 24-25.

3. Rien de surprenant dès lors de voir que les « experts » du Heartland Institute, chargés de semer le doute sur les résultats de recherches scientifiques liées au réchauffement, furent financés entre autres par Philip Morris…

4. Avec souvent la complicité des médias, *cf.* les analyses convaincantes de McIntyre, *Post-Truth*, *op. cit.*, p. 75-121.

est le terreau même dans lequel fleurit l'imposture dans tous les sens contenus dans son terme : c'est-à-dire, suivant Littré :

1. Action de tromper, d'en imposer.
2. Ce qu'on impute faussement à quelqu'un dans le dessein de lui nuire.
3. Hypocrisie, tromperie dans les mœurs, dans la conduite.
4. Action de tromper en se faisant passer pour un autre »[1].

On rencontrera tous ces cas de figures à l'occasion de la variété d'imposteurs analysés dans les chapitres qui suivent. Pour l'heure, l'imposture en question est celle d'une pseudoscience dont les enjeux et les revendications dépassent amplement la problématique du mensonge. Cette pseudo science imite la « vraie » et joue à la vérité, se joue de cette vérité afin de semer doute et confusion. Ce trait, on le retrouvera à chaque étape de notre analyse des impostures. Mais revenons au cas de le « post-vérité ». Vu le cadre dans lequel est « manufacturé » le faux, c'est-à-dire dans les faux faits scientifiques, rien d'étonnant de voir une nouvelle montée de revendications et d'appels à la raison au nom « des lumières », du progrès scientifique, de l'objectivité, etc[2]. Les faits devant être protégés sont prioritairement des « faits objectifs » plus que ceux peuplant la réalité contingente dont parlait Hannah Arendt.

En effet, les intellectuels réclament la vérité au nom de la raison et de la science en lutte contre toute forme de « croyances » nourries par les émotions (« feelings », i.e. ; *le subjectif*) et des présuppositions latentes. Alors les esprits critiques font appel à la science « exacte » (en l'occurrence la psychologie cognitive) afin de comprendre les

1. É. Littré, *Dictionnaire de la langue française*, tome III, Paris, Hachette, 1877, p. 37.

2. A titre d'exemple, *cf.* S. Pinker, *Enlightenment Now : The Case for Reason, Science, Humanism, and Progress*, New York, Viking, 2018 (ouvrage traduit sous le titre combattif *Le triomphe des Lumières*), dont l'enjeu du propos se résume à ceci : « Le principe des Lumières selon lequel nous pouvons appliquer la raison et la sympathie pour favoriser l'épanouissement humain peut sembler évident, banal et démodé. J'ai écrit ce livre parce que j'en suis venu à comprendre que cela n'est pas le cas. Plus que jamais, les idéaux de la raison, de la science, de l'humanisme et du progrès ont besoin d'une défense sans faille ». Point de vue référence et lettres de noblesse, à noter que cet ouvrage est « my favorite book of all time » de Bill Gates.

mécanismes du cerveau qui permettent d'expliquer toute tendance vers « l'irrationnel ». Ainsi McIntyre renvoie-t-il lui-même à nombre de tests effectués par des psychologues (des émotions et du jugement moral) qui révèlent une quantité de « préjugés cognitifs fascinants ». Il s'agit par exemple de tendances que nous avons généralement à ne percevoir pour vrai uniquement ce que nous croyons et espérons être vrai. Lorsque nous ressentons un désagrément psychique, nous nous sentons « motivés » à trouver un moyen d'en reduire l'impact sur l'ego [1]. C'est sur ces formes de *biais cognitifs*, c'est-à-dire une déviation de la pensée rationnelle par rapport à la réalité, que se fondent les biais auxquels renvoie McIntyre pour tenter de comprendre le manque de sens critique et rationnel de l'électorat actuel. Il s'agit du dénommé « backfire effect » (l'effet rebond) et du « Dunning-Kruger effect ». Dans la première forme de dissonance cognitive, une personne non seulement refusera d'accepter la preuve mettant en cause sa croyance, mais par effet de rebond se sentira même renforcée dans sa conviction. Elle rejette cette évidence et double a mise (*double down*) sur sa croyance erronée [2]. Quant à l'autre effet, aussi appelé l'effet « trop stupides pour savoir qu'ils sont stupides » (*too stupid to know they're stupid*), il s'agit d'une dissonance qui tente de comprendre comment des sujets à faible capacité (low-ability subjects) se voient fréquemment incapables de reconnaître leur propre inaptitude. Ces effets ont été soigneusement étudiés à l'aide d'expériences et de tests réitérés, je passe les détails, et dont les résultats poussent entre autres le philosophe Lee McIntyre à chercher des liens avec le phénomène *post-truth*. Au fond, l'enjeu de son propos est de répondre à la consternation que nous, animaux rationnels, n'arrivons pas à voir que « croire en la vérité augmente nos chances de survie ». Face aux catastrophes écologiques et autres qui nous guettent, bon nombre de gens votent pour un parti et suivent des

1. « a non-ego-threatening way to reduce it », McIntyre précise cependant *qu'il ne faut pas confondre* ce genre de « motivated reasoning » avec le nommé « confirmation bias ». Pour le sens précis de cette distinction, *cf.* L. McIntyre, *Post-Truth*, *op. cit.*, p. 45.

2. *Ibid.*, p. 48-51.

propos qui en accélèrent la venue [1]. Bref, ils sont irrationnels. Pourquoi ? Parce que non seulement des « biais cognitifs » les empêchent de penser clairement, mais qu'en plus ils nous voilent même la conscience qu'on pourrait avoir de ce manque. Et cela arrive surtout, selon le philosophe, lorsque nous nous sommes émotionnellement fortement investis en un sujet. Ici surtout, « les preuves expérimentales montrent que notre capacité à bien raisonner sera probablement affectée » [2]. Mais d'où sortent-ils, ces biais cognitifs ? Car ils ont été scientifiquement attestés en tant que « faits ». « Pour une raison quelconque, nous devons reconnaître qu'une pléthore de préjugés cognitifs ne sont qu'une partie de la façon dont notre cerveau est constitué comme résau... ». Bref, l'incapacité qu'a une grande partie de la population à voir la vérité en face est une affaire de cerveau. Et puisqu'il en est ainsi, pourquoi ne pas aller plus loin encore. Certains biais cognitifs, nous apprend McIntyre, fonctionnent différemment selon notre conviction politique. Ainsi, l'anthropologue Daniel Fessler aurait fait des recherches autour de ce qui pourrait s'appeler « biais de négativité » (*negativity bias*) [3] dans le but de démontrer pourquoi les conservateurs sont plus enclins à prêter foi à de fausses menaces que les libéraux. Et pourquoi ? parce que, affirme le philosophe Lee McIntyre, se basant une fois de plus sur « l'évidence expérimentale » : « l'amygdale à la base de la peur a tendance à être plus importante chez les conservateurs que chez les libéraux »... [4].

1. Sur le fait de précipiter la catastrophe en voulant l'éviter, *cf.* une anecdote de C. Rosset (*Le principe de cruauté*, Paris, Minuit, 1988, p. 79 *sq.*) : « un employé d'une centrale nucléaire, pénétré du sentiment d'un désastre imminent et général, tue sa femme et ses trois enfants et explique son acte, dans une lettre trouvée auprès des cadavres, par son désir d'"éviter aux siens la fin du monde". Curieuse façon de conjurer le pire, que de le convoquer ainsi séance tenante ». (Merci à Mathieu Hubert pour cette référence).

2. L. McIntyre, *Post-Truth*, *op. cit.*, p. 55.

3. *Ibid.*, p. 57.

4. *Ibid.*, p. 58, La recherches sur les dénommés « partisan brains » est visiblement en vogue en ce moment. *Cf.* par ex. celles effectuée par Andrea Pereira et Jay Van Bavel (New York University), et leur article « The Partisan Brain : an Identity-Based Model of Political Belief », *Trends in cognitive Science* 22 (3), 2018, p. 213-224.

On peut se demander à quel genre de préjugé ou biais cognitif ce genre de pensée philosophique, qui nous incite à exercer notre esprit « critique » [1], a succombé. Pour un philosophe revendiquant la valeur quasi absolue des « faits validés par la science », ce renvoi à cette mystérieuse amygdale – qui fait partie dudit « système limbique » – rend aussi perplexe que celui de Descartes à la glande pinéale, ou des scholastiques aux formes substantielles. En outre, le discours de Lee McIntyre, à l'image des débats menés aux Etats Unis (ou un peu partout dans le monde), est lui-même politiquement très polarisé. Les libéraux-démocrates face aux conservateurs-républicains. Soit.

Or, ce qui me parait surtout assez surprenant, c'est la disproportion qui apparaît entre l'enjeu proclamé des réflexions du philosophe (refuser de voir la désastreuse vérité en face) et le genre d'explications supposées expliquer cette anomalie irrationnelle. Les réponses auxquelles Lee McIntyre renvoie s'appuient bien entendu entièrement sur une science dont l'ingéniosité des « tests » menés par les experts semble toutefois masquer la banalité, voire la trivialité des vérités investiguées.

Or, c'est pourtant sur ces banalités philosophiques que repose tout un propos qui du haut de ses « faits objectifs » et de ses « évidences expérimentales » s'engage vaillamment à lutter contre les imposteurs au pouvoir. Face au caractère outrageant et provocateur de la post-vérité, le moins que l'on puisse dire est que la nature un peu triviale de la « vérité » invoquée nous laisse *confus*. Il y a comme un déséquilibre entre l'urgence et la complexité des problèmes relevés, et la réponse fournie. Cette réponse – partagée par une majorité bien intentionnée et académique des « défenseurs des Lumières » – est semée de clichés ou de simplifications qui rendent perplexe n'importe quel lecteur un peu assidu de penseurs classiques. Au lieu d'aider à dépolariser le débat, ils en accentuent les oppositions. Lorsque Lee McIntyre – comme tant d'autres – s'attaque aux penseurs post-modernes, considérés en partie responsables du « mépris à l'égard de la vérité » dont profitent les protagonistes de la post-vérité, son propos – de son propre aveu [2] –

1. *Ibid.*, p. 57.
2. *Ibid.*, p. 126.

ne gagne rien en nuance. Mais il est vrai qu'il s'en prend aussi à une version du postmodernisme et du « constructivisme social » qui n'a jamais excellé dans la nuance et n'a pas toujours proféré des propos judicieux [1]. C'est, on le sait, pareil discours que Sokal a « pastiché » avec son article publié dans *Social Text* en 1996 [2]. Ce qui est toutefois très intéressant, et saisissant, est de voir comment ce discours « contestataire » et de gauche aurait inspiré le discours actuel de droite : celui-ci bénéficie bien entendu d'un climat où « l'existence » même de la vérité serait déconstruite [3]. Or, ce lien n'est plausible qu'à condition que l'on résume tout le discours de la déconstruction à « miner l'idée que les faits sont importants dans l'évaluation de la réalité ». Ce qui bien entendu ne va pas de soi [4].

Mais je ne m'y attarderai pas. Ce qui m'intéresse ici, pour l'instant, est surtout le fait que finalement le discours tenu par McIntyre (et ses

1. *Cf.* ce qu'il dit au sujet des sociologues de la science ou des « science studies », *ibid.*, p. 128 *sq.*, et entre autres de la « déconstruction » du langage sexiste propre à la science.

2. Depuis, cet « exercice de style » a été réitéré, par exemple par le dénommé « canular Sokal au carré », dans le domaine des études (et leur « high-profile journals ») cataloguées comme « gender studies », « queer studies » et « fat studies ». James Lindsay, Helen Pluckrose, et Peter Boghossian ont écrit plus de 20 articles « fake » utilisant le jargon à la mode tout en poussant leurs arguments à des conclusions totalement dérisoires. Certains de ces articles ont été publiés, avec succès, malgré le caractère saugrenu et parfois burlesque de leur contenu (*cf.* https://www.theatlantic.com/ideas/archive/2018/10/new-sokal-hoax/572212/). *Cf.* leur site, sur lequel ils justifient leur démarche : https://areomagazine.com/2018/10/02/academic-grievance-studies-and-the-corruption-of-scholarship/.

3. Les « Right-Wing Postmodernists », McIntyre, *Post-Truth*, *op. cit.*, p. 133 *sq.*

4. Faut-il rappeler que grand nombre de penseurs post-modernes avaient pour enjeu de dénoncer à quel prix le discours (son « monolinguisme de l'autre ») de la modernité (et les états ou nations modernes) revendiquant progrès et universalité de la raison (ou de la foi) a pu s'imposer ? Celui de ce que Walter Mignolo appelle le « dark underbelly » de l'annexion, l'exploitation et la suppression de l'altérité (*The Darker Side of Western Modernity*, Durham & London, Duke University Press, 2011). Cette question de l'altérité au sein d'un monde « globalisé » et en proie à des tensions et des conflits de plus en plus intenses, me semble encore et toujours incontournable.

confrères et consœurs) [1] qui cherche à lutter contre les impostures des *fake news* et du *post-truth* prend lui-même un peu figure d'imposture. Face à celle qu'il s'obstine à combattre et qui cherche délibérément à brouiller des distinctions et semer le doute, son propos philosophique fait lui-même mine de « fausse pensée », tant elle se borne à ré-imposer sans plus un système et une série de distinctions (entre *objectif et subjectif*, le *vrai et le faux*, le libéral et le conservateur, la raison et les sentiments, le rationnel et l'irrationnel, etc.) que tant d'esprits critiques avaient si soigneusement et patiemment remis en question. En tant que discours philosophique, son propos – comme celui d'un imposteur – semble un peu creux et vide.

Ce discours qui revendique la raison et les valeurs des *Lumières* semble – délibérément ou non – négliger un grand nombre de distinctions fondamentales concernant la valeur et le sens même de vérité : vérité de raison, de faits, des sciences, « romanesque », etc. En quelque sorte, ces propos perpétuent une pratique qu'ils reprochent aux détracteurs des vérités scientifiques.

Il fait comme si le sens même de la vérité se réduisait à celui des faits objectifs validés par la science et indépendants du sens que leur confère le contexte. Dès lors, la méthode reste très limitée face aux imposteurs dont il compte dénoncer les dérives, car leur stratégie ne se limite pas au mensonge ou au travestissement de faits objectifs. Le discours de McIntyre, – malgré, ou peut-être à cause de ses distinctions bien tranchées entre le vrai (les faits objectifs) et le faux (le subjectif) – semble confondre imposture et mensonge, ou réduire l'un à l'autre : l'imposteur n'étant selon lui finalement que quelqu'un qui ment. Et « fort heureusement », la science actuelle non seulement nous permettrait de vérifier les faits et de corriger les possibles erreurs, en outre elle offrirait des procédés expliquant objectivement les raisons qui poussent certaines personnes à renier ce qui est vrai.

1. *Cf.* par exemple S. Neiman, *Widerstand der Vernunft : Ein Manifest in postfaktischen Zeiten*, Wals bei Salzburg, Ecowin Verlag, 2017.

Or, comme on le verra, *un menteur est un acteur*. L'imposture ne relève pas tout bonnement de l'usage qu'il fait du mensonge, mais de celui qu'il fait de la fiction. Seulement celle-ci – inscrivant un mensonge dans un récit et son réseau d'illusions, d'allusions et de valeurs – est au-delà de la question du vrai et du faux C'est de cet au-delà que profite l'imposteur.

mensonge et imagination

Dans la tradition augustinienne, la condamnation du mensonge est absolue et parfois intransigeante, même au prix de sa vie ou celle des autres, comme l'atteste bien cette citation de Thomassin (1693) : « si tout le genre humain devait être exterminé, et qu'il fut possible de le sauver par un mensonge, il faudrait éviter le mensonge, et laisser périr tout le genre humain »[1]. Comment comprendre un interdit si funeste? Parce que le mensonge contient un ver qui risque de ronger l'être en entier. Ce ver, c'est l'imagination. Certes, c'est aussi grâce à l'imagination et l'inventivité que bon nombre de penseurs ont tenté de contourner cet interdit, comme en témoignent les stratagèmes utilisés par exemple par les Jésuites casuistes. Ceux-ci avaient pour but d'occulter la vérité à ceux qui en feraient mauvais usage et de défendre l'idée de l'innocence de certaines tromperies, dès lors qu'elles ne visent qu'une bonne fin (cacher un réfugié à ses poursuivants criminels) et ne nuisent pas à ceux qui en sont victimes[2].

1. Louis Thomassin, *Traité de la vérité et du mensonge*, cité par B. Timmermans dans un article remarquable sur cette condamnation du mensonge, « La chair du discours à l'âge classique », dans *Mensonge, Mauvaise Foi, Mystification, Les mésaventures du pacte fictionnel*, Th. Lenain (dir.), Paris, Vrin, 2004, p. 39-55.

2. Dans ce contexte du « mensonge officieux » (la tromperie permise dans un contexte où dire la vérité serait dommageable pour autrui, pour soi ou pour l'Etat) ont été développées entre autres la théorie des équivoques, « l'oratio mixta », des « restrictions mentales » etc. permettant de « ruser sans mentir » (C'est le titre d'un des articles passionnants que J.-P. Cavaillé a consacré à ce problème. *Cf.* « Ruser sans mentir, de la casuistique aux sciences sociales : le recours à l'équivocité, entre efficacité pragmatique et souci éthique », dans *Les Dossiers du Grihl* [En ligne], Les dossiers de J.-P. Cavaillé, *Secret et mensonge. Essais et comptes rendus*, mis en ligne le 11 janvier 2010.

Ou pour parler comme Benjamin Constant, on ne doit la vérité qu'à celui qui y a droit [1].

On peut dès lors se demander ce qui poussait Augustin à interdire toute forme de tromperie intentionnelle. « Mentir », dit Augustin, « c'est avoir une pensée dans l'esprit et, par paroles ou tout autre moyen d'expression, en énoncer une autre », avec l'intention de tromper [2]. Le menteur a dès lors « un cœur double » (duplex cor), « c'est-à-dire, une double pensée » (duplex cogitatio). Il a en effet « une pensée qu'il sait et juge vraie, mais qu'il garde pour lui ; et il en a une seconde qu'il sait et juge fausse, mais qu'il exprime à la place de la première » [3].

Le sens du mensonge se détermine avant tout par un rapport « intérieur » face à notre pensée, avant de renvoyer à une situation du

URL : http://journals.openedition.org/dossiersgrihl/281. La technique de l'équivocation, par exemple, « autorisée » dans un contexte ou dire la vérité représente un danger et la taire équivaut à trahir, consiste à dissimuler le vrai en exploitant le sens ambigu de certaines propositions : « Non est hic », voulant dire aussi bien « il n'est pas ici », qu'»il ne mange pas ici ». Techniques condamnées par le Janséniste Pascal et bien résumé dans sa phrase célèbre : « Vérité à voix basse, mensonge à haute voix » (Lettre IX). Or, ces techniques s'évertuaient à éviter de mentir. Ces tromperies licites partent aussi du principe que le locuteur cherche dans les réponses (ambiguës) le sens que lui veut y trouver lui-même. Ces techniques ont été exploitées par ceux qui étaient persécutés par l'inquisition, le pouvoir (les « bloody questions en Angleterre ») les libertins, etc. (« qui craint Dieu ne craint rien »). Dans une époque préoccupée de transparence communicationnelle, les questions concernant le recours à ce genre de tromperie refont surface, entre autres dans les théories et modèles de communication, pour ne pas parler de l'art de la diplomatie (et l'usage des sous-entendus, du double sens, etc. On se souvient peut-être à cet effet du joyau prononcé par le « grand diplomate » Norpois face à la menace croissante de la guerre de 14 : « Il y a des symptômes qu'il serait exagéré de prendre au tragique mais qu'il convient de prendre au sérieux »).

1. « Dire la vérité est un devoir. Qu'est-ce qu'un devoir ? L'idée de devoir est inséparable de celle de droits : un devoir est ce qui, dans un être, correspond aux droits d'un autre. Là où il n'y a pas de droits, il n'y a pas de devoirs. » B. Constant, *Des réactions politiques*, chap. 8 : repris dans F. Boituzat, *Un droit de mentir ? Constant ou Kant*, Paris, P.U.F., 1993, p. 107 *sq*.

2. « Quapropter ille mentitur qui aliud habet in animo et aliud verbis vel quibuslibet significationibus enunciat », Augustin, « De mendacio », dans *Œuvres de Saint Augustin*, II. « Problèmes Moraux », Paris, Desclée de Brouwer et Cie, 1937, p. 238.

3. « … una rei hujus quam veram esse vel scit putat et non profert, altera ejus rei quam pro ista profert sciens falsam esse vel putans. » *Ibid.*, p. 238.

monde : une assertion objectivement fausse ne sera pas un mensonge aussi longtemps que celui qui l'exprime croit en effet dire la vérité – ou inversement. Ce qui est en jeu, c'est bien entendu l'idée de franchise, qui ne traduit pas un rapport avec le monde ou quelque réalité objective, mais avec ma propre pensée ; et l'intimité même de cette intériorité (*interior intimi meo*) est habitée par l'Être en tant que tel, c'est-à-dire Dieu [1]. Par conséquent, mentir ne trahit pas seulement la confiance des hommes, mais la fonction sacrée de la parole qui consiste à exprimer ce que l'on ressent de l'intérieur comme étant la vérité, l'Être, la réalité. Dès lors, le mensonge « détourne de sa fin naturelle et voulue par Dieu la parole, qui nous a été donnée pour exprimer notre pensée et non pour la déguiser » [2]. Cette déviation ou ce détournement est l'effet même de l'imagination. Il existe en effet une troublante similitude entre le mensonge et l'imagination. Bien sûr, pour mentir ou induire en erreur son interlocuteur, il faut pouvoir inventer et créer du faux. Mais c'est surtout dans la dynamique structurelle même que la similitude se situe : mensonge et imagination recèlent la même structure de ce que Sartre désignait comme une « double néantisation ». Tout acte d'imagination repose d'une part sur une irréalisation (ou « neutralisation ») du réel, et d'autre part sur la position d'un irréel (l'image) [3]. Ce double agencement se retrouve dans l'acte de mentir : d'une part dissimuler le vrai, d'autre part simuler le faux. Comme disait Accetto dans son ouvrage sur « l'honnête dissimulation » (1641) : « On simule ce qui n'est pas, on dissimule ce qui est » [4].

Il s'agit de nier l'existence d'une partie du réel, et imposer ou faire croire en l'existence d'une partie qui n'existe pas. En outre, comme

1. Saint Augustin : « Mais vous étiez plus intérieur en moi que mon fond le plus intime, plus élevé que les plus hautes parties de moi-même./ *Tu autem eras interior intimo meo et superior summo meo.* », *Les Confessions*, 6.11.

2. L. Godefroid, *Dictionnaire de théologie Catholique*, « Mensonge », tome X, Paris, Librairie Letouzey et Ané, 1928, p. 559. C'est contre le risque du détournement produit par l'équivoque utilisé par les casuistes que met en garde Boileau. Elle est selon lui à l'origine de l'idolâtrie, poussant les hommes à « prendre des pierres, de l'or et du cuire pour Dieu » (N. Boileau, *L'art Poétique, Satire XII, Sur l'équivoque*).

3. J.-P. Sartre, *L'imaginaire*, Paris, Folio-Gallimard, 1986, par exemple p. 357.

4. Cité par F. Hallyn, *Descartes. Dissimulation et Ironie*, Genève, Droz, 2006, p. 85.

le faisait remarquer Michèle Sinapi dans un article sur le mensonge officieux, le mot latin pour mensonge traduit en quelque sorte cette ambiguïté : « mendacium et mentiri conjoignent deux racines distinctes : mend-, le défaut, la défaillance, et men-, la puissance imaginative de l'esprit »[1]. Mentir, c'est faire défaut aux faits réels et leur substituer une version imaginée. Et le danger propre à tout mensonge réside surtout dans cette inventivité : à mesure qu'il invente, le menteur perd peu à peu contact avec le vrai et dérobe le sol sous ses pieds. Outre le fait que mentir soit moralement parlant « un maudit vice », Montaigne le condamne aussi en raison de son impact déstabilisant sur notre appréhension du monde. Lorsqu'il déguise le fond véritable au profit d'une invention, il est difficile que le menteur « ne se desferre » pas, c'est-à-dire, perde tout contrôle[2]. Car ce qu'il invente est un « corps sans consistance » qui efface le souvenir de la trace de vérité à laquelle « l'imposture » s'oppose. Une fois le menteur pris sur cette voie, il est bien « difficile de l'en retirer ». Son mensonge est infini et illimité et efface toute trace de « son contraire »[3]. Le mensonge n'est pas uniquement condamné pour des raisons morales, pour ébranler la confiance mutuelle entre les hommes – mais aussi pour une raison « ontologique » : pour bousculer la cohérence du monde que nous partageons (ou dans un contexte Augustinien pour trahir notre rapport avec l'Être ou Dieu). Dans le mensonge, le risque est toujours trop grand que l'aspect de simulation prenne le dessus et pousse aussi bien menteur qu'interlocuteur à la dérive. C'est de cette dérive que les chapitres qui vont suivre voudraient parler. Elle est justement liée à la nature même de l'imagination (ou en termes plus sartriens : « de l'imaginaire » : c'est dire que le mensonge la tient de sa source même).

1. M. Sinapi, « Le mensonge officieux dans la correspondance Jérôme-Augustin », *Mensonge et image, Rue Descartes* 8 (9), 1993, note 2, p. 81.

2. Le menteur doit avoir très bonne mémoire. C'est une des raisons pour lesquelles Michel de Montaigne, dans son essai « Sur les menteurs », fait du manque de mémoire dont il souffre une vertu (*Les Essais*, Paris, Gallimard, 2009, p. 43-48).

3. « Si, comme la vérité, le mensonge n'avait qu'un visage, nous serions en meilleure situation (par rapport à lui), car nous prendrions pour certain le contraire de ce que dirait le menteur. Mais l'envers de la vérité a cent mille formes et un champ sans limites. » (*ibid.*, p. 46).

imposture et liberté

Comme l'affirme Sartre dans son ouvrage de 1940 : l'imagination n'est pas un simple « pouvoir empirique » appartenant à la pensée : elle est « la conscience tout entière en tant qu'elle réalise sa liberté »[1]. Elle représente une attitude globale vis-à-vis du réel, ses faits et événements, dont le pouvoir réside dans la capacité qu'elle a d'ignorer, de nier ou « néantiser » les faits réels au profit d'un récit délibérément fictif. L'imaginaire s'affirme comme refus et distance envers le réel au profit du possible et de l'irréel.

Cette interconnexion entre imagination et liberté, Hannah Arendt l'applique dans ses deux études sur la question du rapport entre mensonge et politique. L'occasion de ces essais était à chaque fois la question du rapport entre le pouvoir politique et les vérités de faits : « Du mensonge en politique », publié à l'occasion des documents du Pentagone, et « Verité et politique », publié suite à la polémique qu'avait suscité son rapport du procès de Eichmann[2].

Cette « double néantisation » propre à l'imaginaire est donc à l'œuvre dans l'activité même du mensonge, il en est, comme on vient de le voir à l'instant, le soubassement structurel : un menteur dissimule et nie ce qui est, et dit ce qui n'est pas « parce qu'il veut que les choses soient différentes de ce qu'elles sont »[3]. Nos comportements ne sont jamais à tel point déterminés et conditionnés pour nous empêcher d'accomplir « ce petit miracle » qu'est le mensonge. Il confirme dès lors « l'existence de la liberté humaine »[4].

Or, ce mensonge est un refus d'accepter le réel tel qu'il est dans l'espoir que les choses soient différentes de ce qu'elles sont. Il y a

1. J.-P. Sartre, *L'imaginaire*, *op. cit.*, p. 358.

2. H. Arendt, « Du mensonge en politique », dans *Du mensonge à la violence*, *op. cit.*, p. 7-51, et « Vérité et politique », dans *La crise de la culture*, Paris, Folio-Gallimard, 2017, p. 289-336.

3. *Ibid.*, p. 319.

4. Bien entendu, dans la mesure où l'on arrive à démontrer que des animaux nous trompent et mentent, la question se pose aussi à savoir dans quelle mesure ils sont libres…

quelque chose d'un peu despotique et d'enfantin dans ce refus, dans cette « négation délibérée de la réalité » (Arendt). Lorsqu'un enfant nie catégoriquement être coupable du vol dans l'acte duquel il vient d'être surpris, il cherche avant tout à se protéger de façon « magique » (dirait Sartre) des conséquences qui l'attendent : punition, réprimande etc. Mentir (« ce n'est pas moi ! ») est ici comme une incantation cherchant à isoler certains faits réels dont on craint les répercussions sur nous-même ou le reste du monde [1]. Ainsi, le menteur veut intervenir dans le cours des choses réelles, mais à l'aide d'une conduite irréelle.

Le menteur veut en effet « changer le monde ». Issus d'une même source, l'imagination, mentir et agir sont intimement liés. Dans un passage clé de son essai sur les documents du Pentagone, Hannah Arendt met très bien en relief ce lien interne [2]. Il vaut la peine qu'on le relise en entier :

> Un des traits marquants de l'action humaine est qu'elle entreprend toujours du nouveau, ce qui ne signifie pas qu'elle puisse alors partir de rien, créer à partir du néant. On ne peut faire place à une action nouvelle qu'à partir du déplacement ou de la destruction de ce qui préexistait et de la modification de l'état de chose existant. Ces transformations ne sont possibles que du fait que nous possédons la faculté de nous écarter par la pensée de notre environnement et d'imaginer que les choses pourraient être différentes de ce qu'elles sont en réalité. Autrement dit, la négation délibérée de la réalité – la capacité de mentir – et la possibilité de modifier les faits – celle d'agir – sont intimement liées ; elles procèdent l'une et l'autre de la même source : l'imagination [3].

1. On verra du reste comment l'imposteur finit par se retrancher lui-même du monde en tant que tel. Sur le rapport entre le mensonge et cet isolement, *cf.* les judicieuses remarques de Sartre dans *Cahiers pour une morale*, Paris, Gallimard, 1983, p. 205-209. Chose rare dans les analyses sur le mensonge, Sartre y adopte le point de vue de la victime, et non du menteur.

2. J. Derrida, sensible à cette affinité entre mentir et imagination, y fait allusion dans son *Histoire du mensonge : Prolégomènes*, Paris, Galilée, 2012.

3. H. Arendt, « De mensonge en politique », *op. cit.*, p. 9.

Nous agissons dans la mesure où nous sommes libres, et liberté signifie le pouvoir de nier, et détruire ce qui est au profit de ce qui n'est pas encore : bref, l'imagination [1]. Et puisque rien ne nous détermine, les faits se manifestent comme pure contingence. Le propre d'un fait, d'un événement et de sa vérité, est qu'ils auraient pu être différents, ils n'ont aucune raison d'être ce qu'ils sont. Et « cette fâcheuse contingence est littéralement illimitée » [2]. Fâcheuse, parce que c'est de ce caractère « hasardeux » que profitent les menteurs et la politique : celle-ci repose sur des accords, un consentement, bref la persuasion d'une opinion. Puisque le fait est contingent, rien n'empêche un gouvernement d'en nier la vérité [3]. Il lui suffit d'atténuer le caractère contraignant et évident de sa vérité en celui du probable propre à une opinion. Semer le doute, en faisant passer pour une opinion ce qui avait été attesté comme un fait. « L'estompement de la ligne de démarcation qui sépare la vérité de fait et l'opinion appartient aux nombreuses formes que le mensonge peut prendre, et dont toutes sont des formes d'action » [4]. Comme nous le verrons tout au long de cet ouvrage, cet estompement est le terrain d'action de l'imposteur. Son action consiste à confondre délibérément les registres, les démarcations vitales, les genres de vérités (de raison, de fait, d'opinion, etc.), non pas par jeu ou pour des raisons philosophiques, mais pour en tirer profit. Un imposteur, comme le remarque Littré, est aussi le nom donné « aux officiers chargés de répartir les taxes », qui les imposent et les imaginent [5].

1. Le menteur profite donc de « l'indéniable affinité de notre capacité d'agir, de changer la réalité, avec cette mystérieuse faculté que nous avons, qui nous permet de dire « Le soleil brille » quand il pleut des hallebardes », H. Arendt, « Vérité et politique », *op. cit.*, p. 319.

2. *Ibid.*, p. 309.

3. C'est le cas dans *l'uchronie*, comme on le verra au chap. 6 : celle-ci, visant à « récrire l'histoire », se nourit d'une sorte de perplexité de voir qu'il y a un lien étrange et insondable entre la contingence et le fait que tout semble lié l'un à l'autre. Il y a comme un lien étrange entre d'une part la contingence pure et d'autre part la nécessité et l'irréversibilité de ce qui a eu lieu.

4. H. Arendt, « Vérité et politique », *op. cit.*, p. 318.

5. É. Littré, *Dictionnaire de la langue française*, *op. cit.*, p. 36. J'y reviens, à propos du rapport entre l'imposteur et la figure du « parasite », chap. III, p. 82 *sq.*

Cet estompement est très clairement l'enjeu des manipulations orchestrées par les faux savants auxquels se référait McIntyre : le but étant de dévaluer délibérément une vérité scientifique à une simple opinion. Il suffit d'imiter le discours des vrais scientifiques afin de créer la confusion dans les rangs de l'opinion publique, suggérant que leur vérité n'est finalement qu'une opinion parmi d'autres.

Dans son essai sur la vérité en politique, Hannah Arendt offre l'exemple suivant : celle de Clémenceau qui, peu avant sa mort, était mêlé à une conversation avec un représentant de la République de Weimar au sujet de la question de la responsabilité du déclenchement de la guerre de 14. Lorsqu'on lui demanda : « A votre avis, qu'est-ce que les historiens futurs penseront de ce problème embarrassant et controversé ? », il aurait répondu :

> Ça, je n'en sais rien, mais ce dont je suis sûr, c'est qu'ils ne diront pas que la Belgique a envahi l'Allemagne [1].

Certes, ils ne le diront pas pour des raisons objectivement assez évidentes : mais en tant que mensonge, cette réponse n'est pas impossible. Il va de soi que l'établissement de pareil mensonge exigerait plus que les lubies de quelque historien fantaisiste. Pour s'imposer, il faudrait éliminer bon nombre de traces, de documents, de récits, bref de témoins. Et pour y parvenir, c'est tout un « monopole du pouvoir sur la totalité du monde civilisé » qui serait requis. Or, n'est-ce pas cela l'enjeu de certains imposteurs au pouvoir ? Du fait même du caractère contingent des faits, rien n'empêche à un « homme d'action » d'en modifier ou d'en effacer le récit [2]. On sait combien le propre de pouvoirs totalitaires est de vouloir récrire l'histoire et de fabriquer « des images » [3], et cela éventuellement sous les yeux de ceux qui en ont

1. H. Arendt, « Vérité et politique », *op. cit.*, p. 304.

2. « C'est cette fragilité qui fait que, jusqu'à un certain point, il est si facile de tromper. La tromperie n'entre jamais en conflit avec la raison, car les choses auraient pu se passer effectivement de la façon dont le menteur le prétend », H. Arendt, « Du mensonge en politique », *op. cit.*, p. 10-11.

3. H. Arendt, « Vérité et politique », *op. cit.*, p. 321.

été témoins. Pour offrir un substitut complet d'une réalité déniée, les traces mêmes voire les témoins doivent disparaître [1].

En outre, ce genre de récit manipulé, ces révisions de l'histoire, paraissent parfois plus crédibles que ceux qui restent fidèles à la réalité : c'est parce qu'ils confirment ce que le public souhaite entendre et croire [2]. Ou ils aident ce public à refouler collectivement ce qu'ils ne veulent plus savoir. Ainsi, bon nombre de récits trompeurs ont été préparés à l'intention de ceux qui veulent les croire. Comme quoi, pour établir pareils récits mensongers, il ne suffit pas de proférer des « faits alternatifs » ou des « fausses nouvelles » : il faut savoir en imposer et convaincre, bref, il faut être *un acteur* [3]. Afin d'imposer une dénégation mensongère et un travestissement des faits, le menteur, ou plutôt l'imposteur doit séduire, offrir toute une mise en scène, une propagande, des rôles à jouer et des champs d'actions visant à imposer le faux. Pour aboutir, un mensonge d'une certaine ampleur ne peut se réduire à proférer une information fausse, mais ces « faux » doivent être intégrés dans un stratagème global qui vise à imposer un substitut plus ou moins complet d'une partie de l'histoire (imaginez un dictateur plaisantin Allemand cherchant à imposer au monde une vision dans laquelle la guerre de 14 aurait été due à une réaction de son armée suite à une agression des militaires belges...). Mais justement, ce substitut n'est jamais achevé, d'abord parce qu'il ne pourrait réussir que lors d'un réarrangement complet de toute la texture même du réel : or, il y aura toujours un détail ou un fait inattendu à même de le déstabiliser. En outre, comme le notait Montaigne, du fait même qu'un mensonge

1. Un génocide ne s'arrête pas à l'extermination d'un peuple, mais à l'éradication complète des traces et témoignages pouvant encore avérer les faits. Et cela, comme le prouve la politique et stratégie encore actuelle en Turquie, peut prendre plus d'un siècle. *Cf.* à ce sujet l'étude solide qu'offre Mikaël Nichanian du génocide Arménien, dans *Détruire les Arméniens. Histoire d'un génocide*, Paris, P.U.F., 2015.

2. Comme dirait V. Jankélévitch, « A chacun les menteurs qu'il a mérités et qui lui rendent fidèlement son image », *Du mensonge* [1940], dans *Philosophie morale*, Paris, Mille & Une Pages-Flammarion, 2019, p. 239.

3. H. Arendt, « Il est acteur par nature : il dit ce qui n'est pas parce qu'il veut que les choses soient différentes de ce qu'elles sont », dans « Vérité et politique », *op. cit.*, p. 319.

ou récit falsifiant se libère des contraintes du réel, il perd de sa vraisemblance [1]. Car ces faux récits ou travestissement délibérés de faits n'aboutissent jamais à quelque chose de réel, mais à un remaniement continu de l'irréel. Ce trait reviendra régulièrement dans les récits d'imposteurs : ils se font de plus en plus creux, vides, contradictoires, « faux »... pour ne proférer souvent rien de plus que des clichés et des histoires sentimentales. Comme le note Hannah Arendt :

> Seul le menteur d'occasion trouvera possible de s'en tenir à un mensonge particulier avec une cohérence inébranlable; ceux qui ajustent des images et des histoires à des circonstances perpétuellement changeantes se trouveront eux-mêmes flottants sur l'horizon grand ouvert de la potentialité, dérivant d'une possibilité à la suivante, incapables de s'en tenir à aucune de leurs propres inventions. Loin de réaliser un substitut adéquat de la réalité et de la factualité, ils ont fait revenir les faits et les événements à la potentialité d'où ils sont originellement sortis [2].

Un faux récit ne s'impose qu'au prix d'un refoulement, voire de la destruction de l'original. Il y a quelque chose de violent dans le mensonge ou dans l'imposture. Comme on le verra à l'occasion par exemple du faussaire, sa finalité n'est pas l'émulation de l'original, mais sa destruction. Mais cette destruction illimitée l'affecte en retour : comme dans le cas Jean-Claude Romand, l'imposteur est pris au piège par son propre mensonge. Tenter de convaincre et détruire les pièces à conviction ne font qu'un. Or ce mouvement de surenchère de l'imaginaire ne mène à rien : il tourne au vide.

1. Montaigne : « Si, comme la vérité, le mensonge n'avait qu'un visage, nous serions en meilleure situation [par rapport à lui], car nous prendrions pour certain le contraire de ce que dirait le menteur. Mais l'envers de la vérité a cent mille formes et un champ sans limites » dans « Sur les menteurs », *op. cit.*, p. 46.

2. H. Arendt, « Vérité et politique », *op. cit.*, p. 328.

la fausse fiction

A en croire le « Generalsuperintendent » Jakob Heinrich von Balthasar, son collègue Müller à Greifswald aurait fourni au ministre protestant, conseiller du roi de Suède Charles XII, une copie du sulfureux *De tribus impostoribus*. Ce ministre Johan Friedrich Mayer avait lui-même participé à une *disputatio* le 3 avril 1688 à l'université de Kiel à l'issue de laquelle le jeune assistant Johann Joachim Müller lui aurait promis la copie du manuscrit. Ce manuscrit était très prisé : voilà cinq siècles qu'on en parle sans que jamais personne n'en n'ait jamais vu la couleur. Or, au XVIIIe siècle, différents ouvrages sous ce titre font surface. A s'y méprendre, d'ailleurs. Aux Provinces-Unies, un dénommé Adrian Beverland publie un livre avec le même titre, mais hélas, il ne s'agit que d'une diatribe contre trois évêques, alors que le vrai *De tribus* dénonce Moise, Jésus et Mahomet.

Le mythe du *Traité des trois imposteurs* est né au XIIIe dans des circonstances admirablement relatées par Georges Minois, qui montre comment il aura circulé pendant des siècles en Europe sous forme de rumeur avant de prendre corps au siècle des Lumières[1]. Le titre exerce une telle fascination qu'il est finalement exploité par bon nombre d'auteurs pour raisons publicitaires. Outre une version latine, une version française fait son apparition, cette fois sous le titre de *L'esprit de Spinoza*.

Dans cet ouvrage blasphématoire, les trois fondateurs des religions monothéistes sont accusés d'imposture : Moïse aurait incité son peuple à lui obéir avec la promesse d'acquérir un riche butin, Jésus aurait séduit le peuple en parlent d'une vie éternelle et de bonheur après la mort, et Mahomet aurait séduit son peuple avec la promesse de bonheur aussi bien ici que dans l'au-delà.

1. G. Minois, *Le traité des trois imposteurs. Histoire d'un livre blasphématoire qui n'existait pas*, Paris, Albin Michel, 2009.

Le propre de ce livre est qu'il a été écrit et publié longtemps après que son titre et l'idée de son contenu aient été mis en circulation comme rumeur. Au départ, cette rumeur était même utilisée comme accusation gratuite : il permettait d'accuser quelqu'un d'en être l'auteur et dès lors de le poursuivre pour hérésie. Comme quoi l'idée même de cet ouvrage était née d'une imposture.

En ce sens, il préfigure – avec les moyens du bord propres à son époque – ce qu'actuellement on appellerait un *hoax* : une fausse rumeur ou accusation qui, du fait de circuler dans les médias, déstabilise notre appréhension du réel et affecte la personne ou le fait visés. Mais aussi, cette anecdote nous permet de mieux situer le problème qui nous concernera tout au long de ce livre : l'imposture ne se laisse pas réduire au mensonge [1], elle relève plutôt de l'ordre de la fiction. Dans le cadre du *mendacio honesta* et de la casuistique évoquée plus haut, le père de Condren inaugura le terme singulier de « fiction permise » [2]. Afin de dissimuler le vrai, il est permis de simuler le faux. Cette simulation prend la forme d'une fiction. Or, comme je l'ai dit à l'instant, l'imposture déborde la cadre du mensonge. Un imposteur est un acteur qui pour convaincre doit imposer un substitut du réel, bref toute une fiction. Dans cette fiction, il ne fait pas que mentir : il joue, en impose, mélange les faits réels aux faits inventés (comme dans chaque fiction). Une fiction a en effet cette particularité de se poser comme au-delà du problème du vrai et du faux. L'imposteur profite et abuse de ce statut de la fiction afin de faire accroire ce qui n'est pas. Son récit est en ce sens une fiction « non permise », ou pour utiliser une expression quelque peu tautologique, *une fausse fiction*.

1. Pas plus que la bêtise ne se laisse réduire à l'erreur, *cf.* G. Deleuze, *Différence et répétition*, Paris, P.U.F., 1968, p. 192 *sq*.

2. A ce sujet, *cf.* J.-P. Cavaillé, « *Ruser sans mentir* », *op. cit.* (La référence au père de Condren apparaît dans l'ouvrage de Louis de Montalte, *Réponses aux Lettres Provinciales*, Cologne, Pierre Marteau, 1696, p. 373 *sq*.).

Type même de l'imposteur est par exemple le journaliste qui fait passer pour vrai un récit qui est entièrement inventé sur place [1] -ou inversement, un auteur de fiction qui fait croire que sa fiction est de nature autobiographique [2]. Comme on le verra, ces imposteurs ne font pas que divulguer des « mensonges » : ils brouillent les distinctions entre fiction et réalité en se jouant de l'idée de témoin. Certains faits que raconte Enric Marcos sur les camps de concentration allemands réservés aux républicains espagnols sont vrais, mais il ment en faisant croire que c'est lui qui les a vécus. Ce qui est faux, c'est son témoignage [3]. Il n'était pas *présent* lors de faits. L'imposture consiste en l'évocation d'une fausse présence. Aspect central, on le verra, pour comprendre aussi la stratégie et le but des faussaires d'art.

Toutefois, comme toute fiction, l'imposture repose sur la dynamique de l'imaginaire. On a expliqué comment une image (un irréel) ne parvient à s'imposer qu'au prix d'une « irréalisation » (Sartre), voire

1. *Cf.* le cas du reporter de l'hebdomadaire allemand *Der Spiegel*, Claas Relotius, qui s'était vu décerné le prix du meilleur article de l'année pour un reportage sur la guerre en Syrie et qui avoue finalement avoir inventé une grande partie des faits et des « personnages ».

2. Par exemple le cas de l'écrivain Paul Smaïl (*alias* Jack-Alain Léger), auteur de *Vivre me tue*, qu'il présente comme la confession d'un jeune beur de 30 ans (ce qu'il n'est pas). *Cf.* au sujet de brouillage volontaire d'identité et de genre, Christopher L. Miller, *Imposters : Literary Hoaxes and Cultural Authenticity*, Chicago, University of Chicago Press, 2018. L'enjeu de ce livre laisse toutefois un peu perplexe : au nom du « pacte autobiographique » et d'une « éthique de l'auteur », cet ouvrage cherche à y défendre l'idée d'une « identité » entre auteur et narrateur (pour se démarquer de la théorie selon laquelle toute identité ne serait qu'une « construction »). Selon ce principe desdits « new identitarians », « we should not accept representations of experiences that the author could not have known » (Louis Menand, « Literary Hoaxes and the Ethics of Authorship », *The New Yorker*, 10 Décembre 2018, p. 17. Or, n'est-ce pas tenter de lutter contre la confusion volontaire de genre (fiction – autobiographie) par le sacrifice de celle entre auteur et narrateur ? Conclusion, de quel droit Gregor Samsa a-t-il rompu le « pacte autobiographique » en se faisant passer pour un insecte ?

3. Aussi, chaque événement tragique ou hors du commun a son lot de faux témoins et d'imposteurs, *cf.* Alexandra Damien, fausse victime du 13 novembre (l'attentat au Bataclan). www.bbc.com/news/world-europe-45875004

une destruction du réel modifié ou travesti. La finalité inébranlable, quoique non intentionnelle de l'imposture est cette destruction même. En effet, une fiction a beau chercher à se substituer au réel, elle n'arrive jamais à être tenue pour vraie : comme le montre Sartre, l'irréel ne s'affirme et ne s'impose qu'en affectant le sens qu'on a du réel.

C'est à cette conclusion qu'aboutit également Hannah Arendt, parlant du « mensonge total » : « le résultat d'une substitution cohérente et totale de mensonges à la vérité de fait n'est pas que les mensonges seront maintenant acceptés comme vérité, ni que la vérité sera diffamée comme mensonge, mais que le sens par lequel nous nous orientons dans le monde réel [...] se trouve détruit » [1].

N'est-ce pas un peu le cas de la situation dans laquelle se trouve le monde actuel, celle réclamant l'urgence d'une critique globale des fausses nouvelles, du *fake* et du *post-truth?* Le problème n'est pas tellement le fait qu'on ait fini par croire n'importe qui à propos de n'importe quoi, mais qu'on ne croit plus rien ni personne. Tout est également possible et rien n'a la force de gravité suffisante pour représenter quelque chose de vrai. Chaque canular ou rumeur affecte de façon souvent imprévisible et inattendue le tissu des faits. Une fausse accusation détruit la réputation d'une personne pour de vrai – et une vraie accusation est dévaluée en « fake news ». La presse y contribue, certes : on voit des mensonges partout.

Rien d'étonnant dès lors de constater que le thème même de l'imposture est souvent mis en rapport avec l'expérience du réel ou du monde comme cauchemar : ce monde (social, culturel, bio-naturel, etc.) perd sa consistance de monde et n'arrive plus à représenter le vrai, le réel, le certain. A force de véhiculer le faux, de multiplier les équivoques et les confusions entre le vrai et la tricherie, on perd le sens « stabile » et robuste du vrai, son point d'ancrage permettant d'établir nos distinctions avec le faux, l'imaginaire, la fiction. Là où un monde perd sa consistance de réel, l'imaginaire comme forme d'irréalisation

1. H. Arendt, « Vérité et politique », *op. cit.*, p. 327.

perd son point d'appui vers le possible. Il tend vers l'absolu, c'est-à-dire vers le néant qu'il est. Aussi, la montée irrépressible de l'imposture à échelle mondiale est probablement une expression, voire un symptôme du nihilisme ambiant.

l'imposteur malgré lui

C'est dans le cauchemar de l'enfer d'Hiroshima que Sato, travaillant à l'époque pour le ministère Japonais de la Guerre, est envoyé. Il est supposé relever les dégâts produits par la bombe du 6 août 1945. Complètement bouleversé et armé de son appareil photo, il se fraie un chemin entre les décombres et traverse péniblement ce qui reste de la ville. C'est du moins l'histoire que raconte Yoshihiro Tatsumi dans son recueil de « gekigas ». Un *gekiga* est une bande dessinée pour adulte.

Au milieu des débris et des horreurs, il découvre deux ombres imprimées par le flash de la bombe sur le mur d'une maison. Alors que la bombe explosait, un fils massait les épaules de sa mère. La photo que le reporter a pu faire de cette scène deviendra célèbre : symbole de dévouement et de paix, même une statue en sera produite qui fera le tour du monde afin de contribuer à la campagne « Plus jamais Hiroshima ».

Mais l'histoire – comme tous les récits du recueil de Tatsumi – s'assombrit. Le lendemain, le pan de mur gris semble détruit. Le vrai fils vit encore. A propos, le garçon imprimé sur le mur était son copain, à qui il avait demandé de tuer se mère. Sans le savoir, le reporter avait transformé un meurtre en symbole de dévouement et d'amour. En outre, depuis l'aveu que lui fait ce fils indigne, le voilà lui-même transformé en imposteur. Sa photo, dont la statue devint un symbole pour tous les orphelins de la bombe atomique, s'avère « fausse »[1]. Certes, non pas au sens où le cliché aurait été trafiqué (« Photoshop »...). Mais au sens où un peu partout dans le monde il a donné lieu à une interprétation erronée des faits. Du vrai sens de cette scène projetée sur le mur, *il ne*

1. Y. Tatsumi, *L'enfer*, Paris, Éditions Cornélius, 2008, p. 7-36.

reste qu'un seul témoin, le fils. Et il cherche à faire chanter le reporter. Alors, selon-vous, que va-t-il faire, le reporter ? Que fait, en effet, un imposteur malgré lui face à un maître chanteur ?

– Allons, morbleu ! il ne faut point engendrer de mélancolie [1] …

1. Molière, « Le médecin malgré lui », *Œuvres complètes*, tome II, « Bibliothèque de la Pléiade », Paris, Gallimard, 1956, p. 121.

première partie
imposture et différence

Oh ! la fine mouche ! Voilà où il veut en venir !
Il a si bien tout embrouillé qu'on ne s'y reconnaît plus !
Le Gouverneur à propos du « Révizor » Khestakov
Gogol

chapitre premier
sur les traces du faux

introduction : l'authenticité

Récemment, le musée des Beaux-Arts de Gand (Belgique) s'est vu contraint de retirer des tableaux d'avant-garde russe de ses salles, l'authenticité de ces œuvres ayant été mise en question par plusieurs connaisseurs et spécialistes internationaux. Il s'agissait d'une collection appartenant à Igor Toporovski et prêtée à la fondation Dieleghem.

Cette affaire a fait couler pas mal d'encre, et a même incité le ministre de la Culture de la région flamande à commander une expertise spéciale, et par après un audit externe afin d'évaluer comment les responsables de ce musée ont traité cette affaire et se sont finalement laissés duper [1].

A l'occasion de cette affaire, bon nombre d'articles ont été publiés dans différents journaux tentant de comprendre l'enjeu et l'ampleur du problème. Et la question récurrente était : Pourquoi attachons-nous donc tant d'importance à l'authenticité ? Etant donné qu'une grande majorité de visiteurs, ayant juste eu le temps de voir cette collection avant son expulsion, l'ont admirée, pourquoi dès lors s'obstiner à découvrir si oui ou non les tableaux sont « faux » ? Dans les réponses à

1. Encore récemment, on a découvert que la collection d'œuvres de l'artiste Etienne Terrus, conservée par le musée d'Elne, était pour 60 % composée de faux.

cette question, deux tendances se forment : d'une part celle d'experts accentuant avant tout la nature de l'objet (ses qualités intrinsèques et esthétiques) – d'autre part celle qui accentue la nature du sujet, au sens d'auteur, bref le peintre.

Et il est vrai que la perspective même détermine fortement le sens qu'on attribue à la notion d'authenticité. *L'authenticité comme qualité de l'œuvre* : ici, c'est le jugement esthétique individuel qui en détermine le sens. On peut aimer un faux Malevitch plus qu'un vrai Picasso.

Or, dans le cas de l'auteur, l'authenticité doit être attestée suivant des critères qui ne dépendent pas, ni ne se réduisent aux valeurs esthétiques. Soit expertise scientifique du support matériel, du canevas, des pigments, craquelures, vernis etc., soit documentation sur la provenance, l'histoire re-traçable du tableau une fois sorti des mains du maître, etc.

Ces deux critères ne coïncident pas, mais il est toujours tentant de réduire l'un à l'autre. Ainsi ceux qui vous diront que la valeur prêtée à l'authenticité n'est qu'une forme de snobisme, tels A. Lessing, intérêt du marché, diktat du monde de l'art, etc. Ou les autres cherchant à prouver qu'un vrai Malevitch est qualitativement supérieur à un faux, tel Friedländer. Critère au demeurant utilisé pour distinguer les tableaux du maître de ceux des assistants de son atelier… comme si la tâche d'un assistant se réduisait à des touches mineures. Bref, on vous dira que l'auteur vrai du tableau est plus créatif, inventif, innovateur, etc. que ses copieurs. L'art imite la nature, sa copie en revanche imite ses imitations.

Quant au critère suivant lequel la notion d'*authenticité s'identifie à la qualité de l'œuvre*, il fait dépendre la valeur du tableau d'un jugement ou d'un sentiment personnel. Certains spécialistes diront donc que dans notre appréciation d'une œuvre, ce sont les qualités esthétiques qui doivent déterminer ce qui est vrai ou non. En ce sens, le faussaire Beltracchi prétendit avoir peint et vendu le meilleur Heinrich Campendonk. Pour Beltracchi il ne suffisait pas de peindre un bon tableau : il lui fallait avant tout produire un tableau qui ressemblait à un « excellent Campendonk ». Sur le plan esthétique, les connaisseurs se sont laissé séduire par les qualités plastiques de l'œuvre. Rien de mal à cela, dirait Arthur Koestler qui en 1964 affirmait que si une contrefaçon s'inscrit dans la totalité de l'œuvre d'un peintre, le musée n'a aucune raison de la retirer de la collection ou de la salle d'exposition[1]. Pire encore, toute prétention à une prétendue authenticité sera considérée comme artificielle et déplacée : c'est l'expérience esthétique individuelle qui prévaut. C'est elle qui établit le fondement ultime de l'art. Sur quoi notre jugement personnel repose-t-il, sinon sur les sentiments et nos désirs universels de la beauté ?

Avouons en effet que beaucoup de visiteurs du musée à Gand ont sans aucun doute eu le loisir de goûter et d'apprécier les œuvres de la collection de Toporovski. Mais je ne pense pas qu'ils aient pu apprécier le fait qu'ils se sont trouvés peut-être devant des faux. Leur indignation est-elle donc déplacée ? Il y a un point où vraisemblablement les jugements et les expériences individuels et profondément personnels sur la valeur des objets esthétiques sont minés : ils perdent de leur importance. Et pourquoi ? Parce que ces objets ne sont pas « vrais ». C'est intéressant. Car cela indique que les valeurs esthétiques (en plus des valeurs marchandes) *parasitent* l'authenticité. Celle-ci ne se laisse pas déterminer ou représenter par les qualités intrinsèques de l'œuvre. Ni par le « génie » créateur de l'auteur. Il suffit peut-être d'être célèbre. La valeur que nous attachons à cette authenticité vient donc d'ailleurs. Bien sûr, chacun a le droit de trouver un faux Malevitch beau, et un vrai Vermeer laid. Mais là n'est pas la question : c'est le fait que ces œuvres, dont des connaisseurs admettent qu'elles sont belles (et c'est leur bon droit), ont été présentées comme authentiques. Cela signifie peintes soi-disant par Malevitch et non par un faussaire aujourd'hui encore inconnu.

En d'autres mots, l'indignation des visiteurs qui ont été trompés est-elle inappropriée ? Oui, direz-vous, pour des raisons purement esthétiques. Non, compte tenu de la valeur que nous attachons à la notion d'authenticité. Quoi qu'on fasse et dise, on n'arrive pas à s'en

1. A. Koestler, *The Act of Creation*, Hutchinson, Arkana, 1964.

délivrer. Et pis, nous ne savons pas bien pourquoi nous y prêtons tant d'importance. Et encore moins ce qu'elle signifie.

Certes, l'idée de l'auteur, en l'occurrence du vrai peintre, est souvent fétichisée. Les exemplaires de danseuses modelées dans la cire par Degas valent plus que les bronzes fondus par après. Comme si les premières portaient encore les empreintes de l'auteur, elles évoquent surtout sa présence. Or l'émotion que l'on ressent en présence de ces exemplaires n'a rien « d'esthétique » et ne diffère nullement de celle qu'un fan ressent en présence du dernier chewing-gum de sa vedette rock. La déception en apprenant que celle-ci est une « fausse » (elle a été mastiquée par un escroc) ne diffère pas de celle qu'ont dû ressentir les visiteurs au musée de Gand.

On dira bien sûr que la fétichisation de l'auteur est un phénomène très occidental, lui-même renforcé et actuellement globalisé par des procédés capitalistes (le marché de l'art) [1]. Et il est vrai que l'idée des droits d'auteur, et de celle d'un auteur comme origine créatrice d'une œuvre est très occidentale et moderne. Philosophes, peintres, écrivains : ils se sont sentis obligés et justifiés d'écrire et de peindre « en même façon » que s'ils traitaient d'une matière que jamais personne avant eux n'eût touchée, pour reprendre les termes qu'utilisa Descartes pour inaugurer son approche novatrice dans son *Traité des passions*. Dès lors, l'authenticité se mesurerait à l'originalité de l'œuvre produite. Or, on le sait, beaucoup de faussaires ont créé des œuvres très originales : un tableau religieux absent dans le corpus d'un Vermeer, un Campendonck plus audacieux que les vrais etc. Rien de plus propice à l'imitation, qui sait, que l'originalité. Et pourtant cela n'a pas modifié nos appréhensions et nos attitudes face à la notion d'authenticité. A choisir, on préfèrera encore et toujours un *vrai* Frans Hals sans originalité à un *faux* Campendonck sublime et audacieux. Dans ce premier chapitre nous tenterons de comprendre pourquoi, et surtout de comprendre comment le faussaire abuse de cette « foi » en l'authenticité.

1. De là l'idée d'une « déconstruction » du rapport entre l'original et la copie fondée sur une approche asiatique de la créativité, Byung-Chul Han, *Shanzhai : Dekonstruktion auf Chinesisch*, Berlin, Merve Verlag, 2011.

du *Mandylion* aux copies de Raphaël

L'anecdote est célèbre : Vasari raconte comment Federico II Gonzaga, Duc de Mantoue, était tant éperdu du tableau que Raphaël avait peint du *Pape Léon X avec les cardinaux* qu'il demanda au pape Clément VII d'intervenir auprès de la famille des Médicis, à qui ce tableau appartenait, pour se le faire offrir. Certes, la famille ne pouvait refuser telle demande. Or, elle confia à Andrea Del Sarto la tâche d'en faire une copie. Celle-ci était tellement parfaite que même Giulio Romano, qui avait pourtant aidé Raphaël à peindre l'original, ne se doutait de rien lorsqu'il vit la copie à Mantoue. Car la famille avait en effet décidé de garder l'original et d'envoyer la réplique de Del Sarto au duc de Mantoue. Au point que, lorsque Vasari révéla la vérité à Giulio Romano, celui-ci adopta l'attitude que Alfred Lessing en 1970 désignera comme « esthétisme radical »[1]. Romano avoua savourer ce double ou cette substitution autant que l'original. Même davantage, dit-il, car il faut du génie pour imiter une œuvre de génie. Il faut concevoir cette copie comme un hommage rendu à l'art de Raphaël.

Cette anecdote n'est pas exclusive : du temps de la Renaissance, nombreux étaient les peintres de génie qui, ayant en prêt des œuvres de collègues, en faisaient des copies et gardaient l'original[2]. Bien sûr, tout le monde n'avait pas l'esprit aussi esthétiquement ouvert que Giulio Romano. Le Cardinal Riario, qui acheta une sculpture que Michel-Ange avait fait passer pour une antiquité, n'appréciât guère le subterfuge. Or, écrit Vasari, c'était faire preuve d'ignorance : le cardinal avait prouvé être incapable d'apprécier la valeur et la perfection de l'objet, alors que « les œuvres modernes, pour autant qu'elles soient excellentes, sont aussi bonnes que celles des anciens »[3]. C'était payer plus d'importance à l'apparence qu'à la réalité, une vanité de celui

1. A. Lessing, « What is Wrong with a Forgery? », *Journal of Aesthetic and Art Criticism* 23, 1965, p. 461-471.
2. Th. Lenain, *Art Forgery*, London, Reaktion Books, 2011, p. 183.
3. *Ibid.*, p. 185.

« pour qui le nom a plus d'importance que le fait... »[1]. Toutefois, le cardinal Riario ne lui garda pas rancune : c'est lui qui en effet fit venir Michel-Ange à Rome.

On aurait tendance à croire que les amateurs d'art étaient en ce temps plus « modernes » et plus ouverts que nous aujourd'hui. Et certains critiques contemporains n'ont pas hésité à trouver dans ces anecdotes des précurseurs d'une époque où, pour reprendre le titre de l'ouvrage de Jonathan Keats, « Fakes Are the Great Art of Our Age ». Selon cet auteur, ce qu'en Anglais on appelle le « forgery » (contrefaçon, faux...) et l'art sont deux côtés d'une même « conversation, et ce qu'ils peuvent se raconter est potentiellement profond »[2]. C'est cette prétendue profondeur que notre ouvrage va tenter de sonder... Mais pour l'heure, la récupération des exemples de Vasari a quelque chose d'anachronique. Pourquoi la copie de del Sarto n'était-elle pas appréhendée comme faux ou comme « forgery » ? Comme on le verra, autant le peintre de génie crée des copies pour le substituer à l'original, autant le faussaire qui *fabrique* (c'est bien le mot) des imitations *cherche à le détruire*. C'est là toute la différence.

Dans son étude méticuleuse et féconde, d'où j'ai puisé les exemples cités ci-dessus, Thierry Lenain reconstitue l'histoire des faux (*forgery*) en tentant de répondre à la question mentionnée à l'instant. Pourquoi Vasari condamne-t-il l'attitude du Cardinal Riario face à la fausse antiquité créée par Michel-Ange ? C'est, selon Thierry Lenain, parce que sa conception de l'art restait encore profondément ancrée dans celle des reliques au temps du moyen-âge. Une relique pouvait numériquement se multiplier sans que ses « copies » perdent le pouvoir de l'original. Ainsi – au grand désespoir de Calvin[3] – la sainte Croix

1. Th. Lenain, *Art Forgery*, *op. cit.*, p. 185.

2. « Conversation, and what they can tell one another is potentially profound », cité par K. Young, *Bunk : The Rise of Hoaxes, Humbug, Plagiarists, Phonies, Post-Facts, and Fake News*, Minnesota, Graywolf Press, 2017, p. 253.

3. Voir son célèbre « Avertissement sur les reliques », dans J. Calvin, *Œuvres*, « Bibliothèque de la Pléiade », Paris, Gallimard, 2009, p. 299-434.

pouvait se diviser à l'infini (comme la matière de Descartes) : chaque partie gardant le pouvoir du tout. Dans son ouvrage, Thierry Lenain donne entre autres le bel exemple du *Mandylion.* Celui-ci, aussi appelé l'*Image d'Édesse* est selon une tradition chrétienne une relique consistant en un bout d'étoffe rectangulaire sur lequel l'image du visage du Christ (ou la « Sainte Face ») aurait été miraculeusement imprimée de son vivant. Selon la légende, cette image avait le pouvoir de s'auto-répliquer, communicant sa puissance à sa réplique.

L'histoire remonte à l'an 33 [1], le jour où le roi païen Agbar de la ville d'Edesse en Syrie, souffrant d'une maladie incurable, envoie (quelques jours avant la Passion) un message au Christ dans l'espoir d'obtenir un remède. Celui-ci lui renvoie une lettre avec la promesse de le sauver et l'assurance que la ville ne tomberait jamais sous les mains de l'ennemi. Bref, Agbar guérit et Edesse se convertit en la première ville chrétienne. La lettre du Christ devient une relique. Suite à quoi Agbar envoie Hannan (Ananias) le priant de faire un portrait de cet homme remarquable.

Un siècle plus tard, l'idée de portrait se transforme en celle de l'*archeiropoietos* : une image non plus faite de main d'homme, mais par le Christ lui-même, de façon tout à fait miraculeuse. Car, selon cette version des Actes de Thaddée, s'apercevant que Hannan n'arrivait pas à faire son portrait, Jésus lava son visage et s'essuya dans le linge sur lequel sa face s'est imprimée. Comme toute bonne relique, cette image a manifesté le pouvoir de se multiplier : en effet, alors qu'il était sur la route du retour pour Edesse, Hannan passe la nuit un peu en dehors de la ville de Hierapolis, prenant bien soin de cacher le *mandylion* sous quelques dalles. Toutefois, au milieu de la nuit, un immense feu apparait, comme si tout autour de la ville s'embrasait. Les habitants se hâtent d'arrêter Hannan, premier suspect : bien entendu, il affirme n'avoir rien fait, sinon d'avoir caché le linge miraculeux sous les dalles. Et les habitants trouvent en effet le linge, mais – miracle –

1. Pour ce qui suit, je me fonde sur la version racontée par Th. Lenain, *Art Forgery*, *op. cit.*, p. 124 *sq.*

une copie de la sainte face s'était transférée sur une des dalles. Le feu lui-même n'était rien d'autre que l'éclat émanant de la face du Christ. La radiation immédiate. Cette copie auto-transmise par contact direct s'avérera aussi miraculeuse que l'original.

D'autres versions de pareille auto-duplication par contact direct auront lieu, attestant la caractéristique propre aux reliques : elles peuvent se multiplier à l'infini, se diviser numériquement, tout en gardant leur identité et transférant leur pouvoir. Aucune copie n'est inférieure en tant que réplique, confirmant en cela la sacralité de l'original. Toute réplique, comme dit Hans Belting, est comme « un témoin de l'original » [1].

Dès lors, ne se pourrait-il pas que l'attitude de Vasari vis-à-vis de copies parfaites hérite de cette ancienne conception des reliques ? Voici ce que suggère Thierry Lenain à ce sujet :

> Lu dans cette perspective, les histoires de la Renaissance parlant de copies étonnantes impossibles à distinguer de leurs modèles peuvent être considérées comme les descendants des vieilles légendes dignes des images qui s'auto-reproduisent. L'apparition d'un second exemplaire d'une œuvre d'art splendide par l'intermédiaire d'un grand maître, brisant l'attente naturelle de l'unicité de l'original, est un événement stupéfiant qui a quelque chose de quasi miraculeux. Il y a une œuvre d'art supposée unique, et puis vient un second objet qui s'avère exactement identique au premier, reproduisant sa glorieuse présence esthétique, tout en étant numériquement différent d'elle [2].

Pour Vasari, la notion de l'imitation et de la copie d'une œuvre d'art est inhérente à l'idée de la perfection esthétique et de sa « métaphysique de l'art » [3]. La copie d'une perfection effectuée par un artiste de génie sera elle-même parfaite : on ne verra pratiquement pas de différence.

1. H. Belting, *Likeness and presence. A History of the Image before the Era of Art*, Chicago, University of Chicago Press, 1994, p. 441.
2. *Ibid.*, p. 180.
3. *Ibid.*, p. 179 *sq.*

On est donc loin du paradigme contemporain, défendu par exemple par Nelson Goodman affirmant qu'une imitation trahit sa nature de copie[1]. Il suffit d'apprendre à voir et à traquer la distinction, tel un inspecteur de police, car elle est d'ordre esthétique et perceptible à qui y prête attention. Certes, il se peut qu'au premier coup d'œil rien de suspect n'apparaisse. De là l'idée d'un apprentissage du regard du connaisseur[2].

L'idée de Nelson Goodman introduit une différence entre l'original et la copie en termes d'original et de dérivé : la dernière, comme copie, est forcément de valeur inférieure.

du style et des indices

Comment comprendre cette évolution et cette tendance à dévaluer les copies et l'imitation en régime du « faux » (fake) ? En passant de la métaphysique de l'art à une « religion de l'authenticité »[3]. Voici par exemple comment Nicolas Poussin décrit le style dans les arts graphiques au XVIIe : « Le style est une manière personnelle et singulière industrie de peindre et dessiner, née du génie particulier de chacun dans l'application et l'usage de ses idées, lequel style, manière et goût, dérive de la nature de l'esprit »[4].

Comme le remarque Thierry Lenain, cette citation annonce toute la préoccupation qu'auront les modernes à définir l'authenticité du style[5]. Il acquiert le statut et le rôle éminent de manifester une vision

1. A noter qu'on distingue généralement une copie d'une réplique, la dernière étant effectuée par l'auteur de l'original.

2. N. Goodman, « Art and Authenticity », chap. III in *Language of Art*, London, Oxford University press, 1969, p. 99-123. Certes, sa thèse fait elle-même objet de maintes discussions, par exemple avec Arthur Danto, concernant cette notion de la « visibilité » du faux. Mais l'idée centrale continue de déterminer l'époque moderne et contemporaine (à quelques exceptions « postmodernes » près) : celle désignant à l'original une valeur supérieure à celle de la copie. Idée qui se traduit en prix de ventes sur les marchés de l'art.

3. Termes de Mark Jones, Th. Lenain, *Art Forgery*, *op. cit.*, p. 241.

4. N. Poussin, *Lettres et propos sur l'art*, Paris, Hermann, 2014, p. 183.

5. Th. Lenain, *Art Forgery*, *op. cit.*, p. 234.

personnelle et unique du monde, d'exprimer une sensibilité propre et particulière bien plus que la nature universelle du Beau. Ce principe de la subjectivisation de l'art exigera en retour une technique de plus en plus précise et fiable donnat aux connaisseurs et aux amateurs la capacité d'attribuer une œuvre à son auteur, et rendant dès lors possible son *authentification* ou les méthodes adoptées pour « retracer la source » (*authentication*). Ces techniques se baseront entre autres sur des « indices »[1] qui permettront de reconstituer historiquement les procédés adoptés par le peintre dans la dynamique de sa création. Ces indices attestent en outre l'ancrage du peintre dans son époque, son monde contingent, les coutumes de son pays ou de sa personnalité, etc. Pour chaque tableau, une « enquête » peut être menée, se fondant sur des « traces » qui non seulement permettent de dater l'œuvre, mais, comme l'explique Thierry Lenain, dont la notion s'accommode très bien avec cette nouvelle conception de l'essence de l'art. Je cite l'auteur :

> Cela conduit à définir l'œuvre d'art comme étant fondamentalement un conglomérat des traces de son propre processus de production et des nombreuses conditions qui ont contribué à la façonner. Au lieu d'un reflet matérialisé des perfectionnements métaphysiques, l'œuvre d'art est désormais l'apparition visible des traces laissées par les diverses forces profondes ou les facteurs déterminants qui l'ont produite : une Weltanschauung, des attentes et des habitudes culturelles, des contraintes techniques, le tempérament de l'artiste, etc.[2].

1. Sur l'importance de cette notion d'indice pour le « nouveau paradigme de la trace » introduit par Carlo Ginsburg, *cf.* Th.. Lenain, *Art Forgery*, *op. cit.*, p. 234. Pour cette notion, voir l'article de référence de Carlo Ginzburg, « Signes, traces, pistes. Racines d'un paradigme de l'indice », *Le Débat* 6, 6, 1980, p. 3-44, dans lequel l'historien décrit la démarche utilisée par Giovanni Morelli pour identifier les auteurs de tableaux. Récemment, Maxime Decout qui s'intéresse au rapport entre enquêteur et imposteur, reprend lui aussi cette notion d'indice en vue de montrer comment en littérature l'introduction de ce paradigme « ressortit à une fragilisation de la notion d'identité qui explique l'essor parallèle des figures d'imposteurs », M. Décout, *Pouvoirs de l'imposture*, Paris, Minuit, 2018, p. 21.

2. Th. Lenain, *Art Forgery*, *op. cit.*, p. 235.

Bref, un tableau combine ces deux éléments en les unissant : les traces comme indices qui renvoient à l'origine, et le style comme mode d'apparence ou de présence esthétique de cette origine. Le contemplateur actuel de tableaux apprécierait donc la subjectivité et l'originalité de l'auteur telles qu'elles prennent forme dans le style de la peinture, et telles qu'elles se laissent retracer par l'analyse de traces et d'indices. Le style est lui-même l'expression de cette dynamique créatrice manifestant l'esprit de l'auteur. Ainsi, en prêtant attention aux procédés d'exécution d'une œuvre (les indices), on finit parfois par ressentir comme la présence même du peintre à travers son tableau. C'est du moins ce que le critique d'art David Rosand écrit : « Notre attention au processus d'exécution, à la technique du peintre telle qu'elle est enregistrée sur la surface de la toile, devient l'attestation de la présence perpétuelle du peintre lui-même »[1].

Autant le style permet d'apprécier la subjectivité, autant les indices évoquent sa présence. « Rien d'étonnant dès lors, selon Lenain, de voir comment la conception moderne de l'œuvre d'art ouvre la voie à des conduites et des discours quasi religieux basés sur une mystique de la trace »[2]. Dans un tableau, il y aurait donc comme une fusion entre la forme et la valeur de relique, cette dernière formant même une partie du contenu de l'expérience qu'on en fait. Cette conception confirmerait alors les mots de Ficino concernant l'œuvre d'art comme miroir de l'âme de l'auteur[3]. « L'œuvre d'art moderne est une relique de l'histoire de l'auteur (*an authorial-historical relic*) et, bien qu'elle ne conserve aucune efficacité surnaturelle en soi, elle a le pouvoir quasi magique de rendre sa propre origine authentiquement présente et perceptible – permettant ainsi un contact actuel et une forme de communication spirituelle au-delà des siècles et les horizons culturels »[4].

1. D. Rosand, *The Meaning of the Mark, Leonardo and Titian*, Spencer Museum of Art, University of Kansas City, 1988, p. 9.

2. Th. Lenain, *Art Forgery*, *op. cit.*, p. 237.

3. *Ibid.*, p. 237.

4. *Ibid.*, p. 235.

Tout porte donc à croire qu'il y aurait une transposition de valeur de relique d'un paradigme à l'autre : à cette différence près que, là où contrairement au *mandylion* l'image du tableau gagne en valeur de représentation esthétique (l'image du premier restant très schématique et rudimentaire), il perd en pouvoir « magique » ou divin. Un tableau contemporain ne va pas s'auto-répliquer... sa copie sera sinon « fausse », du moins « inauthentique ». Mais cette thèse implique donc l'idée que la fascination pour l'authenticité au sens de présence de l'auteur passe par l'admiration de son style comme miroir de l'âme. La transmutation de paradigme aurait « esthétisé » la valeur de relique, ou l'aurait du moins rendue solidaire de l'expérience esthétique du tableau. Ou encore : la fascination *quasi-religieuse* pour la présence de l'auteur dépendrait de et serait médiée par l'admiration que j'ai pour son « âme » telle qu'elle s'exprime dans son style. L'une ne va pas sans l'autre.

Or, aussi élégante que soit cette théorie, elle ne convainc pas entièrement, pour des raisons entres autres phénoménologiques. Il me semble que la valeur de relique et l'expression esthétique ne coïncident pas et demeurent indépendantes l'une de l'autre. La présence que je puis éprouver n'est pas celle de la personne dont j'admire « l'âme » exprimée dans le style. *Il y a deux notions d'authenticité* : celle concernant l'auteur, et celle concernant sa personnalité originale et créatrice. Et ces deux notions ne s'unissent pas. A défaut d'un Picasso, le fétichiste se contenterait déjà de son chapeau ou d'une de ses chaussettes. En revanche, l'esthète, lui, se contenterait d'une reproduction.

Le problème, issu des paradigmes engendrant les disciplines comme la graphologie, la médecine ou la science judiciaire, je crois, est que la « mystique de la trace » ne se fonde pas sur la réalité d'indices mais sur celle de symboles. Un indice comme trace a le pouvoir de « quasi-relique » en adoptant la valeur de symbole. Or, en ce sens il peut être un détail tout à fait insignifiant et n'aidant aucunement reconstituer le procédé de la dynamique créatrice d'une œuvre. C'est pourquoi – contrairement aux indices – les symboles intéressent peu les enquêteurs.

la relique claire et vide

Dans son célèbre ouvrage sur la photographie, *La chambre claire*, Roland Barthes rapproche intentionnellement le pouvoir d'une photo de celui d'une relique[1]. Une photo incarne l'idée que « le corps photographié vient me toucher de ses propres rayons »[2]. Seulement, ce corps, il n'est plus. L'image renvoie à « un réel qu'on ne peut plus toucher »[3]. La relique est vide.

Car, dit en substance Roland Barthes, l'essence de la photographie – son noème – est le « ça-a-été »[4]. Il est indéniable que la chose réelle s'est retrouvée devant l'objectif : « il y a double position conjointe : de la réalité et de passé »[5]. L'objet a été là, « et tout de suite séparé », immobile un instant devant l'œil – et c'est cette immobilité, dit Barthes, cet arrêt, que je « reverse » sur la « prise passée ». Voilà ce qui constitue la « pose ».

Cet arrêt suggère que la personne « prise » en photo s'est trouvée là, en chair et en os, mais ne s'y trouve plus. Cette double face constitue « la mélancolie même de la Photographie »[6]. Une relique qui non

1. Contrairement à une peinture, une photo ne semble pas faite de main d'homme. Dès lors, « ne peut-on dire d'elle ce que disaient les Byzantins de l'image du Christ dont le Suaire de Turin est imprégné, à savoir qu'elle n'était pas faite de main d'homme, *achéïropoïetos ?* », R. Barthes, *La chambre claire*, Paris, Gallimard-Seuil, 1980, p. 129.

2. *Ibid.*, p. 128. Voir aussi p. 142.

3. *Ibid.*, p. 136.

4. Ou ce qu'il appelle le deuxième sens du punctum, celui du « pointage référentiel » Ce terme est de Peter Szendy, *Le supermarché du visible. Essai d'iconomie*, Paris, Minuit, 2017, p. 140. *Cf.* le chapitre sur *l'uchronie*, la photo réunissant en l'instant qu'est l'image le *cela sera* et *cela a été*. Toute photographie est « cette catastrophe » : devant une photographie comme celle du condamné à mort Lewis Payne, je frémis à chaque fois « d'une catastrophe qui a déjà eu lieu », R. Barthes, *La chambre claire, op. cit.*, p. 150).

5. *Ibid.*, p. 120.

6. *Ibid.*, p. 124.

seulement évoque l'absence du référent [1], mais dont l'impression de l'image repose en outre sur un procédé chimique, et non plus divin ou surnaturel. « Car le noème « ça a été » n'a été possible que du jour où une circonstance scientifique (la découverte de la sensibilité à la lumière des halogénures d'argent) a permis de capter et d'imprimer directement les rayons lumineux émis par un objet diversement éclairé. La photo est littéralement une émanation du référent » [2].

D'un corps qui *a été* là se sont libérées des radiations qui viennent encore me toucher *aujourd'hui*. Ainsi, « une sorte de lien ombilical relie la chose de la photographie à mon regard » [3]. Ce qui relie ce corps au mien est « la lumière ». Elle est une sorte de « peau » garantissant un contact immédiat entre ce corps et mon regard. Mais un contact avec *un réel absent.*

Une photographie fait dès lors office de symbole : non pas en raison de l'évocation d'une présence, mais en tant que *présentation d'un passé.* Elle ne se réfère pas à un passé à la manière d'un signe, sinon comme quelque chose qui le représente au sens de représentant délégué et de figuration. Prenons l'exemple célèbre du portrait profané dans *A la recherche du temps perdu* : dans ce passage où Proust décrit une scène de voyeurisme, Marcel surprend mademoiselle Vinteuil (fille du compositeur de la célèbre « sonate ») en train d'embrasser son amie. Cependant, il est surtout troublé et choqué par ce qu'il intercepte de leur conversation. Les filles sont prêtes à cracher sur le portrait de feu Monsieur Vinteuil, dans un acte érotique de profanation rituelle. Ce portrait les « regarde » [4], de loin, incorporant le « réel » absent. La photo est comme un substitut de la personne réelle, incorporant son être « à défaut » de la présence actuelle. Profaner son portrait [5], c'est

1. Une photo n'est pas « une « copie » du réel – mais une émanation du *réel passé* : une magie, non un art. », *ibid.*, p. 138.

2. R. Barthes, *La chambre claire, op. cit.*, p. 126.

3. *Ibid.*, p. 126-127.

4. « Oh ! ce portrait de mon père qui nous regarde, je ne sais pas qui a pu le mettre là, j'ai pourtant dit vingt fois que ce n'était pas sa place... », M.. Proust, *A la recherche du temps perdu*, tome I, « Bibliothèque de la Pléiade », Paris, Gallimard, 1987, p. 160.

5. « Sais-tu ce que j'ai envie de lui faire à cette vieille horreur ? » dit-elle en prenant le portrait. Et elle murmura à l'oreille de Mlle Vinteuil quelque chose que je ne pus

porter atteinte à sa personne, de manière d'autant plus cruelle qu'elle n'est plus là pour se défendre.

Mais une personne aussi peut acquérir ce statut de symbole : je me souviens à cet effet d'une visite que nous avait faite un jour une dame aux Archives Husserl et qui avait entre autres ceci de particulier qu'elle aurait personnellement connu Malvine Husserl lors de son exil à Louvain pendant la deuxième Guerre Mondiale. Cette dame était alors étudiante en philosophie, et le père Van Breda, qui connaissait très bien sa famille, lui avait demandé, vu qu'elle parlait un peu l'Allemand, de rendre de temps à autre visite à la veuve Husserl pour lui tenir compagnie. Après tant d'années, elle en parlait encore avec beaucoup d'affection et de sympathie, bien qu'elle ne se souvînt plus vraiment de quoi elles avaient bien pu bavarder. Tout cela était bien enfoui dans le passé. Or, lorsque je lui ai montré un portrait de Malvine, prise au couvent où elle était alors réfugiée, la dame a dû s'asseoir tellement elle était troublée. La photo – avec une « plénitude insupportable »[1] – attestait que Malvine avait réellement été là, qu'entre elle et l'objectif un contact matériel immédiat s'était produit – mais en même temps, qu'elle était absente. La réalité de son être a ressurgi du passé, par voie directe et sans médiation – mais en même temps la photo l'a « posée » là, immobilisée pour toujours, clouée devant cet objectif et dans ce passé. Bref, la photographie faisait pour la dame fonction de symbole.

Mais finalement la dame elle-même, en dépit du peu qu'elle se souvenait encore de ses entretiens avec Malvine Husserl, avait acquis à nos yeux ce statut de symbole : elle avait été un témoin, ayant perçu « leibhaft » la veuve du fondateur de la phénoménologie[2]. Comme le dit Borges dans cette courte histoire « Le témoin » : « le monde sera un

entendre. — « Oh ! tu n'oserais pas. » — « Je n'oserais pas cracher dessus ? sur *ça ?* » dit l'amie avec une brutalité voulue, (*ibid.*, p. 160-161).

1. R. Barthes, *La chambre claire, op. cit.*, p. 141.

2. C'est aussi à ce statut symbolique que la biographie de la sœur de Lorca prête sa valeur et son prestige. D'un point de vue informatif, elle ne dit rien de très nouveau : à ce sujet, d'autres livres mieux documentés ont plus à offrir. Mais le fait qu'elle ait été sa sœur, qu'un contact matériel direct a existé entre eux, élève son livre à un statut symbolique. (I. García Lorca, *Recuerdos míos*, Madrid, Tusquets, 2002).

peu plus pauvre » lorsque tel ou tel témoin sera mort. Une infinité de choses « meurent dans chaque agonie »[1].

En ce sens également une photographie détient sa valeur symbolique de son statut de « témoignage » : elle est un peu comme ce qui reste d'une relique au temps où le contact matériel a perdu sa qualité divine : elle est une relique qui atteste la réalité de l'être incorporé, mais dont le pouvoir se réduit à l'évocation de son absence ou de son passé. La fonction symbolique (un nom, une tombe, une trace) réside d'ailleurs dans ce pouvoir d'immobiliser un être, le le « poser » et surtout, de le maintenir là-bas et à distance. Un symbole diffère en cela d'une image mentale ou d'un souvenir qui eux, comme dit C.S. Lewis, ont le désavantage de faire « tout ce que tu demandes »[2].

C'est pourquoi les symboles tels les noms, les portraits etc. entrent aussi dans les dynamiques que nous développons afin de *conjurer* cette absence, (et non pas de la nier, comme dans l'imaginaire[3]) : chérir le nom de la personne aimée non pas pour caresser un substitut de son être, pour évoquer sa présence, mais pour en venir à bout et structurer son absence. Entre le nom et elle, un lien ombilical existe. C'est pourquoi on peut profaner un nom aussi bien qu'un portrait, ou que l'on ne supporte pas que le nôtre apparaisse dans un milieu et un contexte avec lequel on n'aime pas trop être associé.

1. Et il accentue le rapport avec une relique : « Le temps connut un jour qui ferma les derniers yeux qui virent Jésus-Christ. » Le témoin, *cf.* Borges, « L'auteur », *Œuvres*, tome II, « Bibliothèque de la Pléiade », Paris, Gallimard, 2010, p. 18. (Je remercie A. Burms de m'avoir signalé cette référence. Les thèmes que je développe dans ce chapitre lui doivent beaucoup).

2. À propos de la distinction entre le symbole (une tombe) et l'image (mentale, tel le souvenir), voici ce que dit Clive Staples Lewis : « La tombe et l'image sont autant de liens avec l'irrévocable et des symboles de l'inimaginable. Mais l'image a l'inconvénient supplémentaire qu'elle fera tout ce que vous voulez. » in *A Grief Observed*, New York, Phoenix Press, 1984, p. 18.

3. L'imaginaire qui se nourrit du « refus de tenir compte de la distance », J.-P. Sartre, *L'imaginaire*, *op. cit.*, p. 239.

des faux symboles

Le célèbre et très « médiatique » faussaire Allemand Wolfgang Beltracchi doit sa réputation au fait d'avoir vendu des contrefaçons de peintres du XXe siècle [1]. Des Légers, Ernst, Campendonck etc. Afin de tromper ses futurs acheteurs et connaisseurs, il avait *fabriqué* une fausse photographie de sa grand-mère posant devant sa collection de tableaux (contenant un Léger, un Max Ernst, etc.). Tout en sépia, couleurs délavées, intérieur désuet : mais celle qui *pose* est de fait son épouse et complice Helene. Et bien entendu les tableaux au mur sont des faux (les siens). Il a utilisé la mise en scène de cette « ancienne photo de famille » afin de donner quelque consistance à l'histoire supposée de ces œuvres (« ancienne collection de famille »). C'est cette photo qui devait en authentifier la provenance [2]. *Il a donc fabriqué un faux symbole.*

C'est là je crois ce qui distingue un faux d'une copie, un faussaire d'un simple imitateur. Eric Hebborn, Han Van Meegeren et tant d'autres ne se contentent pas de produire une copie parfaite d'un peintre connu, ils tentent frauduleusement d'insinuer qu'il a le statut de symbole. Bref, moins artistes qu'artisans du faux, *ils sont les vrais héritiers des fabricants de fausses reliques.*

C'est bien entendu la raison pour laquelle le faussaire ne peut pas se contenter d'imiter un style, il doit en outre et surtout reconstituer toute

1. S. Partsch, *Tatort Kunst, Über Fälscher, Betrüger und Betrogene*, Munich, C.H. Beck Verlag, 2015, p. 169-185. En un sens il s'agit d'un oxymoron, un faussaire étant supposé rester inconnu. Notons que bon nombre d'études se fondent sur des récits de faussaires démasqués. Ce qui est très instructif (afin de comprendre les techniques utilisées), et en même temps suspect (en ce qui concerne l'aveu de leurs « motifs »). Le fait même de revendiquer leur statut de faussaires sonne faux. Contrairement à ceux que l'on n'a toujours pas ou que l'on ne pourra jamais retrouver, les faussaires comme Van Meegeren, Hebborn ou Beltracchi sont en quelque sorte de « faux faussaires ». Des faussaires au quadruple.

2. Anthony M. Amore, *The Art of the Con*, New York, St. Martin's Griffin, 2015, p. 15-20, et N. Charney, *The Art of Forgery*, New York, Phaidon, 2015, p. 154-159. (Le couple Helene et Wolfgang Beltracchi a rédigé le protrait de leurs exploits, dans H. Beltracchi, W. Beltracchi, *Selbstporträt*, Hambourg, Reinbeck bei Hamburg, 2014)

une *fausse histoire* relatant la provenance du tableau, ou il doit fabriquer un faux support matériel « d'époque », imiter la pigmentation d'origine, produire de fausses craquelures et ainsi de suite. Ainsi, il induit les amateurs en erreur au sujet *de l'origine* de l'œuvre. Comme le note bien Thierry Lenain, un faux ne consiste pas uniquement en un objet. « C'est l'objet présenté dans un certain contexte artificiel construit avec ruse et afin d'orienter l'interprétation de cet objet comme une chose procédant d'une autre origine que la sienne »[1].

On se souvient comment Maurice Merleau-Ponty, contre la tendance qu'avait Malraux à vouer au peintre un culte et à les diviniser, répondit qu'il ne fallait jamais les chercher « dans quelque au-delà de sa vie empirique », mais mêlés « à ses médiocres expériences », le peintre étant lui-même « un homme au travail qui retrouve chaque matin dans la figure des choses la même interrogation, le même appel auquel il n'a jamais fini de répondre »[2]. Or justement, le faussaire cherche à évoquer la présence passée de cet « homme au travail », ce peintre qui chaque jour se rendait à son atelier comme un fonctionnaire à son bureau et que le boucher du coin voyait passer à telle ou telle heure. L'imitation du faussaire ne « prend » que dans la mesure où elle arrive à évoquer non pas l'âme du peintre, mais sa personne *en chair et en os*. En apprenant que tel tableau s'avère faux, on est moins déçu par l'idée que ces formes et couleurs n'expriment pas l'âme du génie que l'on devinait s'exprimer en elles, mais que celui qui a touché, remué et trituré sa matière n'est pas la vraie personne « empirique ».

Les faussaires de tableaux ne se distinguent pas, quant à ce motif, de cette classe générale et fort repandue de faux témoins[3]. Nombreux sont les imposteurs qui inventent des faux témoignages. C'est-à-dire,

1. Th. Lenain, *Art Forgery*, *op. cit.*, p. 177.

2. M. Merleau-Ponty, *Signes*, Paris, Gallimard, 1960, p. 72-73.

3. Ils sont en outre à classer sous le genre plus général d'imposteurs : chaque type d'imposteur, on le verra plus loin, tentera de contrefaire et de déjouer ce qui en son domaine spécifique détermine le sens du vrai. De là des imposteurs produisant des « faux self » (Winnicott), des faux témoignages, des faux tableaux, de la fausse monnaie, etc. Mais le sens du vrai et du faux dépend du domaine dans lequel et sur lequel ils agissent.

qui produisent des symboles ou qui se font passer pour un symbole. On reviendra bien sûr sur le cas d'Enric Marcos, faux survivant des camps de concentration pour républicains espagnols à Leipzig. Mais comme on l'a déjà remarqué plus haut, *chaque événement de certaine ampleur a ses imposteurs au sens de faux témoins.* Qu'il s'agisse d'attaques terroristes, de catastrophes naturelles, de visites de personnages illustres : la liste est infinie. Dans son ouvrage récent, Kevin Young recense un nombre inouï d'exemples, dont celui de ces journalistes témoignant « sur place » de certaines situations tragiques (en Afrique, Soudan, Syrie, etc.) sans jamais avoir quitté leur bureau à New York[1]. Encore plus audacieux sont les cas des imposteurs écrivant des « fausses biographies ». Ainsi, Clifford Irving (bien connu pour « Fake ! », sa biographie du « faussaire du siècle » Elmyr de Hory) a pu fabriquer une « autobiographie » du richissime Howard Hughes (1905-1976), tout en empochant l'argent du contrat et à l'insu du présumé auteur[2]. Le canular (« hoax ») a été démasqué une semaine avant la publication du livre… Cependant, ce qui fait de ce livre un « faux » ne réside pas dans la fausseté du contenu : il se peut très bien que celui-ci soit exact et bien documenté. Mais le caractère du faux repose sur le fait que l'imposteur se fait passer pour un vrai témoin de la vie qu'il raconte, et qu'il fasse passer l'ouvrage pour une émanation directe de l'auteur, bref son symbole. C'est bien entendu aussi sur ce statut de symbole que misaient le faussaire Konrad Kujau et le journaliste Gerd Heidemann lorsqu'entre 1978 et 1983 ils arrivèrent à convaincre l'hebdomadaire *Stern* d'avoir découvert les carnets contenant le « journal intime » d'Hitler… dont le nombre de cahiers produits par Kujau – grand amateur d'objets de dévotion nazie[3] – se multipliait en réponse à l'intérêt des médias. Quant au contenu, il était en partie prélevé sur des documents déjà bien fournis sur cette époque. Une soixantaine de carnets furent finalement achetés

1. *Cf.* le cas du reporter Jayson Blair, envoyé par le *New York Times* pour couvrir un cas d'émeutes sur lequel il a écrit un long article sans même y avoir réellement assisté (*Cf.* K. Young, *Bunk*, *op. cit.*, p. 359 *sq.*)

2. *Ibid.*, p. 260 *sq.*

3. S. Partsch, *Tatort Kunst*, *op. cit.*, p. 15.

par le magazine *Stern* pour plus de 9,3 millions de Deutsche Marks… Chose étrange : dans leur soif de croire au canular, les médias et les journalistes de revues internationales n'avaient même pas remarqué que les initiales imprimées sur la couverture étaient erronées : « FH » au lieu de « AH »… [1] Il n'a au demeurant pas fallu plus que deux semaines à la *Bundesarchiv* pour démanteler ce soi-disant journal d'Hitler comme « grotesk oberflächlich ». Un travail très superficiel, d'amateur… mais pendant quelque temps, *ça a marché*.

deux extrêmes : Hebborn et Keating

Du reste, il est significatif de remarquer que dans leurs justifications *ad hoc*, certains faussaires tentent justement de refouler cet aspect-là de leur fraude, c'est-à-dire celui de produire des *faux symboles*. Après-coup, ils déjouent et minimalisent l'idée d'avoir voulu reconstituer une fausse origine des tableaux produits. Dans cette motivation rétrograde, on trouve deux extrêmes : celui qui revendique ses faux au nom de l'universalité de l'art – ou celui qui au contraire se dit être comme le medium de sa particularité.

Ainsi, celui que l'on dénommait aussi le « master Forger », perçu comme un des plus talentueux faussaires [2], le plaisantin Eric Hebborn, qui rédigea un ouvrage devenu très célèbre (*The Art Forger's Handbook* ou son *Confession of a Master Forger*), affirme que le sens de la peinture doit se concevoir à l'image du théâtre ou de la musique [3]. Et vu toute l'astuce et la technique qu'il a développée afin de reconstituer et recréer l'aspect d'époque, il pourrait même se faire passer pour le Harnoncourt des faussaires : sauf que Hebborn ne « jouait » pas avec des peintures et pinceaux d'époques, il en imitait l'effet, comme on verra à l'instant.

1. Voir K. Young, *Bunk*, *op. cit.*, p. 275, et N. Charney, *The Art of Forgery*, *op. cit.*, p. 224-226.

2. N. Charney, *The Art of Forgery*, *op. cit.*, p. 100 *sq.*

3. Cherchant à créer la confusion entre ce que, d'après N. Goodman, on pourrait appeler les arts *autographiques* (peinture) et *allographique* (musique).

Un peu comme si Sigiswald Kuyken jouait sur un faux violon baroque ou avait trafiqué le son lors des enregistrements.

D'une part, donc, Eric Hebborn veut justifier ses « copies » – souvent des dessins préparatoires [1] – en affirmant que l'art du dessin est comme une ancienne grammaire, restée inchangée, et qui demande d'être réactivée. Cette définition « linguistique » de l'art [2] lui permet d'intégrer le dessin et la peinture dans le cadre des arts « performatifs », comme la musique ou le théâtre, demandant d'être continuellement réinterprétés. De vielles peintures ou d'anciens dessins sont des *partitions* qu'il faut apprendre à jouer. Ou alors Hebborn se voit dans la même position qu'un acteur « qui doit étudier le discours et les mouvements d'un personnage avant d'en donner un portrait convaincant » [3]. Mais en même temps, il est un excellent technicien et artisan du faux qui ne se contente pas de « jouer » des anciens styles, mais de produire un effet frauduleux, ou du moins de nature ambiguë. Bref, *de semer la confusion quant au statut de ce qu'il produit.*

L'autre extrême est celui revendiqué par Tom Keating, ayant contrefait des tableaux de Modigliani à Gainsborough, de Titien à Rembrandt, Fragonard à Renoir, ou des aquarelles de Samuel Palmer. Il aimait toutefois introduire des « bombes à retardement » dans ses faux : des détails anachroniques, ou un signe n'apparaissant qu'aux rayons X, ou il utilisait même une méthode à base de glycérine détruisant la peinture le jour où le tableau serait nettoyé [4]. Ce qui laisse supposer que pour lui la production du faux avait quand même une finalité interne. Chose rare parmi les faussaires. Après avoir été démasqué en 1982, il a même présenté un programme télévisé sur *Channel 4*, dans lequel il expliquait à l'instar de Eric Hebborn sa technique pour fabriquer des faux. Or, *pour justifier ses faux*, il renvoie à des motifs très moyenâgeux, au bord du kitch spiritiste et de l'occulte : il affirme travailler sous

1. Par exemple le *Couronnement d'épines* (1619-1620) de Van Dyck.

2. Th. Lenain, *Art Forgery*, *op. cit.*, p. 302.

3. E. Hebborn, *Drawn to Trouble. Confession of a Master Forger*, New York, Randon House, 1993, p. 295.

4. N. Charney, *The Art of Forgery*, *op. cit.*, p. 119.

l'influence d'un contact direct avec les œuvres des anciens maîtres, voire les toucher psychiquement et physiquement. Un peu à l'image de l'ange guidant la main de St Luc, il avoue avoir été guidé par l'esprit des anciens peintres [1]. Le pouvoir miraculeux de l'original passant dans celui de la copie…faisant passer ses faux pour des *archeiropoietos*… Comme le remarque Thierry Lenain à son sujet, ce à quoi il veut aboutir est bien entendu « l'idée que ses faux ne sont pas des faux mais – dans un sens presque littéral et surnaturel – des originaux » [2]. Ou plutôt, comme on le verra tout au long de cet ouvrage, le but du faussaire, et de l'imposteur en général, est de semer la confusion entre le vrai et le faux, de « rejouer » la distinction afin d'en neutraliser le sens.

artisanat du faux, ou la fausse puissance du faux

Le faussaire ne se contente donc pas de *peindre* une simple copie, une imitation, il cherche à forger ou confectionner un faux symbole. Son procédé est complexe : il s'agit de constituer un tableau en lui fabriquant une fausse origine. Ou en le fabriquant de telle sorte qu'il induise délibérément en erreur concernant sa provenance. A cet effet, le faussaire utilise des procédés techniques hautement astucieux en se basant sur une connaissance parfois brillante de la technique du maître qu'il veut falsifier. Ainsi, Hebborn explique lui-même en détail toutes les techniques utilisées pour créer un « vieux dessin » ou un « tableau du XVIIe », etc [3]. Basé sur une idée et une analyse très poussée des palettes utilisées par les anciens, il recommandait pour la palette du faussaire cherchant à fabriquer des « vieux maîtres » une combinaison de douze pigments. Et puis il lui fallait inventer toute une technique pour « vieillir » artificiellement l'œuvre [4]. Une méthode

1. T. Keating, *The Fake's Progress*, New York, Hutchinson, 1977, p. 78.

2. *Ibid.*, p. 308.

3. Pour un bon résumé des détails, *cf.* N. Charney, *The Art of Forgery*, *op. cit.*, p. 100-108.

4. On comprend que nombre de faussaires se contentent d'œuvres du XXe siècle.

pour produire les craquelures, pour recréer des peintures anciennes sans produits synthétiques (éviter les anachronismes matériels...), « reprendre » et travailler sur des supports anciens etc. En d'autres mots : il s'agit de transformer et de modifier la matière pour la faire apparaître telle qu'elle n'est pas, et cela afin de produire un « effet » d'origine. *Car « l'origine » ou la provenance est produite, construite de toute pièce.* Elle n'est pas cause mais effet, résultat de tout un procédé artisanal ingénieux. Et la fascination que l'on peut ressentir pour ce « travail bien fait » ne diffère pas de celle que certains éprouvent devant des objets miniatures. *Mais produire artificiellement une origine, c'est inverser le rapport réel...* [1]. Le faussaire ne diffère pas du comédien qui, on le verra plus loin, inverse le rapport entre l'affectivité et l'objet : il mime une émotion afin d'évoquer l'objet qui l'aurait affecté [2].

Or, inverser l'ordre des rapports réels relève de la *dynamique même de l'imaginaire* [3]. Si le faussaire est un « imposteur », comme le confirmait Friedländer [4], c'est au sens où il partage avec des personnages comme Jean-Claude Romand ou l'antéchrist un penchant pour cette dynamique d'inversion [5]. Pour représenter le diable sur les icônes on inversait le haut et le bas (le visage et les organes sexuels) [6]. Le faussaire inverse cause et effet. Sorte de carnaval de l'art... Se faisant parfois passer pour le *Robin Hood* des collectionneurs et des connaisseurs, il intervertit les valeurs du monde de l'art. Dans leurs « revendications », les faussaires ne se lassent pas d'accuser (parfois à juste titre) les connaisseurs, collectionneurs et manipulateurs de

1. Sur le sens de cette inversion, *cf.* aussi Th. Lenain, *Art Forgery*, *op. cit.*, p. 294 *sq.*

2. *Cf.* chap. II, p. 63 *sq.*

3. Au sens de J.-P. Sartre, *L'imaginaire*, 4e partie, *op. cit.*, p. 239 *sq.*

4. Max Jakob Friedländer, « Le faussaire est un imposteur et un enfant de son temps, qui renie la méthode de vision qui lui est naturelle... », *On Art and Connoisseurship*, Boston, Beacon Press, 1960. *Cf.* K. Young, *Bunk*, *op. cit.*, p. 254.

5. *Cf.* chap. IV, p. 123 *sq.*

6. Claudio S. Ingerflom, *Le Tsar c'est moi*, *L'imposture permanente d'Ivan le terrible à Vladimir Poutine*, Paris, P.U.F., 2015, p. 137-138.

l'histoire et du goût… [1] Le but avoué est fréquemment l'idée de vouloir se venger de leur « arrogance ». Par quoi ils gagnent la sympathie du public et leur action « picaresque » est perçue comme délit mineur. En outre, comble de l'inversion, pour nombre de faussaires démasqués cette « motivation » a valu la gloire, ou leur a même sauvé la vie (Van Meegeren). Certains, comme Beltracchi ou Edgar Mrugalla[2], ont pu profiter de cette notoriété pour vendre finalement leurs tableaux – souvent « exécuté dans le style de… » – en nom propre et à prix élevé. Tout à coup, un faux Léger peint par Beltracchi vaut plus qu'une simple copie peinte par n'importe quel étudiant d'art, aussi parfaite soit-elle.

Toutefois, afin de réussir ses subterfuges et artifices raisonnés, le faussaire doit perpétuellement anesthésier tout ce qui du réel risque de perturber son évocation du faux (fausse origine). Alors que l'artiste, lui, l'englobe et s'en inspire. En ce sens, le « fake » a moins en commun avec une « puissance du faux », la force du simulacre, qu'avec une faiblesse ou un épuisement du vrai. Certes, il profite d'une certaine parenté, on le verra plus loin. Mais pour le faussaire, le simulacre est avant tout *refoulement du vrai.* Il ne s'affirme que par la négative et en rebondissant continuellement sur le réel, « l'intraitable », disait Barthes, qui risque de le démasquer. Il y a donc, outre le côté artisanal, un aspect « sportif » du faussaire : il doit continuellement devancer les « authenticaters » et leurs nouvelles méthodes dans la détection des faux[3]. Être plus rapide qu'eux… et pour en venir à bout, il sombre souvent dans une surenchère du faux, un excès de falsification afin d'anesthésier toute sensibilité et tout flair pour ce qui constitue dans

1. À propos des revendications de E. Hebborn, *cf.* S. Partsch, *Tatort Kunst, Über Fälscher*, *op. cit.*, p. 14.

2. Lui aussi, comme tant d'autres cas devenus célèbres, rédigea ses mémoires (au titre modeste, à l'image de ceux de Hebborn). *Cf.* E. Mrugalla, *Der König der Kunstfälscher*, Berlin, Frankfurt am Main, Ullstein, 1993.

3. Très instructif à ce sujet, voir le site : http://www.faussaire.net/identification-detection-faux.html. À propos de cette « course contre la montre » dans le milieu sportif, *cf.* le documentaire de Alex Gibney, *Le mensonge Armstrong* (2013).

son domaine la distinction entre le faux et le vrai. Pour nous y rendre indifférents. Il faut dire que les médias *jouent* bien le jeu, comme dans le cas de Beltracchi, présenté comme vedette, ou Van Meegeren, ayant vendu un faux Vermeer à Goering, et dont plus personne lors de son procès ne songeait encore à son engouement pour la pensée nazie pendant la guerre, ou que personne n'avait remarqué que « le nouveau Vermeer pendant aux murs à Rotterdam était un hommage subtil à la fabrication d'images nazies »[1]. En ce sens, les médias entretiennent ou maintiennent le « fake ». Quant à l'idée du faux qui maintient le faux, notons qu'Anthony Blunt, grand historien d'art Britannique ayant « authentifié » nombre de « performances » de Hebborn, faisait partie du célèbre groupe d'espionnage « les cinq de Cambridge » recruté par le NKVD (futur KGB) dans les années 30…

Finalement, du fait que le procédé du faussaire repose sur une dynamique de l'imaginaire, son art implique un « appauvrissement » du sens même de l'art. La plupart des commentateurs s'accordent à accentuer le côté « dérivatif », voire « parasitaire » du faussaire. Il ne s'inspire pas du réel, son travail s'obstine à le neutraliser et en refouler les aspects imprévus, afin de créer et de faire passer un faux, quelque chose d'aussi « irréel » qu'un songe ou une image. Or, nos rêves ne contiennent souvent rien de plus qu'un « pastiche » de notre vie : basés sur des souvenirs (faits divers, incidents, événements, etc.), des désirs, des fantasmes d'un narcissisme bas, des idées banales et triviales, etc. De même, nombre d'imposteurs ont dans leurs revendications et actions tendance à sombrer dans le kitch et le sentimentalisme[2]. L'irréel qu'ils évoquent n'est souvent rien de plus que la confirmation de préjugés, des attentes et des expectations parfois implicites d'une époque, celle dans laquelle ils se produisent.

Prenons deux exemples. Le premier est celui du canular lancé en 1835 par l'Américain R.A. Locke, éditeur du *Sun*. Il disait que, grâce aux observations d'un scientifique, le dénommé Herschel, travaillant

1. *Cf.* K. Young, *Bunk*, *op. cit.*, p. 277.
2. A ce sujet, *cf.* K. Young, *Bunk*, *op. cit.*, p. 254.

en Afrique du Sud (donc trop loin que pour être contacté en personne : on est en 1835), on pouvait enfin certifier qu'il y avait de la vie sur la lune. Ce « Moon Hoax », rendant enfin publique « the Great Lunar Astronomical Discoveries » du scientifique, eut un succès inouï[1] Et dans son journal le *Sun*, R.A. Locke raconte tout ce que, à l'aide d'un « télescope », on a déjà pu observer sur cette lune : plus de 38 espèces d'arbres de forêt, des plantes. Pour les animaux, il a pu classifier neuf sortes de mammifères, cinq sortes d'ovipares (en revanche, il n'a pas compté les œufs), etc. Et puis pour les humanoïdes, de nouveau avec un mélange de précision scientifique et de banalité kitch, il décrit comment on a pu compter trois groupes de ces créatures, contenant « douze, neuf et quinze » spécimens : certains d'entre eux ressemblaient à des êtres humains, vu « qu'entretemps leurs ailes avaient disparu » et que leur démarche était « digne ». Les autres sont décrits en termes utilisés à cette époque pour classifier les noirs (type de cheveux, comparaison du front avec celui des orangs- outans[2], etc.)

Bien entendu, ce que R. A. Locke a créé est une chimère, un conglomérat plat de préjugés souvent racistes, au moment où les discussions autour de l'abolitionnisme font encore rage. Mais, comme le note Kevin Young, il est trop obscur pour être lu comme tract contre l'esclavagisme, et pas assez explicite pour être perçu comme propagande raciste. *Il joue sur la confusion* : or celle-ci a permis de créer un des journaux les plus populaires des Etats Unis, de promulguer un nouveau genre narratif basé sur une transformation du sens de la vérité : le *hoax*, publié en supplément, était lu et suivi par un nombre incalculable d'abonnés, en tant que « conspirators against reality ». Donc d'une part, ce *hoax* gagne son succès par la force qu'il offre à renier ou à refouler la réalité. Mais en tant que récit, il n'offre rien de plus que des clichés issus de la société d'où le lecteur cherche à s'évader. En ce sens,

1. Pour les détails, et l'influence entre autres sur Edgar Allan Poe, dans K. Young, *Bunk*, *op. cit.*, p. 12 *sq.*

2. *Ibid.*, p. 16.

comme le remarque Young, ce télescope est un microscope[1] retrouvant là-bas, dans l'univers, ce que tout le monde pense déjà ici, sur terre[2]. Le *Moon Hoax* de R.A. Locke inaugura un genre qui se développa aussi au XIXe siècle : la science–fiction. La littérature SF comme déni du réel et confirmation de trivialités « terrestres ».

L'autre exemple : les faux carnets de Hitler. On l'a dit à l'instant, ils ont été démasqués comme une grotesque farce superficielle : carnets pleins de banalités et de clichés concernant l'époque et les « pensées intimes » de cet imposteur du « IIIe Reich ». Or, n'oublions pas qu'ils ont été fabriqués par un admirateur de l'attirail nazi. Mais en quoi étaient-ils superficiels ? En ce qu'ils offraient l'image *d'un Hitler banal*. Ces carnets permettaient en ce sens aux lecteurs de *réécrire l'histoire*. Par conséquent, entre l'imposteur et le lecteur enthousiaste et crédule se lie un rapport de complicité[3] : ces fausses notes avaient pour but « à la fois de tromper les lecteurs et réhabiliter le Führer, le présentant comme quelqu'un de réticent au massacre des Juifs et, d'une manière ou d'une autre, ne connaissant même pas la Nuit de Cristal ou la Solution finale auxquelles il avait, en vérité, donné l'ordre avec enthousiasme. Nostalgiques de ce qui n'a jamais été, les carnets ont offert une fausse histoire *(a fake history)* »[4]. Au demeurant, c'était ainsi que *Newsweek* intitulait l'article consacré à ce canular : « How They Could Rewrite History »… Ce désir de réécrire l'histoire, tout en revendiquant des banalités apparaît dans ce qu'on appelle *l'uchronie*[5], la production d'une « fake history ».

1. K. Young, *Bunk*, *op. cit.*, p. 28.
2. *Ibid.*, p. 362.
3. « Il semble clair que sous toute complicité avec le faux se cache une culpabilité ; le faux est cru, non parce qu'il altère l'histoire, mais parce que nous aimerions que l'histoire soit autrement. », *ibid.*, p. 276.
4. K. Young, *Bunk*, *op. cit.*, p. 275.
5. Voir chap. VI, p. 173 *sq.*

des fausses histoires : jouer de la vérité

La fausseté d'un faux, comme nous l'avons précisé plus haut, ne réside pas en l'objet en tant que tel, mais dépend de l'apparence qu'on lui prête. Comme le remarquait Thierry Lenain, il doit être présenté dans un « contexte artificiel » et accompagné de tout un attelage de détails censés « légitimer » une provenance fausse. Il s'agit, encore une fois, de façonner à l'aide d'une dynamique de l'imaginaire un tableau comme un faux symbole. C'est en ce sens aussi que le faussaire est un imposteur : il produit des faux témoignages. Ces « faux » reposent sur toute une *dynamique fictionnelle se faisant passer pour (des) vrais* : une fausse fiction. C'est-à-dire, une fiction se faisant passer pour vrais (par exemple pour des « mémoires » [1]). L'imposteur fera tout pour brouiller les pistes et dévier l'attention en jouant par exemple sur le sens du « vrai ». Ainsi, le cas étudié par Javier Cercas, Enric Marcos, et sur lequel on reviendra plus loin, s'est toujours défendu d'avoir dit la vérité. Certes, il s'est documenté, a rendu public des faits restés longtemps éclipsés dans l'histoire très compliquée de l'Espagne du XXe siècle. Et il s'est fait le porte-parole de cette histoire-là. Mais il abuse de la vérité des faits et de tout ce qu'il a pu assimiler sur cette époque, afin de se faire passer pour le vrai sujet de ses récits. S'il ment, c'est au sens où il se donne pour ce qu'il n'est pas. Et tous ses faux témoignages, dont la complexité finit par devenir en elle-même suspecte (mélangeant et confondant des témoignages issus de différents contextes) font partie intégrante de la « fabrication » de ce que Donald W. Winnocott appela le « faux self » [2] : un self ayant été témoin et victime de ce qu'il « révèle », c'est-à-dire, *ayant été en contact immédiat avec ce qu'il décrit.* Avoir « été-là ». Et c'est en ce sens qu'il trompe : non pas sur le contenu, mais sur l'évocation d'une *fausse présence.*

1. Voir le cas célèbre de Jerzy Kosinski (auteur de *l'Oiseau bariolé*, devenu pour beaucoup un exemple type de faux (fakery), *cf.* K. Young, *Bunk*, *op. cit.*, p. 277 *sq.*)

2. Donald W. Winnicott, *Processus de maturation chez l'enfant. Développement affectif et environnement*, chap. IX, Paris, Payot, 1970, p. 115 *sq.*

Il ne suffit donc pas d'assimiler l'histoire de l'imposteur à une accumulation de mensonges. Ce qu'il affirme ne s'oppose pas nécessairement au vrai (il s'inspire de lui) : il a mis en œuvre toute une dynamique qui cherche à tromper au sens de « Vortauschen », feindre et donner à croire de telle sorte que la distinction même entre le vrai et le faux est monopolisée, constamment déplacée et volontairement embrouillée. C'est la méthode et le but principal de l'imposteur : *semer la confusion et la tourner à son profit.*

Une grande part de sa « défense » contre les accusations des Jésuites se résume au fond à cela : Pascal démasque et déconstruit toutes les impostures dont il est lui-même accusé, les « Pères » usant de stratagèmes qui visent surtout à neutraliser la valeur de ses réponses et de ses arguments[1]. Ainsi, dans ces procédés et ces manœuvres, les « Pères » évitent par exemple de donner un sens précis à un terme[2], ils calomnient, faussent les citations, corrompent ses réponses, ils « embrouill(ent) les questions par des termes d'école », etc. Ou alors ils recherchent « à dessein » des mots *confus*, « afin d'échapper sous cette obscurité »[3]. Dans cette tactique d'imposture, le mensonge n'est qu'un des ingrédients. Comme disait Antoine Arnauld dans un texte qui aura inspiré Pascal : « Ils croient opprimer la vérité pour toujours, parce qu'ils l'obscurcissent de cette sorte, et l'embrouillent pour un temps par leurs intrigues, par leurs factions, par leurs cris, par leurs mensonges, par leurs violences… »[4]. Dans le cadre de la vérité d'ordre religieux où tout est examiné au « flambeau de la foi », Pascal accusera ses imposteurs de « jouer de la religion »[5]. Ils en jouent, afin aussi de se jouer d'elle, d'en détourner le sens et les oppositions qui y régissent le vrai et le faux, et de profiter de la confusion qui en résulte.

1. Voir la *Douzième lettre*; Pascal, « Les provinciales », dans *Œuvres complètes*, tome I, « Bibliothèque de la Pléiade », Paris, Gallimard, 1998, p. 710-722.

2. Par ex. celui de « pouvoir prochain ».

3. *Ibid.*, p. 717.

4. *Ibid.*, note p. 1232.

5. *Ibid.*, p. 716.

Au fond, cette stratégie de l'apparence forme la base des conseils que pour sa part le Jésuite Baltasar Gracián prescrit à l'adresse du « Héros » (ou « l'Homme de cour ») cherchant à « se distinguer », et à (se) faire valoir dans le grand théâtre du monde : « savoir jouer de la vérité »[1] et créer un univers où tout est réversible[2]. Car les choses « ne passent pas pour ce qu'elles sont, mais pour ce qu'elles paraissent »[3], où « l'ostentation est l'éclat des qualités », etc. Dans ce jeu, il s'agit moins de vertu que de virtuosité. Nul doute que c'est dans l'art de cette virtuosité que l'imposteur contemporain tente de se perfectionner. Contrairement aux « imposteurs » contre lesquels tempête Pascal[4], ceux qui vont apparaître dans cet ouvrage ne cherchent pas tout bonnement à faire usage du faux et de mensonges afin d'imposer leur vision du vrai[5], mais même-là le rapport est inversé : ils accumulent le vrai et se l'approprient afin de tromper et d'imposer le faux. En ce sens ils s'inscrivent très bien dans une époque de soi-disant « post-vérité »[6]

1. B. Gracián, *Art et figures du succès, Oracle manuel*, Paris, Points-Seuil, 2012, p. 210.

2. *Ibid.*, p. 21.

3. *Ibid.*, p. 130.

4. Au nom de vérité que lui dit détenir, *un contre tous* « Je suis seul contre trente mille? Point. Gardez, vous, la Cour, vous, l'imposture, moi, la vérité… j'ai la vérité et nous verrons qui l'emportera », dans Pascal, *Pensées*, fragment 745, *Œuvres complètes*, tome II, « Bibliothèque de la Pléiade », Paris, Gallimard, p. 88.

5. Fidèles à une longue tradition défendant l'utilité du mensonge comme moyen pour atteindre une bonne fin. *Cf.* par ex. Platon, *République* III, 389 cd.

6. On a vu dans l'avant-propos comment le discours se revendiquant de la « post-vérité » est très défiant vis-à-vis des disciplines qui autrefois s'inspiraient ouvertement du discours philosophique. Le démantèlement de ce discours, au profit des sciences sociales et cognitives, de la « philosophie empirique », etc. fait glisser le sens de la vérité vers des valeurs purement morales. Comme l'atteste l'ouvrage de Dan Ariely où à base d'expériences est démontrée cette vérité d'une profondeur insondable : que les actes de malhonnêteté se propagent d'autant mieux dans un milieu où la fraude est globalement étendue. Malgré, ou peut-être à cause d'un pragmatisme très décomplexé, l'auteur se risque même à ce qui de son point de vue doit faire office de prophétie optimiste :

qui se dit, du moins au niveau des médias ou des réseaux sociaux, très préoccupée par les ravages produits par les « fake news » [1].

« Voilà pourquoi il convient de réduire le nombre d'actes malhonnêtes, aussi anodins puissent-ils paraître. En procédant de la sorte, notre société deviendra au fil du temps plus honnête et moins corrompue », *Toute la vérité (ou presque) sur la malhonnêteté*, trad. de l'anglais M. Bouvier, Paris, Rue de l'échiquier, 2017, p. 129. Comme quoi des sciences se permettent ce qui au niveau philosophique ne mériterait même pas le nom de trivialité. On comprend pourquoi Deleuze se plaignait que « le bavardage moral remplace la vraie philosophie », dans *Spinoza et le problème de l'expression*, Paris, Minuit, 1968, p. 234.

1. Sur ces possibles ravages, et le genre de fausses nouvelles propagées, *cf.* Michael Morris dans un ouvrage dont le titre-même joue la confusion : *Die Einen nennen es Fake News, die Anderen Enthüllungen*, Fichtenau, Amadeus-Verlag, 2017.

chapitre 2
« le mensonge est un piège », imposture et différence

Si quelqu'un vous trompe et vous dupe,
il est de ce fait votre maître pour toujours.
Il ne vous reste plus qu'à l'aimer ou à le tuer[1].

introduction

Frédéric Rouvillois a publié il y a quelques années un ouvrage savoureux, *Le collectionneur d'impostures*, où il étale et réunit, à l'image de Flaubert et de ses idées reçues, les faussaires, les escrocs, les scientifiques douteux, les faux princes, etc. Bref, un panthéon d'imposteurs. Il n'est pas complet, bien entendu. Ces dernières années, la liste s'est considérablement alourdie. Toutefois, ce livre révèle déjà à quel point les imposteurs, à l'instar de tout ce qui relève du faux (agents secrets, espions, faussaires, imitateurs, double-vies, etc.), nous fascinent et excitent notre imagination[2]. L'imposture est essentiellement énigmatique, aussi a-t-elle donné lieu à d'innombrables controverses.

1. J. Giono, *Les grands chemins*, Paris, Gallimard, 1951, p. 159.
2. Dans toute cette panoplie, j'avoue avoir un faible pour l'histoire des « avions renifleurs ». *Cf.* F. Rouvillois, *Le collectionneur d'impostures*, Paris, Flammarion, 2010, p. 30-31.

On a déjà rencontré des faussaires, des faux journalistes, des faux scientifiques. Reprenons la question : qu'est-ce qu'un imposteur ?

Jean-Bertrand Pontalis risque la définition suivante : « L'imposteur : celui qui usurpe une identité, s'invente au point d'y adhérer parfois, une histoire qui n'est pas la sienne, se fait passer pour un autre et ça marche »[1]. Ainsi, James Macpherson se fait passer pour celui qui aurait découvert l'Iliade gaélique écrite par Ossian, alors qu'il en était lui-même l'auteur. Ou Brigido Lara, arrêté en 1974 par la police mexicaine pour avoir « volé » une quantité inouïe d'œuvres d'art précolombiennes, dont l'authenticité avait été confirmée par *l'Instituto Nacional de Antropologia e Historia*. Pour se défendre, il était alors bien contraint d'avouer que ces objets étaient tous des faux et que c'est lui qui les avait fabriqués. Après quoi on l'engagea au musée d'anthropologie de Xalapa : expert du faux, son travail consisterait à faire le tri dans les collections nationales pour ne garder que les vrais[2]. « Ça marche », au sens où en quelque sorte même le rappel à la réalité s'avère bénéfique.

Ou reprenons cet exemple exquis du célèbre faussaire Han Van Meegeren, né en 1889, qui se venge des critiques en réalisant une dizaine de faux Vermeer : les plus éminents experts, (mais pas tous[3]) de cette époque (par exemple Abraham Bredius) ainsi que la presse les considérèrent quasi unanimement comme des chefs-d'œuvre du maître de Delft. Pour démasquer la supercherie, il aura même fallu attendre jusqu'à la fin de la deuxième guerre mondiale – lorsque la police se saisit de la collection privée de Goering et que le peintre est condamné pour trahison pour avoir vendu un Vermeer au maréchal nazi. Bref, ça a marché[4].

1. Cité par A. Bauduin, *Psychanalyse de l'imposture*, Paris, P.U.F., 2007, p. 11.

2. F. Rouvillois, *Le collectionneur d'impostures*, *op. cit.*, p. 244-245.

3. Aujourd'hui on se demande encore comment tant de connaisseurs aient pu se laisser prendre par des tableaux dont on s'accorde à dire qu'ils ne ressemblent vraiment pas à des Vermeer… (*Cf.* N. Charney, *The Art of Forgery*, *op. cit.*, p. 98).

4. L. Guarneri, *La double vie de Vermeer*, trad. de l'italien M. Pozzoli, Arles, Babel, 2006.

Mais est-ce que cela marche toujours ? Non, vraisemblablement. Dimitri II, faux descendant d'Ivan le Terrible, et proclamé tsar le 20 juin 1606, est démasqué et assassiné quelques mois plus tard : son corps est dépecé et ses cendres sont renvoyées à coup de canon en direction de la Pologne, pays d'origine. Les fabricants de faux se font piéger et en général la revanche ou le rappel au réel est implacable. Pourquoi ?

Il serait trop simple de répondre que, par amour du vrai, on n'aime pas se laisser leurrer. Comme disait Deleuze, « Tout le monde sait bien que l'homme, en fait, cherche rarement la vérité : nos intérêts et aussi notre stupidité nous séparent du vrai plus encore que nos erreurs »[1]. Si on punit les faussaires, ce serait plutôt parce qu'ils ont raté leur objectif, c'est parce qu'ils sont « des ratés ». Eussent-ils réussi - mais cela évoque l'idée paradoxale d'un imposteur réussi : or, il y en a, ceux qu'on ne démasque qu'après leur mort[2], ou ceux qu'on n'ose pas démasquer – on les en aurait honoré[3].

Ainsi, je ne pense pas que dans la fascination que l'on ressent pour l'imposture et pour les faussaires de toute sorte, joue avant tout une admiration pour celui qui a été en mesure de faire passer pour vrai ce qui ne s'avérait être que faux. Ce qui nous fascine est l'idée que leur duperie était à même de neutraliser le réel. Dans le chapitre précédent, l'imposteur était fabricant de faux objets. Ses procédés de neutralisation visaient à transformer des faux ou des copies en symboles. Dans ce qui va suivre, l'imposteur comme « façonneur de comportements » produit un faux sujet, un « faux self ». Dans ces cas-ci, et c'est l'élément central de la thèse que j'aimerais poursuivre, on admire ou on est halluciné par ceux qui nous leurrent moins pour le contenu de ce qu'ils font croire, que pour le fait de nous avoir leurré. Moins pour la vie exceptionnelle qu'ils déclarent avoir vécue, que pour

1. G. Deleuze, *Nietzsche et la philosophie*, Paris, P.U.F., 1962, p. 108.

2. *Cf.* l'histoire de Ramendra Narayan Roy, dans F. Rouvillois, *Le collectionneur d'impostures*, *op. cit.*, p. 281.

3. *Cf.* le cas de Van Meegeren : vendre des faux Vermeer aux nazis aurait pu être perçu comme acte de résistance…

la médiocrité de celle qu'ils ont pu éclipser [1]. La vie d'imposteur réussie est celle où *être et paraître* coïncident à un point qui ne s'accomplit que dans le domaine du rêve. Dès lors, l'imposture fascine tant elle ressemble à un rêve les yeux ouverts. Aussi, elle a comme une finalité interne : le faussaire accompli – et ils sont rares, la majorité se limitant à la catégorie d'escrocs qui s'arrêtent ou se font arrêter à mi-chemin – cherche moins à nous tromper qu'à se tromper et se convaincre. Nous ne sommes que les spectateurs qui le confirment et le renforcent dans son jeu de dissimulation.

les vrais *faux* et les faux *vrais*

Quoique la classe des imposteurs renferme une diversité aussi riche que variable, j'aimerais me concentrer sur celle qui distingue les imposteurs mythomanes, *les vrais faux*, et les faussaires de la normalité, *les faux vrais*. Les premiers s'inventent une vie extraordinaire, les autres tentent de se faire passer pour normaaux. Ces derniers – les faux vrais – cherchent donc avant tout à se faire accepter ou à se fondre dans les normes et contraintes sociales quotidiennes. On les reconnaît à leur démarche souvent malhabile et leur excès de zèle : trop polis, trop avenants, trop instruits, etc. Cet excès afin de conjurer le manque qu'ils *sont* du point de vue social : ils ont souvent la posture du blasé. Les premiers en revanche – les vrais faux – veulent nous étonner et s'exposer comme exceptionnels et hors du commun.

Nous sommes tous des imposteurs d'occasion, des artisans faussaires, des tartuffes amateurs. Le fait même de vivre en communauté, d'être des « moi sociaux » (comme disait Bergson) nous contraint à faire (bon) usage du mensonge et du semblant. Afin d'arriver à nos fins, il nous est parfois nécessaire « d'en imposer » [2]. Tricher et duper les

1. Javier Cercas parle de l'imposteur Enric Marco comme d'un grand menteur « que no se conforma con la grisura de su vida real y se invent[a] y vivi[a] una heroica vida ficticia", *El impostor*, Barcelona, Literatura Random House, 2014, p. 228 ; trad. fr., *L'imposteur*, Arles, Actes Sud, 2015, p. 258.

2. A moins d'être « misanthrope ». Celui qui se refuse au jeu, s'en exclu. Il n'est pas étrange que chez Molière, les deux extrêmes – l'imposteur et le misanthrope – apparaissent. Le pile ou face d'une même pièce…

autres, ou absorber des traits et des habitudes afin de se faire accepter par un groupe : voilà le prototype même du caractère d'un acteur social habile et adapté (« branché »). Il joue pour faire vrai et imite ceux qui réussissent ou qui sont pris au sérieux. Comme le certifient les experts de la psychologie sociale actuelle : pas de vie sociale sans un minimum de mise en scène et de manipulation [1]. Or, en cas normal ces duperies ne servent qu'à nous affirmer en tant que personne réelle. Nos impostures font ici partie intégrante de notre auto-affirmation ou de nos identifications. Et inversement, toute identification s'accompagne souvent d'un sentiment « d'imposture », c'est-à-dire : « l'impression qu'a le sujet d'avoir usurpé une place qui ne lui était pas due ou d'avoir emprunté certaines caractéristiques d'une personne admirée ou convoitée » [2]. Mais ces impostures et hypocrisies d'occasion, ainsi que ce *sentiment d'imposture* s'investissent entièrement dans la dynamique d'identification ou de développement du moi. Par ceux-ci, un sujet assume ses particularités et peu à peu se forme comme personne singulière. Ils garantissent l'exercice même de son engagement perpétuel dans le monde social : au fond, ils sont le reflet de son désir de s'affirmer en tant que sujet autonome face aux assignations sociales et aux formes de normalisations qu'elles imposent.

Toutefois, chez un *imposteur du vrai*, ce processus d'identification fait défaut. Comme une « éponge vivante » [3], il absorbe les traits et les discours d'autrui non plus en vue ou au profit d'un moi en voie de

1. R.-V. Joule, J.-L. Beauvois, *Petit traité de manipulation à l'usage des honnêtes gens*, Grenoble, PUG, 2015.

2. A. Bauduin, *Psychanalyse de l'imposture*, *op. cit.*, p. 3. Contrairement ce qu'affirme Patrick Avrane, je ne suis pas si sûr que ce sentiment relève « de ce qu'on appelle habituellement timidité », *Les imposteurs. Tromper son monde, se tromper soi-même*, Paris, Seuil, 2009, p. 22. Il se rapproche plutôt de ce que notre société *syndromisante* appelle, sous une forme de tautologie symptomatique « the imposter syndrome ». Pour une approche inspirante et raffinée du sentiment d'imposture, *cf.* B. Cannone, *Le sentiment d'imposture*, Paris, Folio-Gallimard, 2005, et M. Macé, « Sartre et l'imposture comme style d'être », dans J.-Ch. Darmon, *Figures de l'imposture*, Paris, Desjonquères, 2013, p. 233 *sq*. Quant à ce « syndrome », – qui ne s'avère être finalement qu'une « parodie de l'imposture ».

3. R. Gori, *La fabrique de l'imposture*, Paris, Actes Sud, 2015, p. 13.

développement : chez lui « la forme devient le fond »[1] et l'absorption des traits extérieurs se passe « sans aucune transformation intérieure »[2]. Sous ce fond il n'y a que du vide, dirait Roland Gori. Le faussaire du vrai n'effectue qu'une pseudo-identification.

> Par ses emprunts aux couleurs de l'environnement, l'imposteur témoigne d'une exceptionnelle « adaptation à la réalité », et nageant dans les faux-semblants comme un poisson dans l'eau, respectueux plus que tout autre des règles, des procédures, des formes, il bénéficie souvent, jusqu'à ce qu'il soit démasqué, de l'estime de tous, ou presque. C'est [...] le sujet idéal des façonneurs de comportements[3].

C'est dans ce cadre que, suite à Helene Deutsch, on a commencé à parler de personnalité *as if*[4] : personnages qui sont normaux *en apparence*, et dont l'apparence cherche à évoquer le normal. Parfaitement ajustés, en adéquation constante avec ce qu'on attend d'eux, agissant avec des réactions affectives et intellectuelles cohérentes : mais confronté à eux on sent pourtant « qu'il y a quelque chose qui cloche »[5]. Ils ont des airs « empruntés » et en font trop, et ce trop semble surgir d'un manque de spontanéité, « d'intériorité » ou de confiance en soi. Bref, il s'agit d'imposture au sens où leur façon d'agir n'émane plus d'un moi réel ou originel, profond ou libre : façade sans intériorité, forme sans fond, moi social sans moi profond : « trop adaptés à la réalité pour être psychotiques, trop fluctuants dans leur identifications pour être "normaux" »[6].

Comme cherche à le montrer Roland Gori dans son ouvrage sur la « fabrique des imposteurs », notre société actuelle favorise précisément ce genre de personnalités *as if*. Nous vivons dans une société qui – par sa bureaucratie, ses formes d'évaluations et l'imposition de normes (l'expertise) – favorise le semblant et l'apparence, vu qu'elle ne fait

1. R. Gori, *La fabrique de l'imposture*, *op. cit.*, p. 13.
2. H. Deutsch, *Les « comme si » et autres textes 1933-1970*, Paris, Seuil, 2007.
3. *Ibid.*, p. 13.
4. *Cf.* par exemple A. Bauduin, *Psychanalyse de l'imposture*, *op. cit.*, p. 16 *sq.*
5. R. Gori, *La fabrique de l'imposture*, *op. cit.*, p. 232.
6. M.-Ch. Hamon, préface à H. Deutsch, *Les « comme si »*, *op. cit.*, p. V.

plus que mimer les valeurs sur lesquelles elle repose. Les exigences (les normes, le marketing etc.) restent formelles et extérieures aux valeurs et à la vie personnelle de tout individu. Notre société convertie aux lois du marché produit et fabrique une forme d'imposture et une hypocrisie généralisées, vu que les normes qui nous gouvernent restent hétérogènes aux valeurs qu'elles sont censées défendre. Par exemple les systèmes d'évaluation qui gèrent (à l'aide « d'experts » richement rémunérés) tout processus institutionnel incitent au conformisme et non au développement individuel ou collectif. Le politique lui-même perd son autorité et culmine en un semblant : vernis de démocratie dissimulant des intérêts non politiques (« les finances », le pouvoir, l'enrichissement personnel, etc.). Et dans ce contexte, analyses et commentaires sont illimités.

Cependant, ces riches analyses de Roland Gori – d'ordre plutôt sociologique – font de l'idée d'imposture l'ingrédient d'une critique de la société et reposent sur un principe assez simple d'aliénation [1]. L'imposteur est contraint de *jouer* ou mimer le vrai dans une société qui ne produit plus que du faux. A la base on doit supposer que ce faux usurpe le vrai : vraie réflexion, vraie vie, vraie identification, vraie personnalité, intériorité, etc. Son existence est celle d'un individu sans « subjectivité ». Ces analyses situent donc l'imposture dans le cadre d'une opposition entre le vrai et le faux, la vérité et le mensonge, la véracité et la mendacité, la probité et la supercherie. Dans ce contexte et suivant les enjeux de telles approches, l'imposteur est comme un acteur qui cherche à faire apparaître comme réel ce qui n'est que fiction.

1. R. Gori : « L'adaptation totale au monde extérieur quelle qu'elle soit se réalise de manière automatique et n'engage jamais subjectivement ces personnalités qui se présentent "comme si". », *La fabrique de l'imposture, op. cit.*, p. 235. Une société (capitaliste) qui promeut la forme sur le fond inciterait à « plaquer du mécanique sur le vivant », comme disait Bergson, *cf.* aussi p. 236. Certes Gori (fort inspiré par Foucault) se défend d'une approche naïvement sociologique, cherchant plutôt à rapprocher la manifestation de ces personnalités vides des valeurs d'une société au sein de laquelle elles surgissent. L'imposture est comme le symptôme et le reflet des valeurs d'une société qui tarde de s'y reconnaître. C'est pour cela qu'il considère les imposteurs comme martyrs, un peu comme Artaud parla de Van Gogh comme le suicidé de la société…

Et c'est aussi de la même façon que la plupart du temps, les imposteurs mythomanes, *les vrais faux*, sont décrits.

La liste de ces imposteurs est aussi longue que fascinante, et on retrouve leurs traces dans la littérature aussi bien que dans l'art (le cinéma[1]) ou les biographies. Il y a le cas des écrivains – comme Romain Gary ou Arnon Grunberg aux Pays Bas- qui d'un jour à l'autre décident « d'écrire tout autre chose sous un tout autre nom »[2], ou celui des auteurs qui décident de faire la biographie d'un imposteur fictif (Thomas Mann, Georges Perec)[3], ou ceux qui mettent en scène des imposteurs réels. Je pense entre autres au récit dans lequel Minh Tran Huy se laisse inspirer par la vie de la « pianiste de légende » Joyce Hatto – qui aurait sous son nom publié des morceaux enregistrés par d'autres – ou le récit hallucinant que fait Emmanuel Carrère de l'imposteur Jean-Claude Romand[4], ou celui qu'a fait récemment l'écrivain espagnol Javier Cercas du soi-disant survivant de camps nazis et président de l'association espagnole des survivants, Enric Marco, démasqué en 2005 et auquel j'ai déjà fait allusion au chapitre précédent[5]. Ce qui m'a à chaque fois frappé dans ces récits est l'idée suivante : l'imposteur est un menteur pris au piège. Javier Cercas parle d'Enric Marco comme d'un Don Quichotte qui dès le premier mensonge n'arrive plus à faire marche arrière. C'est aussi en ces termes qu'Emmanuel Carrère présente le cas tragique de Jean-Claude Romand : par ses mensonges, il s'est laissé emporter par un vertige, un tourbillon de surenchères cherchant non pas à rendre plus vrai son personnage fictif, mais à conjurer et à refouler tout ce qui du réel en venait troubler l'évocation. Ce refoulement a

1. *Catch me if you can*, *Le retour de Martin Guerre*, *El impostor*, *F as Fake*, *A l'origine*…

2. P. Simon-Nahum, « La défense-ajar, Romain Gary, l'écriture et son double », dans J.-Ch. Darmon, *Figures de l'imposture*, *op. cit.*, p. 219 *sq.*

3. Thomas Mann, le cas du « chevalier d'industrie », Félix Krüll, ou de Garpard Winckler dans le roman de jeunesse de Georges Perec, *Le Condottière*, Paris, Seuil, 2012.

4. Son histoire, on le sait, a donné matière aux films : *L'adversaire* de Nicole Garcia (2002) et *L'emploi du temps* de Laurent Cantet (2001).

5. J. Cercas, *L'imposteur*, *op. cit.* Dans la catégorie des « survivants », la liste aussi est longue. Misha Defonseca, survivante de la Shoah, sauvée par des loups, Alice Esteve Head survivante de 9/11, Alexandra Damien du Bataclan, etc.

tourné au drame que l'on connaît [1]. C'est pourquoi, comme je l'ai développé dans l'avant-propos, le modèle pour comprendre ce genre d'imposture n'est plus, contrairement à ce que semble vouloir défendre Javier Cercas [2], celui du mensonge en tant que tel, mais de ce vers quoi il aspire : le rêve, voire le cauchemar. Javier Cercas oppose de façon radicale mensonge et fiction : le mensonge cherche à tromper et à duper autrui, la fiction non [3]. Ainsi il s'oppose aux écrivains tels Claudio Magris et Vargas Llosa qui ont voulu défendre l'enjeu de l'imposteur Marco comme ne différant pas de façon essentielle de celui de quelconque écrivain de fiction. Enric Marco a raconté une histoire à la première personne en se mettant lui-même en scène sur le théâtre du monde. Or, et en cela les commentaires que développe Javier Cercas sont très instructifs : l'acteur affabulateur Enric Marco évoque tout au plus un personnage peu convaincant, parce que débordant de sentimentalisme et de kitsch… [4] bref « faux ».

Dans la grande comédie, la comédie du monde. (Diderot)

Le XVII et le XVIIIe siècles étaient friands de tout ce qui relevait de la tartufferie, de la fourberie, de la duperie ou du travestissement [5]. Tendance qui s'accentuera davantage chez des auteurs libertins, qui font de l'imposture la « grande affaire de toute pensée » [6]. N'oublions pas non plus que le rationalisme de la pensée moderne s'est instauré sous forme d'une conjuration de l'imposteur divin que serait le malin génie. On pourrait même aller jusqu'à dire que la pensée cartésienne se conjugue en rapport à trois formes d'impostures : celle du Dieu

1. E. Carrère, *L'adversaire*, Paris, Folio-Gallimard, 2000.
2. J. Cercas, *L'imposteur*, *op. cit.*, (p. 202 *sq.*) trad. fr., p. 228 *sq.*
3. Raison pour laquelle Cercas condamne l'imposture de Marco d'un point de vue éthique : le mensonge détourne volontairement du vrai. Or, c'est là confondre le cas Marco avec celui d'un simple escroc, usant du faux pour atteindre des buts inavoués.
4. J. Cercas, *L'imposteur*, *op. cit.*, (p. 206) trad. fr., p. 233.
5. *Cf.* le livre de Sylvie Steinberg, *La confusion des sexes, Le travestissement de la Renaissance à la Révolution*, Paris, Fayard, 2001.
6. J.-Ch. Darmon, « Libertinage et imposture : Remarques sur quelques exercices de « souplesse » de Cyrano à Fontenelle », dans J.-Ch. Darmon, *Figures de l'imposture*, *op. cit.*, 2013, p. 71 *sq.*

trompeur, celle de ce que nous *imposent* les sens, et celle que doit accomplir la science (*mundus est fabula*). C'est en outre dans le contexte de la fascination pour le faux et le semblant, le simulacre, que s'inscrit par exemple le texte célèbre que Diderot consacra au théâtre sur le paradoxe du comédien. Dans ses œuvres littéraires, Diderot a par ailleurs mis en scène bon nombre d'imposteurs, comme par exemple le personnage de Mme de Pommeraye dont les ruses et les mensonges stratégiques visant à duper le désir du Marquis des Arcis, aura vraisemblablement fortement inspiré Proust dans ses descriptions des liaisons dangereuses que représentent les stratagèmes de l'amour.

Le texte sur la comédie – *Paradoxe sur le comédien*[1] – est instructif dans la mesure où il nous aidera à mieux saisir l'enjeu de l'imposture. Diderot part de la distinction radicale qui existe entre l'action réelle et celle de l'acteur, entre « la scène » et « la nature ». « Comment la nature sans l'art formerait-elle un grand comédien, puisque rien ne se passe exactement sur la scène comme en nature ? »[2] Un comédien qui « joue d'âme », selon sa nature et sa sensibilité n'est jamais égal à lui-même : tantôt fort et chaud, tantôt faible et froid. En outre, étant lui-même quand il joue, comment « cessera-t-il d'être lui » afin d'incarner Orosmane, Agamamemnon ou Cinna ? Seul celui qui est capable de recul ou de réflexion vis-à-vis de sa nature et de sa sensibilité propres est aussi à même « d'imitation constante » et sera en mesure d'être *un*, « le même à toutes les représentations ». Son jeu ne dépend pas de son humeur toujours changeante. Il en sera d'autant plus convaincant que l'acteur ne doit pas *exprimer* une sensibilité, il doit *l'évoquer*. Voilà pourquoi le jeu au théâtre ne prolonge pas l'action dans le réel. Et c'est le noyau du paradoxe que l'extrême sensibilité fait des acteurs médiocres et que seuls ceux qui ne sentent rien arrivent à copier les autres. « Peut-être est-ce parce qu'il n'est rien qu'il est tout par excellence »[3]. En d'autres mots, le jeu de l'acteur s'affirme selon un

1. Diderot, *Œuvres*, « Bibliothèque de la Pléiade », Paris, Gallimard, 1951, p. 1003 *sq*.

2. *Ibid*., p. 1004.

3. *Ibid*., p. 1039.

double mouvement : d'une part la capacité « d'éclipser » sa nature ou sa sensibilité, par le recul que lui permet la réflexion, ou par le fait de ne rien sentir en propre – et d'autre part la capacité d'imiter un caractère idéal purement imaginaire et décrit par « le poète », ce que Diderot appelle « les fantômes imaginaires de la poésie »[1]. Et cette imitation exige beaucoup d'exercice, de finesse, d'observation, de jugement et de mesure. Dès lors ils sont bien trop occupés « à regarder, à reconnaitre et à imiter pour être vivement affectés au-dedans d'eux-mêmes »[2]. L'idéal de l'acteur est dès lors « l'homme froid qui ne sent rien mais qui figure la sensibilité »[3].

Bref, qu'est-ce qu'un grand comédien ? « Un grand persifleur tragique ou comique, à qui le poète a dicté son discours »[4].

Cela signifie donc très concrètement qu'on ne peut pas confondre la vie sur scène et celle dans la nature : il y a deux formes « d'être vrai. » La vérité en tant que telle change de sens en fonction du registre ou du contexte dans lequel on agit, et l'on se rend « ridicule » dès que l'on confond l'un et l'autre. Ainsi, le contraire du vrai n'est pas l'erreur ou le mensonge, mais le ridicule et le stupide.

Qu'est-ce qu'être vrai au théâtre ? Montrer les choses comme elles sont ? Pas du tout. « Le vrai en ce sens ne serait que *le commun*. Qu'est-ce donc que le vrai de la scène ? C'est la conformité des actions, des discours, de la figure, de la voix, du mouvement, du geste, avec un modèle idéal imaginé par le poète, et souvent exagéré par le comédien »[5]. Bref, l'acteur mobilise son corps, en éclipse les manifestations naturelles, le dénaturalise, et tout cela afin de *figurer* ou d'évoquer un idéal. Et ce procédé, du fait même que la sensibilité doit être évoquée et non exprimée, exige « exagération », « agrandissement » de certains traits, et un relief corporel tout différent de celui de quelqu'un qui agit dans le monde. Tout ce qu'ils font et disent fait partie d'un système

1. *Ibid.*, p. 1012.
2. *Ibid.*, p. 1009.
3. *Ibid.*, p. 1027.
4. *Ibid.*, p. 1023.
5. *Ibid.*, p. 1014.

de déclamation : un ton un peu trop bas ou trop aigu, et tout semble faux. Le vrai est dans la capacité de tromper et de figurer le faux ou « les signes extérieurs » du modèle idéal. L'acteur se laisse « inspirer » par son rôle. Il ne s'identifie pas avec lui, mais se laisse envahir ou envoûter par lui. Il se l'approprie moins qu'il s'en laisse posséder, le temps de la pièce.

Or agissez dans le monde comme vous le faites sur scène, et vous vous rendrez *ridicules*. « Le comédien dans la rue ou sur la scène sont deux personnages si différents, qu'on a peine à les reconnaître »[1]. Et inversement, « portez au théâtre votre ton familier, votre expression simple… et vous verrez combien vous serez pauvre et faible. Vous aurez beau verser des pleurs, vous serez ridicule et on rira »[2].

Or, ce ridicule est très précisément l'espace, la sphère d'action de l'imposteur : il est un comédien hors scène qui tente de se jouer de la distinction entre le vrai de la société et le vrai des planches, le vrai de l'être réel (la nature) où « les choses sont ce qu'elles sont » et le vrai de l'apparence, où les choses doivent *figurer* ce qu'elles ne sont pas. L'imposteur qui joue hors scène est quelqu'un « qui persifle pour en imposer aux hommes du monde ». Et lui-même n'est pas affecté par ce qu'il dit ou fait : ses affections ne sont plus que pâte à modeler, comme son corps cherchant à figurer et à évoquer des émotions ou « une sensibilité artificielle »[3]. Ainsi, dit Diderot évoquant une scène d'imposteur, c'est-à-dire d'un comédien qui a quitté les planches et « en impose » sur la *comédie du monde* : « lorsque je me désole de la mort simulée de ma sœur dans la scène avec l'avocat bas-normand; lorsque dans la scène avec le premier commis de la marine, je m'accuse d'avoir fait un enfant à la femme d'un capitaine de vaisseau, j'ai tout à fait l'air d'éprouver de la douleur et de la honte; mais suis-je affligé? suis-je honteux? » Pas du tout[4]. Certes, des larmes peuvent couler, mais elles ne sont vraies que par leur substance physique. En vérité, elles

1. Diderot, *Œuvres.*, *op. cit.*, p. 1014.
2. *Ibid.*, p. 1012.
3. *Ibid.*, p. 1031.
4. *Ibid.*, p. 1023.

font partie de toute la manœuvre ou la comédie cherchant à figurer l'attitude d'un personnage affligé ou à évoquer ce « fantôme idéal ».

Dans cette comédie, le sujet inverse les rapports entre sensibilité et objet. Son affectivité ne réagit plus à une situation ou à un objet présent : elle est mimée, au sens où elle fait partie intégrante de la comédie qui tente d'atteindre ce fantôme et de *se laisser inspirer et posséder par lui*. Ainsi, le réel (le corps, autrui, le monde, la « rue ») est intégralement absorbé et monopolisé par cette dynamique figurant l'apparaître. Ce qui ne se laisse pas prendre au jeu est « éclipsé ». Et dans cette dynamique, il y a comme un vertige et une finalité interne, celle qui tente de faire coïncider *être et apparaître*. Or, cette coïncidence ne surgit et ne fonctionne que dans le rêve : là oui, tout ce qui se manifeste comme réel est immédiatement modifié et poussé vers un sens qui confirme et fait durer la comédie ou la tragédie onirique sans en troubler la continuité ou réveiller le rêveur. Un bruit, une sensation, une situation; la présence du monde réel – ou la « nature » (Diderot) – n'est pas effacée, bien entendu, elle est dessaisie du pouvoir de manifester le réel et assimilée comme élément même de cette force qui tente d'invoquer un fantôme ou une situation rêvée. Et justement, cette situation ou ce fantôme n'ont aucune autonomie, aucun pouvoir propre et aucune réalité en dehors de cette force qui cherche à la faire apparaître. Ce fantôme reste strictement immanent à l'acte qui le produit, comme une mélodie reste inhérente aux notes qui la composent. Sans extériorité, il ne vit que par une sorte de création continuée que le réel lui-même risque d'interrompre à chaque instant. Et c'est donc cet instant que redoute l'imposteur, comme un réveil brusque ou un rappel à la réalité. L'imposteur vit donc dans cet état précaire d'une sorte de *demi-sommeil* : rêveur les yeux ouverts, somnambule [1] : non pas un centre qui attire tout à lui et qui « voit » tout du « point de vue » qu'il est, mais plutôt *un milieu* au sens pascalien, en équilibre instable entre deux infinis – celui du réel et

1. Jean Cocteau, à propos de Guillaume dans *Thomas L'imposteur* : « Vous voyez de quelle race d'imposteurs relève notre jeune Guillaume. Il faut leur faire une place à part. Ils vivent une moitié dans le songe… », Paris, Folio-Gallimard, 1923, p. 2.

celui de l'imaginaire. Il ne cherche aucunement à donner pour vrai ce qui n'est qu'apparence. Il vit frénétiquement dans un état irréalisable où l'un comme l'autre sont sur le point de se rejoindre.

Le fourbe qui longtemps a pu vous imposer (Molière)

Si un imposteur perçoit quelque chose, c'est au sens où l'on dit d'un agent des contributions qu'il perçoit les impôts. En ce sens, l'imposteur est un parasite. Tartuffe, comme le rappelle Michel Serres dans un livre singulier [1], veut dire « truffe » en italien, tubercule, champignon souterrain [2]. Il y a donc un lien interne entre la notion d'*imposture* et ce que nous appelons généralement « l'exaction ». Le fourbe est dès lors souvent un escroc dont les actions couvrent une « opération économique de détournement. » Comme le remarque Michel Serres, le tartuffe d'aujourd'hui serait bien « un idéologue, un moraliste politique, un intellectuel d'avant-garde qui se remplit les poches et accède au pouvoir en défendant les droits de l'homme ou en jouant au sacrifié. » [3]. Bref, il dupe son public pour en extraire des biens. Et en cela il s'extrait lui-même de la loi économique d'échange. Il parasite l'organisme que forme toute société au sens où le parasite, lui, *prend sans donner*. Et en ce sens, il affaiblit et rend malade l'organisme sur et dans lequel il s'incruste. Chose ironique, et très significative dès lors : les grands imposteurs étaient souvent de faux médecins. Molière : « le médecin malgré lui », les faux savants et guérisseurs, le « cas » Jean-Claude Romand, ou celui de Yasmina Bouko à Mons...

On sent d'emblée que le rapport entre imposteur et parasite recèle un sens plus profond et déborde le domaine du lucratif et des détournements de fonds. Il est à la nature ou à la réalité ce que le bruit ou le bruissement sont à la musique.

Souvent, l'imposture commence par un petit mensonge (*cf.* exemple de Javier Cercas) qui *impose* une déviation minime dans les rapports du sujet au monde et vis-à-vis de ceux qu'il dupe. Par cette déviation,

1. M. Serres, *Le parasite*, Paris, Pluriel, 2014.
2. *Ibid.*, p. 361.
3. *Ibid.*, p. 361.

il s'isole déjà un peu de ces rapports. Il est en porte-à-faux vis-à-vis de tout acte censé s'investir dans le commerce avec le monde réel. Il profite de ces rapports afin d'imposer « une figure » qui n'entre plus dans leur circuit d'échange ou d'enrichissement et d'accroissement mutuel. Comme le faux médecin qui se comporte selon les règles de l'art mais sans avoir l'intention de vraiment guérir personne.

Or, cette déviation devient irréversible : le mensonge se gonfle et s'enfle et le faussaire doit à chaque étape en rajouter pour convaincre. Il ajoute des détails, pimente ses aventures de nouvelles anecdotes, espérant produire des « effets de réel ». Et c'est souvent par ces détails qu'il se trahit (*cf.* le faussaire mexicain cité plus haut). Comme dit Proust : « On se rappelle la vérité parce qu'elle a un nom, des racines anciennes, mais un mensonge improvisé s'oublie vite ».

Toutefois, ce manque de repères externes, le fait même que son histoire ne négocie plus avec le vécu ni n'en émane, isole de plus en plus l'imposteur. Il perd le sens du réel, du véridique et du vrai. L'inversion accomplie entre le réel et l'artifice a finalement absorbé le vrai dans son évocation du « fantôme » : il mime le vrai qui devient comme une qualité de son jeu. De là les efforts constants pour l'évoquer. Rien en dehors de cette évocation (faits concrets, documents, témoins) ne peut venir attester du réel. Ainsi, plus il se laisse prendre au piège de ses propres mensonges, plus son rapport au réel s'appauvrit. Il en neutralise ou en « blanchit » le sens au profit de son artifice. Et cet artifice, bien souvent, ne persuade plus. Son comportement, puisqu'il n'est *pas nourri d'une réflexion personnelle sur la richesse même de ce qu'il aurait vécu*, sombre dans le kitsch et le sentimentalisme. Sans fond. L'imposteur comme parasite : il ne vit que de restes de réel, il les absorbe et les digère sans rien produire ou de créer de vital. Ce qu'il produit est du vide. De l'air. Hors du théâtre, ce vide sonne creux, parce que la scène ne le protège plus contre le tumulte du monde.

Or, ce vide dérange. Son jeu, parfois même avant d'avoir été démasqué, dérange. Il y a des détails qui clochent. Un excès dans son comportement : ou bien trop appliqué, ou bien trop distrait. Il ne semble pas entièrement calibré aux nécessités qui règlent les circonstances et le monde concret ou encore moins aux coïncidences, au hasard ou à l'inattendu.

Ensuite, une fois démasqué, le malaise est d'autant plus violent qu'on se sent trahi. Il nous a lui-même pris au piège. Lequel ? celui d'avoir cru aux oppositions et aux distinctions dont il a *mimé* l'enjeu et le sérieux. On se sent abusé et dupé, vu que par après on ne sait plus très bien *sur quoi ces oppositions elles-mêmes reposaient*. Le plagiaire qui nous avait d'abord épatés par sa prestigieuse liste de publications d'articles dont l'authenticité avait été attestée par des « peer reviewers », nous laisse, une fois démasqué, avec un malaise difficilement dissimulable : c'est qu'il nous renvoie le *burlesque* de bon nombre de nos illusions en pleine figure : celles qui – dans une culture scientifique où par exemple le financement de projets de recherche fait appel aux méthodes de marketing – concernent les notions d'authenticité, d'originalité, de propriété intellectuelle, … notions que par après, la société ou l'institution piégée tentera frénétiquement de définir. Par quoi elle ne produira rien de plus qu'un nombre de règles et de procédures qui par rapport « au vrai » sont aussi fausses et déplacées que le plagiat ne l'était par rapport à la propriété intellectuelle [1].

Ainsi, l'imposteur fait « grésiller » le système, il parasite la nature et son bilan d'échanges. Surgit un flux à sens unique. L'imposteur aspire tout vers lui et risque de contaminer tout ce qui touche au monde dans lequel il *en impose*.

Il est donc en équilibre instable sur les oppositions qui régissent telle institution ou tel système d'échange : entre le vrai et le faux, l'original et la copie, l'attesté et l'inventé, etc. Il *rejoue* ces distinctions [2],

1. R. Gori : « D'où ce mouvement constant qui agite les institutions scientifiques ; traquer les fraudeurs, les imposteurs, qui trompent sur la marchandise du savoir et, en même temps, promouvoir des procédures d'évaluation formelle et de marketing qui encouragent ces mêmes fraudeurs. », *La fabrique de l'imposture*, *op. cit.*, p. 219.

2. La finalité du faussaire est en ce sens très bien rendue par le roman de Grégoire Polet : il fait un double de sa propre copie et détruit l'original. « L'artiste ultime, dont la création est destruction », *Excusez les fautes du copiste*, Paris, Folio-Gallimard, 2006, p. 168.

il les déplace dans un cadre où elles n'ont plus aucune force propre tant il en détourne les enjeux à son profit. Il vit comme en marge de leur échange perpétuel. Mais il attire d'autres personnes dans son jeu : celles-là l'imitent, lui qui ne faisait que mimer le vrai. Ainsi, il fait dévier l'attention qu'elles avaient pour le monde réel. C'est dès lors tout un organisme qui peu à peu se vide, qui perd son sens du réel et ne sait plus très bien « ce qu'il en est ». Et dans ce cadre, l'imposteur sera peut-être celui qui en bon pharisien insistera encore davantage et de façon ostentatoire sur la valeur du vrai, de la probité intellectuelle, sur la médiocrité du faux, sur l'importance de l'authenticité, etc.

Comme quoi le *vrai* faussaire ne cherche pas tout bonnement à nous imposer un faux mais à éclipser le vrai, son but étant de produire non plus des copies, mais des faux originaux (ou, comme les appelle Luigi Guarnieri à propos des faux Vermeer : des « faux authentiques » [1]) qui refoulent le souvenir des vrais [2]. « Si un faux peut être pris pour une œuvre d'un ancien maître, l'œuvre d'un ancien maître peut tout aussi bien être prise pour un faux » [3].

L'imposteur, parasitant l'opposition entre le vrai et le faux, la nature et l'artifice, la *rue* et le *théâtre*, l'authentique et la copie, etc., absorbe la substance du réel afin de survivre comme forme ou comme irréel. Il reste donc en position d'entre-deux : son mime piège ceux qui croient au vrai et il fait ainsi basculer – volontairement ou non – leur croyance en un monde miné et sans vie. Et c'est sur ce fond de vide et de résonnances creuses que resurgit la question de la vérité. Symptôme

1. L. Guarneri, *La double vie de Vermeer*, *op. cit.*, p. 202. Afin de démasquer ces faux authentiques, une expertise très singulière est requise. Dans le monde de l'art pictural, c'est tout une profession, celle des « œils ». *Cf.* le livre passionnant de Philippe Costamagna, *Histoires d'Œils*, Paris, Grasset, 2016.

2. *Cf.* L. Guarneri à propos du projet de Han Van Meegeren : « Il porterait un coup d'une audace incroyable aux conventions sur lesquelles reposait tout le monde de l'art, un milieu gluant et hypocrite, qu'il duperait avec une férocité raffinée, en peignant un faux impossible à distinguer d'un chef-d'œuvre d'un des plus grands maîtres du XVIIe siècle. », *La double vie de Vermeer*, *op. cit.*, p. 47. Au sujet de « VM », on en vint même à supposer que, à la rigueur, c'est lui qui aurait peint toutes les œuvres de Vermeer, celui-ci n'ayant jamais existé…

3. L. Guarneri, *La double vie de Vermeer*, *op. cit.*, p. 126.

de l'artifice dans lequel les convictions ont culminé, l'intérêt pour le vrai bat de plein fouet tout ce qui n'arrivait plus à se distinguer du faux. De l'imposteur et de l'artifice qu'il incarne s'érige le sophiste de la vérité : *le philosophe.*

> Monsieur le philosophe ! (Monsieur Jourdain)
>
> Qu'est-ce qu'un parasite ? Une déviation, minime en commençant, et qui peut le rester jusqu'à s'annuler, qui peut croître jusqu'à transformer un ordre physiologique en un nouvel ordre [1].

Faire dévier et basculer un système vers un nouvel ordre, n'est-pas ce qu'accomplit le philosophe ? Il n'apporte rien, son rapport au monde que l'on dit « critique » ne stimule le commerce de nos actions sociales et autres qu'en apparence. Il s'impose en tant qu'autorité : mais la plupart du temps parce que, tel un Socrate, il sème le trouble ou parce qu'il développe une attitude et une manière de penser dont le sens et l'enjeu restent en marge de notre rapport au monde. Certes, le lien entre philosophie et imposture ne date pas d'hier. Le sophiste et le philosophe se ressemblent, disait Platon, « comme le loup ressemble au chien ». Ils sont comme chien et loup, le jour et la nuit : le sophiste qui ne garde que la forme d'une pensée, sa rhétorique, est aussi la part d'ombre qui menace l'amant de la sagesse et de la vérité. Et le philosophe est celui qui tente à son tour de démasquer toute forme de pensée qui fait semblant, qui ne pense plus (« qui calcule ») ou qui ne cherche qu'à en imposer (« philosophie cosmétique »). Rien de surprenant dès lors que les philosophes eux-mêmes s'entre-accusent d'imposteurs et de sophistes. Entre parasites, ni commerce ni partage.

L'histoire de la philosophie est en ce sens celle de parasites qui s'accusent de faux savants, d'imposteurs intellectuels [2], de « philosophes de services », d'idéologues, de philistins, de petits bourgeois, etc. ou

1. M. Serres, *Le parasite, op. cit.*, p. 358.

2. À propos du cas « Sokal », *cf.* l'analyse d'E. During, « Vérité et imposture au sens extra-moral : le coup Sokal », dans J.-Ch. Darmon, *Figures de l'imposture, op. cit.*, p. 247-266.

qui se plaignent de ne s'accorder en rien[1]. Ou ils reprochent à ces « doctes » un manque d'audace ou d'authenticité, ne faisant bien souvent rien de plus que de parasiter le dos des grands auteurs dans le sillage desquels ils fournissent des commentaires souvent aussi sophistiqués qu'insignifiants[2].

Bref, le philosophe partage avec l'imposteur bon nombre de qualités, à tel point qu'il éprouve bien des difficultés – au péril de sa vie – de s'en distinguer. Avec lui, il parasite le système, il le fait grésiller, et reste en marge de son commerce social. Or, il ne le fait pas pour les mêmes raisons ou la même finalité. Il se plaît à déplacer et à rejouer les distinctions sédimentées et prises pour vraies, mais pas dans le but de se situer et de survivre dans l'entre-deux de ces oppositions. Il les déplace afin de démasquer le faux, non pas au nom d'une vérité elle-même prise dans le tourbillon des oppositions, mais en isolant celle-ci de tout ce que ces oppositions ont jusque-là produit. Il ne démantèle pas le faux du haut d'une vérité assurée et incontournable : s'il le démantèle, c'est parce que pour lui la vérité revendiquée n'a plus de sens. Il déplace l'opposition tant il se rend compte que ce en opposition à quoi le faux s'affirme et se déploie est plus inerte que le semblant qui s'en détache.

Dès lors : il cherche à affranchir le « vrai » de ces oppositions afin d'en réserver la manifestation et la revendication à une région elle-même autonome. Il la protège en lui réservant un domaine dans lequel elle *prend sens et respire à nouveau.* Or ce nouveau domaine reste lui-même sous la menace d'un grand philosophe qui traitera son prédécesseur de parasite et de faux savant.

1. Descartes ecrit « Je ne dirai rien de la philosophie, sinon que, voyant qu'elle a été cultivée par les plus excellents esprits qui aient vécu depuis plusieurs siècles, et que néanmoins il ne s'y trouve encore aucune chose dont on ne dispute, et par conséquent qui ne soit douteuse, je n'avais point assez de présomption pour espérer d'y rencontrer mieux que les autres; et que, considérant combien il peut y avoir de diverses opinions, touchant une même matière, qui soient soutenues par des gens doctes, sans qu'il y en puisse avoir jamais plus d'une seule qui soit vraie, je réputais presque pour faux tout ce qui n'était que vraisemblable. », *Discours de la méthode*, AT VI, p. 8.

2. Ce que dit Malebranche sur les « faux savants », Malebranche, *De la recherche de la vérité*, Livre IV, chap. VII et VIII, *Œuvres*, Paris, Vrin, 2006, p. 48-61.

Prenons un exemple assez simple. Dans *l'essai sur les données immédiates*, Bergson tente entre autres de démasquer une fausse représentation du moi qui – tel un imposteur – impose une façon de penser qui peu à peu a contaminé nos conceptions personnelles du temps et de la liberté [1]. Or, comme tout grand penseur, il ne veut pas tout bonnement critiquer ces fausses représentations, les opposer à une conception plus authentique ou vrai (du moi profond). Ainsi, il serait très superficiel de résumer sa pensée à la distinction qu'il semble déployer entre temps bâtard et durée, moi social et moi profond, libre choix et liberté personnelle, etc. Au fond ce n'est pas de cette opposition qu'il s'agit. Le moi superficiel, dit Bergson, est lui-même un parasite qui « se greffe » sur une forme de distinction plus profonde… Et cette forme s'affranchit de celle où le parasite survit, celle qui a produit tout un nombre de distinctions devenues « fausses » entre *temps et espace*, *acte libre et déterminisme*, *corps et esprit*, etc.

Dès lors sa stratégie s'avère double : d'une part, il ne cherche pas tout simplement à écraser le parasite, mais à l'enfermer dans l'opposition dont il est issu en isolant celle-ci d'aspirations à la vérité. Les oppositions qu'elle fournit sont dès lors exclues du domaine au sein duquel la vérité prend sens, pour se voir circonscrites dans un domaine par exemple d'ordre pratique. Un domaine ou l'on continue à miser sur la distinction entre le vrai et le faux, mais dont le sens reste limité au domaine de l'action.

Ainsi, d'autre part, il réserve une région où la question de la « vérité » sera posée à nouveaux frais. Comme un nouvel ordre, un nouveau système, dans lequel bascule ce qui a rapport à la vérité, et aux nouvelles oppositions qu'elle génèrera, tel est ce qu'il dira sur la multiplicité qualitative, la durée, la conscience pure. Dans cet ordre, de « vrais » problèmes pourront à nouveau être posés (comme celui entre corps et esprit), sans être a priori déterminés par les méthodes et les conceptions de systèmes antécédents. De fait, à la lumière de cette nouvelle pensée, ce qui précède semble faux et plein de clichés.

1. H. Bergson, « L'essai sur les données immédiates de la conscience », *Œuvres*, Paris, P.U.F., 1959.

Bref : à l'instar d'un imposteur, il déplace l'opposition et la fait virer dans un sens où justement elle ne produit plus que du bruit. Et il cloisonne les distinctions qu'elle produit dans un domaine hermétiquement clos, celui de la dite *mulitiplicité quantitave*. Par là, il en étouffe les prétentions ou revendications de vérité. Par conséquent, suite à cet isolement et cette mise hors-jeu de ce système de distinction, Bergson pourra *en neutraliser les effets*. C'est ce qu'il fait par exemple lorsqu'il rejoue l'opposition classique entre liberté et déterminisme dans un registre où ne résonne plus que des représentations spatiales [1]. Et dans ce registre, les argumentations qu'avancent les adversaires dans ce soi-disant débat revêtent des formes « puériles » [2]. Bref, en les déplaçant dans un registre inattendu, il les tourne au ridicule. Elles apparaissent comme purement tautologiques (« l'acte, une fois accompli, est accompli » [3]) : sans le moindre pouvoir autonome pour créer de nouvelles distinctions ou de nouveaux concepts.

On comprend tout de suite pourquoi un tel philosophe apparaîtra comme « imposteur » aux yeux de ceux qui sont entièrement submergés dans ce débat et sont assourdis par le bruit qu'il fait : il les ridiculise et se joue de leurs conflits. Car au fond, il veut montrer qu'un grand nombre de problèmes développés par la tradition philosophique sont faux (c'est-à-dire : bêtes) : et cela parce qu'à l'image de la transposition qu'il a pratiquée, les conceptions du sens commun concernant nos états de conscience (grandeurs intensives), notre conception du temps (temps-espace) et notre liberté sont le produit d'un pareil « compromis », une « endosmose » ou une confusion entre deux formes de distinction (cf. sa conclusion). Par exemple, les distinctions entre états psychiques étaient faussement représentées comme des grandeurs du fait du compromis établi entre la psychologie et la physique. En un mot, Bergson montre que finalement *même la notion de distinction*

1. *Ibid.*, p. 116 *sq.*
2. *Ibid.*, p. 120.
3. *Ibid.*, p. 120.

produite par ces « compromis » était fausse : comme celle établie par Kant entre Temps et Espace, *ces distinctions n'étaient que confusion*[1].

De là suit la tendance à poser des problèmes à partir d'une forme plus fondamentale de distinction et qui est isolée de celle du sens commun. Et en tant que penseur, il parasite ce système de confusion pour en purger celui de la « conscience pure », et pour faire volontairement ou non chavirer l'attention et la pensée vers ce nouvel ordre ; c'est-à-dire un registre de distinctions à résonnances nouvelles. Celle d'une multiplicité dite *qualitative*, où la liberté sera par exemple approchée sur le modèle d'une dynamique continuelle constituée d'éléments hétérogènes. Et puisque cette approche ne doit rien aux distinctions du modèle isolé, le philosophe se sentira lui-même isolé par rapport à celui-ci. Sa pensée en revendique peut-être la genèse[2], mais celle-ci reste du fait de son caractère fondamental inaffectée et en-deçà de ce qu'elle tente d'expliquer. Or, ce mouvement même de pensée est peut-être représentatif de la « pensée moderne » : neutraliser un système de distinction, s'en isoler, bref le parasiter, pour en comprendre la genèse. On comprend en l'occurence pourquoi maint philosophe *moderne* a pu se sentir soupçonné d'imposture : comme l'affirme Leszek Kolakowski : « A modern philosopher who has never once suspected himself of being a charlatan must be such a swallow mind that his work is probably not worth reading. »

se faire voir ou le Malin Descartes

Le masque, dit Roger Caillois, a toujours été pour l'humanité un « accessoire énigmatique et sans destination utile »[3]. Au point que des peuples entiers, ayant pu prospérer sans avoir l'idée de la roue et ignorant totalement l'usage des plus précieux ustensiles, « connaissaient

1. H. Bergson, « L'essai sur les données immédiates de la conscience », *op. cit.*, p. 151.

2. *Cf.* par exemple *l'appendix* de Spinoza du *De Deo* dans *l'Ethica*.

3. R. Caillois, « Les trois fonctions du mimétisme », *Œuvres*, Paris, Gallimard, 2008, p. 545.

le masque »[1]. Raison pour laquelle il affirme que « l'homme en général, l'homme abstrait et hypothétique des premiers âges et des premières cultures, celui-là pourrait prétendre à plus juste titre que Descartes et, en tout cas au sens propre : « Je m'avance masqué » »[2]. Raison pourquoi il clame que selon lui les peuples n'accèdent à l'histoire ou à la civilisation qu'au moment « où ils rejettent le masque »[3].

Certes, mais n'était-ce pas pour déjouer les idées reçues de cette histoire et de cette civilisation que le père de la modernité s'affublait d'un masque ? Non seulement pour se cacher, mais aussi « pour se faire voir »[4]. Non pas en rapport à une réalité plus authentique : mais au sens où c'est par le biais de ce qui au sein d'une histoire recelait de la « fiction » que sa méthode montre des choses et les rend visibles. Ainsi, on pourrait avancer que ses modèles d'anatomie mécanique, sorte de masque du corps animé, ne tentent pas « d'imiter » les fonctions vitales d'un organisme vivant : il ne s'agit nullement de répliques de la réalité ou de la vie, mais d'un original d'un ordre nouveau qui remet en question l'opposition même entre le vivant et l'artifice, l'organique et le mécanique, l'inerte et l'animé. Comme une sorte de prestidigitateur, Descartes adopte des modèles mécaniques, celui des automates, par exemple, afin de rendre visible, de « faire voir » les processus invisibles de la vie organique. Et par là – jouant l'opposition entre l'organique et le mécanique, le naturel et l'artifice – il évoque aussi l'idée que la vie elle-même est comme un grand mécanisme invisible encore plus perfectionné.

Dans une lettre de mars 1638 il présente une « fable » afin de tenter de convaincre le lecteur de se défier de certaines opinions issues de l'expérience de la ressemblance qu'il y a entre certaines actions et certains processus organiques extérieurs et ceux caractérisant l'être

1. *Ibid.*, p. 545.
2. *Ibid.*, p. 545.
3. *Ibid.*, p. 546.
4. R. Caillois : « on ne se déguise pas uniquement pour se cacher. On se déguise au moins autant pour se faire voir, pour apparaître sous un vêtement d'emprunt spectaculaire et saisissant, déroutant ou trompeur » (*ibid.*, p. 548).

humain. On finit par croire qu'il y a une similitude entre des réalités qui ne manifestent pas de distinctions visibles. C'est aussi sur la ressemblance que l'on perçoit entre des comportements animaux et les nôtres que se base l'idée que « les bêtes » doivent également agir par « un principe intérieur semblable à celui qui est en nous »[1]. Et bien entendu, c'est aussi sur cette base que sera érigé un système de différences entre par exemple l'âme humaine et l'âme animale.

Or, dit Descartes, imaginons la situation suivante et tentons de considérer

> quel jugement [se] ferait un homme, qui aurait été nourri toute sa vie en quelque lieu où il n'aurait jamais vu aucuns autres animaux que des hommes, et où, s'étant fort adonné à l'étude des mécaniques, il aurait fabriqué ou aidé à fabriquer plusieurs automates, dont les uns auraient la figure d'un homme, les autres d'un cheval, les autres d'un chien, les autres d'un oiseau, etc., et qui marchaient, qui mangeaient et qui respiraient, bref qui imitaient, autant que possible, toutes les autres actions des animaux dont ils avaient la ressemblance…[2]

Et cette imitation serait si bien accomplie que l'homme en question se serait souvent trouvé empêché de discerner de façon tranchée « entre des vrais hommes, ceux qui n'en avaient que la figure » : or, quel jugement se formerait-il alors des animaux qui sont parmi nous, lorsqu'il les verrait ? Probablement se dira-t-il qu'ils proviennent d'un être (Dieu) dont l'industrie est hautement supérieure à la sienne, ainsi que le sont ses automates. Et il en conclura que les vrais animaux qu'il perçoit pour la première fois n'ont pas plus de sentiments, de passions et d'âme que les automates auxquels lui-même était accoutumé. Il se dira seulement que ce sont là aussi des automates « qui étant composés par la nature, seraient incomparablement plus accomplis qu'aucun de ceux qu'il aurait faits lui-même auparavant »[3]. Alors, en quoi son jugement serait-il moins convaincant que le nôtre ? Tous les deux sont issus de

1. Descartes, Lettre de Avril ou Mai 1638, AT II, p. 40 (FA II, p. 54).
2. *Ibid.*, AT II, p. 40 (FA II, p. 54).
3. *Ibid.*

l'expérience qu'on a, d'opinions « que nous avons fait dès lors que nous étions enfants, et que nous n'avons retenu depuis que par coutume », fondée uniquement sur la ressemblance. Et celle-ci « n'est nullement suffisante pour prouver qu'il en ait aussi entre les intérieures ».

Il est clair que Descartes ne proclame nullement qu'il faudrait désormais considérer comme naturel l'automate ou le mécanique. Son modèle mécanique du corps humain ne fait pas concurrence à une vision organique, reléguant cette dernière au domaine du faux. Ce n'est pas du tout dans cette opposition-là qu'il cherche à renouer les liens avec la vérité. Au contraire : d'abord en ce qu'il accentue perpétuellement le caractère « fictif » ou « hypothétique » de ses modèles (« je suppose que le corps… », *mundus est fabula*, …). En outre, ses modèles provoquent et défient à l'instar d'une imposture : avec de l'inerte, Descartes reproduit du vivant. Ses « machines » sont un masque qui fait voir, rend visible par procédés mécaniques un grand nombre de fonctions qui autrefois étaient attribuées à des forces invisibles[1]. Il produit un masque de la vie organique, une parodie démunie d'âme et de sentiments, c'est-à-dire d'intériorité. Bref, il propose un modèle qui met hors-jeu les distinctions classiques entre le vivant et l'inerte, entre le corps et l'âme (intériorité, sentiments, etc.) Son « imposture » vise à isoler un domaine entier au sein duquel tout un système d'oppositions a été conçu : dans ce domaine tombent les conceptions traditionnelles d'âme, de corps, de sentiments, de passions ou des formes substantielles…[2]. Ces dernières n'expliquent plus rien et tombent sous une forme de pensée purement tautologique : elles ne nous aident plus à développer notre rapport au vrai. On fait du surplace.

Bref, par ses modèles, Descartes ne joue pas l'opposition entre un vrai devenu faux contre un modèle plus véridique et plus proche du vrai,

1. *Cf.* par exemple Descartes, *Traité des passions*, art. 47.

2. On connaît le sort réservé à cette notion aristotélicienne dans les comédies de Molière. *Cf.* un exemple du *Médecin volant* : — « Sganarelle : quoi ? — Monsieur Gorgibus, votre fille ne pisse que des gouttes ! voilà une pauvre pisseuse que votre fille ; je vois bien qu'il faudra que je lui ordonne une potion pissative… », Molière, « Le médecin volant », *Œuvres complètes*, tome I, Paris, GF-Flammarion, 1964, p. 41.

mais il joue l'opposition, tel un imposteur qui *se joue de l'opposition* ; il la pratique, la met en œuvre et la maintient. Dès lors, même ledit « naturel » sera en tant que tel privé de ses aspirations au vrai et se verra lui aussi présenté comme une sorte d'imposture :

> Toutefois il y a longtemps que j'ai dans mon esprit une certaine opinion, qu'il y a un Dieu qui peut tout, et par qui j'ai été créé et produit tel que je suis. Or qui me peut avoir assuré que ce Dieu n'ait point fait qu'il n'y ait aucune terre, aucun ciel, aucun corps étendu, aucune figure, aucune grandeur, aucun lieu, et que néanmoins j'ai le sentiment de toutes ces choses, et que tout cela ne me semble point exister autrement que je le vois [1] ?

Et afin de déjouer les réserves que tout croyant pourrait sentir vis-à-vis d'un Dieu qui condescendrait à nous tromper, Descartes « emploie tous [ses] soins à [se] tromper soi-même » (Première Méditation) afin d'introduire cette autre fable, celle du *malin génie*.

> Je supposerai donc qu'il y a, non point un vrai Dieu, qui est la souveraine source de vérité, mais un certain mauvais génie, non moins rusé et trompeur que puissant, qui a employé toute son industrie à me tromper. Je penserai que le ciel, l'air, la terre, les couleurs, les figures, les sons et toutes les choses extérieures que nous voyons, ne sont que des illusions et tromperies, dont il se sert pour surprendre ma crédulité. Je me considérerai moi-même comme n'ayant point de mains, point d'yeux, point de chair, point de sang, comme n'ayant aucun sens, mais croyant faussement avoir toutes ces choses. Je demeurerai obstinément attaché à cette pensée ; et si, par ce moyen, il n'est pas en mon pouvoir de parvenir à la connaissance d'aucune vérité, à tout le moins il est en ma puissance de suspendre mon jugement [2].

Cette surenchère de tromperie et de masques ne sert qu'à neutraliser toute aspiration au vrai, afin d'ouvrir un champ nouveau. Le champ dans lequel de nouvelles distinctions s'affirment, issues d'une conception nouvelle du corps et de l'esprit. C'est parce que les

1. Descartes, *Première Méditation*, AT IX, p. 16 (FA II, p. 408-409).
2. *Ibid.*, AT IX, p. 17, GF-Flammarion, 2011, p. 67.

auteurs traditionnels ont confondu cette distinction qu'ils n'ont jamais pu produire que des distinctions fausses, ou plutôt dont le sens ne dépasse pas le domaine du bio-fonctionnel [1]. Ainsi, on retrouve chez Descartes une forme de pensée reprise par Bergson et par toute une tradition (post)cartésienne [2] : celle qui tente de neutraliser une pensée *ne produisant que des distinctions issues de confusions.* Des distinctions qui reposent sur des idées confuses, et non pas distinctes. Et une fois de plus, Descartes ne situe pas l'opposition entre le vrai et le faux dans celle qui oppose les idées claires et distinctes aux idées confuses. Il refuse à ces dernières toute aspiration au vrai et au faux : il les bannit dans un domaine isolé du rapport à la vérité. Ou inversement : il réserve au vrai le domaine dans lequel s'agencent des distinctions prolongeant et s'inspirant de celles qu'il a établies entre le corps et l'esprit. C'est au sein de ce domaine qu'il tentera de penser à nouveaux frais ce que sont les passions, ce qu'est une idée, ce qu'est la matière, etc. Bref, si Descartes joue l'imposture, c'est en tant que philosophe. Il avance masqué afin de (se) faire voir. Derrière le masque se cachait une pensée qui s'oppose à des opinions qui du coup n'ont plus droit au vrai : les confondre avec des idées vraies, c'est être un « esprit faux », c'est-à-dire, sombrer dans le ridicule [3].

Adrien Baillet raconte dans sa biographie [4] l'anecdote selon laquelle Descartes aurait était soupçonné d'appartenir à la secte des Rosicruciens. En 1623, certains membres de la secte étaient descendus à Paris, causant la panique en ville. Le fait qu'on le compare à eux aurait fort étonné Descartes : selon Baillet, il jugeait les Rosicruciens *d'imposteurs et de rêveurs.* A Paris, on les appelait les « invisibles », du fait qu'ils ne communiquaient avec personne, et restaient très discrets.

1. Même si, comme on le verra à l'instant (chap. IV), Descartes aurait lui-même confondu entre « distinguer » et « diviser ».

2. Malebranche, Arnauld, la phénoménologie (Levinas, Sartre, etc.), Deleuze, etc.

3. À propos des esprits faux et du ridicule, *cf.* Pascal, « Pensées », fragment 466, *Œuvres complètes,* tome I, « Bibliothèque de la Pléiade », Paris, Gallimard, 2000, p. 742-744.

4. A. Baillet, *La vie de Monsieur Descartes* [1691], Paris, La Table Ronde, 1992.

Alors, pour se démarquer d'eux, Descartes, qui – chose suspecte – était rentré à Paris au même instant qu'eux, aurait tout fait pour se rendre visible. Communiquant beaucoup, recherchant ses amis, « se faire voir » : quel autre argument aurait-il pu trouver pour prouver qu'il n'était pas des leurs ? [1].

1. *Cf.* la biographie de A.C. Grayling, qui toutefois soupçonne Descartes d'avoir été un agent secret, voire un espion au service des Jésuites soutenant les Habsbourg (*Descartes*, London, Pocket Books, 2005).

chapitre 3
cherchez la différence

Le simple ne se divise pas, il se différencie.
Deleuze

introduction

Dans son avant-propos à *Différence et répétition*, Deleuze estime qu'un livre philosophique doit pour une part être « une espèce très particulière de roman policier », et pour une autre part il doit être une sorte de science-fiction. Un roman policier, au sens où les concepts qui y sont maniés doivent toujours agir et intervenir en réponse aux questions qui se posent dans des situations très « locales ». Les concepts eux-mêmes sont ensuite modifiés en fonction des problèmes rencontrés lors de la recherche[1].

Et une sorte de science-fiction : parce qu'un ouvrage philosophique, au sens Nietzschéen doit toujours être « Unzeitgemäss », c'est-à-dire « intempestif ». La pensée doit être sous l'emprise des processus d'individualisation, ou des processus qui donnent une certaine cohérence et une structure à la pensée, tout en s'affranchissant des structures et des attentes déjà existantes : le monde, les modes de pensée dominants (la pensée d'ordre académique, celle à la mode, celle, on vient de le voir, qui se réclame d'oppositions usitées ou usées du genre rationalisme vs empirisme, philosophie continentale vs. analytique). L'objet de la

1. G. Deleuze, *Différence et répétition*, *op. cit.*, p. 3.

pensée ne se réduit donc plus à « l'homme », au monde ou à Dieu : elle a une cohérence et une forme qui n'est plus « la nôtre ».

Mais science-fiction aussi dans un autre sens : il faut avoir à dire et écrire quelque chose sur ce qu'on ne sait pas encore. C'est même là « qu'on imagine avoir quelque chose à dire »[1]. La pensée est alors guidée par une tension interne entre savoir et non-savoir, connaissance et ignorance. Les auteurs de science-fiction investissent cette tension : fascinés, moins par la précision de la science elle-même que par l'immense champ d'incertitude, d'ignorance et de possibilités qu'ouvrent ces modèles. Pareils à ces auteurs qui pensent et déploient leur fantaisie comme poussée par une opposition interne – celle entre la science et la fiction – le philosophe devrait se laisser guider par une « différence interne ». Deleuze écrit dès lors :

> Comment faire autrement que sur ce qu'on ne sait pas ; ou qu'on sait mal ? C'est là-dessus nécessairement qu'on imagine avoir quelque chose à dire. On n'écrit qu'à la pointe de son savoir, à cette pointe extrême qui sépare notre savoir et notre ignorance, *qui fait passer de l'un à l'autre*[2].

Ce passage du savoir à l'ignorance et de l'ignorance au savoir n'est rien de moins que le temps. En effet, d'un point de vue purement statique, cette opposition dynamique s'immobilise en un « paradoxe » : or, une fois absorbé dans la dynamique du devenir, ce contraste lui-même forme le moteur du temps, et doit être saisi ou considéré comme ce que Deleuze appelle un « point singulier »[3]. Le temps est donc l'articulation de ces points, de ces « différences internes » : grandir veut dire *devenir* à la fois plus grand et plus petit, bouillir veut dire à la fois être sur le point de s'évaporer et ne plus s'évaporer, comprendre c'est ensemble savoir et ne pas savoir ; mourir – comme le résumait l'écrivain néerlandais Frederik Van Eeden en hommage à son jeune fils décédé – veut dire à la fois dormir et s'éveiller, etc. « Le temps est un

1. G. Deleuze, *Différence et répétition*, *op. cit.*, p. 4.
2. *Ibid.* p. 4.
3. G. Deleuze, *Logique du sens*, Paris, Minuit, 1969, p. 99.

perpétuel se-distinguer »[1]. Le mouvement généré par cette dynamique est, je suppose, celui du « sens ». Soit quelque chose qui par exemple insiste et incite à penser, ou mieux, réclame la pensée et la maintient en mouvement.

Inversement, ainsi que j'ai voulu le suggérer au chapitre précédent, c'est la tâche par excellence de la philosophie de saisir la différence : « faire de la philosophie, c'est commencer par la différence »[2]. Non pas que chaque philosophe devrait se résoudre à parler uniquement de la différence, mais plutôt qu'en philosophie et au niveau du concept la différence, c'est-à-dire la vie en tant que telle, peut « s'intensifier ». La philosophie ne prend pas la vie pour « objet » : *la philosophie est vitale.*

La lecture et l'interprétation qu'offre Deleuze de la différence chez Bergson formeront sans plus un modèle pour, et se répéteront en tant que modèle dans sa lecture de Spinoza : ce qu'il dit entre autres sur l'essence et l'existence des modes semble en soi n'être qu'une variation de la façon dont il avait décrit la *durée* un peu plus tôt[3]. Il reliera ces essences aux points singuliers, qui eux-mêmes sont pré-individuels. Ce qui signifie que je suis *individualisé* (voire individué) par les petites différences qui précèdent l'ego. Et ces points singuliers impliquent (au sens Spinosiste de *involvere*) tout ce que je tenterai de « rendre explicite » : ce qui me meut inclut et annonce un monde entier que ma pensée ou mes actions cherchent à développer et à déployer.

La différence entre l'une (implication) et l'autre (explication) n'est ni plus ni moins que l'articulation de la différence : différence de contraction. En ce sens, chaque individu est habité ou possédé par des voix autres que la sienne : « il y a toujours un autre souffle dans le mien, une autre pensée dans la mienne, une autre possession dans ce

1. G. Deleuze, *Cinéma, Tome 2, L'Image-temps*, Paris, Minuit, 1985, p. 109.

2. G. Deleuze, *L'Île déserte, Textes et entretiens, 1953-1974*, Paris, Minuit, 2002, p. 71.

3. G. Deleuze, « La conception de la différence chez Bergson », dans *Études bergsoniennes IV*, Paris, P.U.F., 1956, p. 77-112 (repris dans G. Deleuze, *L'Île déserte*, *op. cit.*, p. 43-72).

que je possède »[1]. Un peu comme Marcel Proust, dans *A la recherche du temps perdu* est habité et possédé par d'autres voix, ou que tous les personnages et leur voix ne semblent être que l'extériorisation de lui-même. Il subit l'agression de Charlus, il parle et se comporte comme le pédant Norpois, ou vice versa, Norpois étant l'extériorisation de Marcel en tant que « flatteur hystérique », Swann et Charlus exécutent la première mise en scène de l'amour de Marcel, etc. Aucun roman ne semble plus baroque, et donc un meilleur reflet de l'univers deleuzien et de sa machinerie conceptuelle qu'*A la recherche du temps perdu*. Et vice versa : aucun penseur ne me semble plus proustien que Deleuze : chaque concept résonne et « implique » à chaque fois un monde entier. « L'ensemble des voix concordantes ou non d'où je tire ma voix »[2].

Je terminerai pourtant ce chapitre en renvoyant à une autre notion du singulier : ce qui en effet m'a toujours fasciné chez Proust est bien moins l'idée baroque du « complexe » de la singularité comme différence interne qui peut se déployer et donner lieu à une expérience du temps comme tension entre *Temps perdu* et *Temps retrouvé* : mais bien plutôt les descriptions que fait Proust du fait qu'aussi bien le *Temps perdu* que le *Temps retrouvé* semblent graviter autour d'un point singulier qui ne se caractérise pas comme différence mais comme identité. Bref, ce à quoi je voudrais faire allusion, c'est l'idée que toutes ces voix qui hantent le moi gravitent comme des satellites autour de quelque chose qui d'emblée reste sourd et muet, et ne cherche nullement à se déployer ou « s'expliquer ».

penser : le coup de dés

La philosophie, dirait Deleuze tout en paraphrasant Spinoza, cherche moins à connaître quelque chose « qu'à connaître notre puissance de connaître »[3]. Autant que pour le corps, nous ne savons toujours pas ce dont la pensée est capable. En ce sens, dirait Deleuze,

1. G. Deleuze, *Logique du sens*, *op. cit.*, p. 346.
2. G. Deleuze, F. Guattari, *Mille plateaux*, Paris, Minuit, 1980, p. 49.
3. G. Deleuze, *Spinoza et le problème de l'expression*, *op cit.*, p. 124.

« nous ne pensons pas encore ». Il ne dit pas cela eu égard à l'un ou l'autre idéal issu des Lumières et en vue d'un avenir rationnel ou eschatologique, mais du point de vue de l'intempestif : nous ne pensons pas encore parce que, le moment voulu, ni nos idées ni nos méthodes ne semblent être à la hauteur des exigences de ce qui doit être pensé. Nous sommes toujours *incités* à penser : ce qui nous pousse vraiment à penser, nous ne le choisissons pas de plein gré, mais c'est ce que dans *Proust et les Signes* Deleuze appelle un signe. L'impact d'un signe est souvent violent (une « agression ») et n'a donc pas grand-chose à voir avec l'idée d'un don ou d'une révélation (telle « une donation de sens », un « es gibt », etc[1].) Pourquoi ? parce que le signe ne renvoie pas à un sens plus profond ou transcendant (Dieu, l'Être ou la Raison) : c'est une *différence* et en tant que telle, un phénomène de surface qui menace de figer les intuitions acquises et de paralyser ou d'affaiblir tout mouvement dans la pensée à une répétition du même. C'est pourquoi nous devons tenter de remanier, voire de réinventer la pensée afin de retendre à nouveau cette surface : la mettre sous tension.

Il nous faut donc redéployer et réinventer notre façon de penser pour ré-instituer cette superficie. Je pense que c'est exactement cela ce qui est en jeu dans ce que Deleuze appelle la *logique du sens* : produire du sens, parce que le sens est toujours un « effet » ; effet au sens de « effet d'optique », « effet sonore », « effet de surface », « effet de position »…[2]

Le sens est le mouvement même qui se produit lorsqu'on pense, lorsqu'on parle. Ce processus, c'est le temps, le déploiement de compréhensions et d'implications liées aux concepts. Et ce qui se déploie, Deleuze l'appelle « un problème », en référence à Bergson. Penser, c'est apprendre en effet à poser des problèmes. Pas des questions – parce que vous n'en posez que lorsque vous savez d'avance quel type de réponse vous espérez obtenir (les questions d'examen doivent par exemple être « précises ») – ni des questions qui nous aideraient à « découvrir » ou à dégager les choses : au contraire, un problème est une façon de penser

1. *Cf.* G. Deleuze, *Logique du sens*, *op. cit.*, p. 87.
2. *Ibid.*, p. 88 ; G. Deleuze, *L'Île déserte*, *op. cit.*, p. 244.

qu'il faut encore inventer à l'aide de termes, de concepts ou d'images et d'idées qui attendent d'être développés. Et une telle pensée ne se résume pas à parler de « quelque chose » de bien défini (les soi-disant « mots-clés » des articles académiques) : elle doit montrer qu'il se passe quelque chose dans la façon qu'elle a de se déployer. En termes plutôt spinozistes : la pensée n'est pas représentative, elle est expressive.

Dans leur célèbre *Logique de Port Royal* Arnauld et Nicole donnent une belle description de ce qu'il faut entendre par « signe »

> [Q]uand on ne regarde un certain objet que comme en représentant un autre, l'idée qu'on en a est une idée de signe, et ce premier objet s'appelle signe. C'est ainsi qu'on regarde d'ordinaire les cartes et les tableaux. Ainsi, le signe enferme deux idées : l'une de la chose qui représente, l'autre de la chose représentée, et sa nature consiste à exciter la seconde par la première [1].

Le signe fait donc apparaître une différence : un objet ne renvoie pas tout bonnement à un autre, mais il fait signe, il émet des signes vers quelque chose qui attend d'être déchiffré, décrypté ou transcrit. Marcel tombe follement amoureux d'Albertine dès qu'elle l'affecte en tant que signe : c'est-à-dire, en tant que personne qui « implique », « enveloppe » et « emprisonne » tout un monde duquel Marcel se sent exclu, ou auquel il sent ne pas avoir accès [2]. Il en va de même pour la pensée : « l'amoureux de la sagesse » est à la fois jaloux et idiot. Jaloux au sens où il intercepte des signes qui font violence et qu'il veut à tout prix déchiffrer tel un Swann maladif – idiot, parce que dans ce processus où il se détourne de ce qu'il pensait habituellement, ou de la façon dont on pense communément, il s'avère être soudainement incapable de voir ce que tout le monde sait déjà. Le penseur est idiot

1. Antoine Arnauld, Pierre Nicole, *La logique ou l'art de penser*, Paris, Gallimard, 1992, p. 46.

2. On peut semer la panique chez quelqu'un en prétendant l'avoir surpris tel un signe. Wolfgang Hildesheimer commence son roman *Tynset* (Frankfurt, Surhrkamp, 1965) avec l'histoire où le protagoniste appelle ses voisins l'un après l'autre au milieu de la nuit en leur avouant « tout savoir ». Il ne faut pas longtemps avant que la victime décampe à toute vitesse.

au sens où il « n'arrive pas à savoir ce que tout le monde sait, et qui nie modestement ce que tout le monde est censé reconnaître » [1]. C'est la « dramatisation de la pensée » : n'importe quelle personne qui s'adonne à la philosophie avec « passion » sait de quoi il s'agit. Je travaille autour d'un certain auteur, ou d'un thème : ce qui veut dire que je recharge ma pensée à l'aide d'idées, d'associations, d'exemples concrets, de plans et de schèmes. Et à mesure que je progresse dans mes notes et lectures, je deviens de plus en plus *vulnérable* et exposé à de nouvelles idées. J'ose à peine lire encore, non par crainte de rencontrer quelque chose que je ne comprenne pas encore – dans ce cas, il ne s'agirait pas d'un « drame », mais plutôt d'un « soap » – mais de peur de découvrir une nouvelle chose qui remue de fond en comble et ébranle tout ce que j'ai jalousement accumulé. Comme s'il fallait à chaque pas réinventer le processus de la pensée. Et souvent, tel un idiot, on arrive à un point où quelqu'un finit par vous informer que tel monsieur ou madame X vient de publier un article dans la Revue Z sur le sujet qu'on s'est évertué à comprendre et dont on a cherché à maîtriser et à gérer les ramifications.

« Les concepts philosophiques sont des touts fragmentaires qui ne s'ajustent pas les uns aux autres, puisque leurs bords ne coïncident pas. Ils naissent de coups de dés plutôt qu'ils ne composent un puzzle » [2]. La pensée comme une réponse donnée à ces signes tout en développant ce qu'ils impliquent ressemble en effet à un jeu où il faut à chaque fois lancer le dé. Et le jeu consiste exactement au lancer. Cela signifie que ce que l'on veut et va jouer dépend de ce que l'on lance. On peut jouer et penser dans un ensemble de règles préexistantes (les échecs, jeux de cartes, etc.) : là les possibilités sont certes infinies, comme dans celles du langage à l'intérieur de sa grammaire. Mais les règles déterminent le champ des possibles. On ne fait pas n'importe quoi, et à l'intérieur du système des règles le domaine de tout ce qu'on peut atteindre n'est pas fortuit. On peut faire des progrès, créer de nouvelles combinaisons,

1. G. Deleuze, *Différence et répétition*, *op. cit.*, p. 171 ; F. Zourabichvili, *Deleuze, Une philosophie de l'événement*, Paris, P.U.F., 1994, p. 61.

2. G. Deleuze, F. Guattari, *Qu'est-ce que la philosophie ?*, Paris, Minuit, 1991, p. 38.

trouver une solution à un problème bien déterminé, etc. Au niveau de la pensée, c'est ce qui s'appelle faire de la « recherche ».

D'autre part, on peut aussi jouer avec les règles : comme dans le jeu du « rat ». Ph. K. Dick aurait inventé ce jeu, et il consistait à donner à quelqu'un (le Rat)[1] le pouvoir d'adapter à volonté les règles lors du déroulement même d'un jeu déjà existant (par exemple Monopoly, d'en abolir l'une ou l'autre, ou de redéfinir très arbitrairement l'enjeu à sa guise. C'est bien sûr la position du tyran, du pouvoir absolu ou de l'imposteur[2].

Or Deleuze veut bien entendu dire autre chose. Non pas les possibles à l'intérieur d'un système de règles – ni le jeu possible avec ces règles, mais « un jeu pur ». Chaque coup doit inventer ses règles, « il porte sur sa propre règle »[3] et crée à chaque fois une ramification infinie de possibles. La pensée est dès lors créatrice au sens d'allègre, gaie ou enjouée[4], et non au sens où elle se soumettrait « sportivement » aux règles.

Cet aspect libre et gai caractérise aussi le signe : du point de vue de nos pensées et de nos discours habituels, le signe apparaît souvent comme un *non-sense*, au sens Anglais de quelque chose de « nonsensical »[5]. Ce *non-sense* n'est pas l'absurde ou le contraire du sens (« Louis Carroll oui, Camus non »[6]). L'absurde agit dans un contexte

1. *Cf.* E. Carrère, *Je suis vivant et vous êtes morts*, Paris, Points-Seuil, 2021, p. 76-77.

2. P. Bourdieu : « Le pouvoir absolu est le pouvoir de se rendre imprévisible et d'interdire aux autres toute anticipation raisonnable, de les installer dans l'incertitude absolue en ne donnant aucune prise sur leur capacité de prévoir. », *Méditations pascaliennes*, Paris, Points-Seuil, 2003, p. 328.

3. G. Deleuze, *Logique du sens*, *op. cit.*, p. 75.

4. Sur l'importance du jeu dans le « structuralisme », *cf.* G. Deleuze, *L'Île déserte*, *op. cit.*, p. 255.

5. « Le non-sens est à la fois ce qui n'a pas de sens, mais qui, comme tel, s'oppose à l'absence de sens en opérant la donation de sens. Et c'est ce qu'il faut entendre par *non-sense* », G. Deleuze, *Logique du sens*, *op. cit.*, p. 89.

6. G. Deleuze, *Logique du sens*, *op. cit.*, p. 88. *Cf.* G. Deleuze, « A quoi reconnaît-on le structuralisme » : « Le non-sens n'est pas du tout l'absurde ou le contraire du sens, mais ce qui le fait valoir et le produit en circulant dans la structure. le structuralisme ne doit rien à Albert Camus, mais beaucoup à Lewis Caroll » (*L'Île déserte*, p. 245).

de sens et se rapporte au sens en tant que manque. Il manque toujours de sens, il n'y en a jamais assez, et le monde en souffre. Or pour Deleuze, le non-sens est toujours le signe d'un excès : il y a trop de sens, une « surproduction, une surdétermination du sens »[1] et cette prolifération ouvre des possibilités inattendues et des pensées qui se côtoient et se croisent, s'accouplent ou produisent des effets, parfois comiques et ludiques, en s'entrechoquant. Un bon exemple de pareil effet, qui aurait probablement dû plaire à Deleuze, est issu d'une lettre qu'il écrivit lui-même à son ami André Bernold en 1995. Le ton est assez dramatique : tous deux sont apparemment très souffrants, et dans sa lettre Deleuze évoque aussi des crises chroniques pour lesquelles tous deux cherchent refuge dans « ce qui il y a de plus violent en art, le plus terrible ». De ces choses terribles font partie « les chants mongols que tu m'as envoyés » : c'est-à-dire des voix diaphoniques, creuses mais incantatrices. Visiblement, André Bernold tente ces jours-là d'écrire un ouvrage sur Antonin Artaud. Il ne progresse que très péniblement, l'écriture en est ardue. Mais heureusement, dit Deleuze pour le consoler : « Que ta folie t'impose la condition d'écrire cent pages est aussi bon que les dettes de jeu comme motif d'écrire »[2]. L'ouvrage contient toutefois un petit « Erratum » que l'éditeur David Lapoujade – auteur du livre remarqué *Les mouvemants aberrants* – y aura intégré probablement non sans quelque embarras. Une des erreurs est la suivante : « page 100, 2 e ligne, lire « que ta femme » au lieu de « Que ta folie » ». L'effet « non-sensical » (c'est presque du Monty Python) – ou poétique au sens d'Apollinaire : « *o mon unique amour et ma grande folie* » – n'aura pas échappé à l'éditeur, se voyant contraint d'ajouter un petit mot d'excuse à l'attention de Monsieur Bernold.

La « ligne de fuite » qui se libère lors de pareil lapsus et qui incite la pensée à un jeu infini d'associations et de superpositions, c'est celle du sens. Le sens ne coïncide pas avec la signification : c'est un mouvement grâce auquel la signification acquiert un sens ou non. Au niveau de la

1. G. Deleuze, *L'Île déserte*, *op. cit.*, p. 245.
2. G. Deleuze, *Lettres et autres textes*, Paris, Minuit, 2015, p. 100.

pensée, ce mouvement se profile lui-même comme une position de problèmes. Pourquoi ce mouvement de pensée est-il toujours d'ordre « expressif » ? Parce qu'il devient l'expression de forces par lesquelles elle se voit elle-même accaparée. Au XVIIe siècle, par exemple, la pensée s'est vue mobilisée et investie par la notion d'infini. Non pas que la pensée posait l'infini comme objet, mais cette notion elle-même s'imposait et pressait la pensée à des intensités et des hauteurs sans précédent. Il suffit de songer au fragment des deux infinis chez Pascal, à l'idée de l'infini chez Descartes ou à la substance chez Spinoza (Ethique I p 8).

Or, une fois affranchie de cette poussée interne et de ce mouvement même ou de ce qui se pose comme problème, la pensée se dégrade en une accumulation d'opinions figées ou inertes. On sait combien ces opinions et ces « prises de position » font l'objet privilégié des débats soi-disant « vifs ». Et un débat, comme dit Deleuze, « c'est un exercice narcissique où chacun fait le beau à son tour »[1]. Et du reste, que tel ou tel ait cette conviction, qu'il pense ceci au lieu de cela, « qu'est-ce que cela peut faire à la philosophie ? »[2]. En revanche, celui qui veut vraiment penser au lieu de débâttre et discuter (« Gerede ») sera à la recherche « des indiscutables concepts pour le problème qu'on s'est assigné ».

Or, qu'est-ce que pareil « indiscutable concept » est censé sonder ? Le but de tel concept, voire de la pensée en général, consiste à « saisir la chose dans sa différence interne »[3]. Il faut que le concept soit à tel point calibré et affuté pour telle différence spécifique qu'il finisse par former une unité avec la chose, « unité de la chose et du concept ». Dans la confusion (domaine de l'imposteur), le manque de précision ou la bêtise, les concepts et les choses sont scindés : on applique des concepts et des idées non adaptés à la chose, ou on croit avoir pu saisir l'essence d'une chose avant même d'en avoir formé un concept adéquat.

1. Entretien avec D. Eribon, cité par F. Zourabichvili, *Deleuze, Une philosophie de l'événement*, *op. cit.*, p. 52.

2. G. Deleuze, F. Guattari, *Qu'est-ce que la philosophie*, *op. cit.*, p. 32.

3. G. Deleuze, *L'Île déserte*, *op. cit.*, p. 44.

Cette imprécision peut prêter à confusion : par exemple, la confusion que Bergson analyse dans ses *Données immédiates de la conscience*, c'est-à-dire celle entre une *différence de degré* et le *degré de la différence.*

distinguer et non diviser

Descartes était sans conteste très précis et tranchant dans son affirmation que le cogito et l'étendue (âme et corps, esprit et matière) diffèrent de nature : il ne s'agit nullement de distinctions de degré, du plus au moins. Seulement, comme dirait Deleuze, il a manqué le sens réel de ce que signifie distinguer. Dans le premier chapitre de son livre *Spinoza et le problème de l'expression*, il suggère que Descartes aurait confondu différentes notions de *distinguer*[1] : ce qui l'a amené à interpréter la différence comme une forme de « diviser » : *scinder et séparer* deviennent le modèle pour *distinguer*. Corps et esprit deviennent deux substances. Bref, il ne suffit pas simplement de poser la distinction : il faut tenter de comprendre par quel processus ces notions se distinguent. Bien sûr, prétendre en effet que pour comprendre ce qui différencie le corps et l'esprit il faut se rapporter à un processus de différenciation, n'est-ce pas sombrer dans une forme tautologique de pensée qui a toujours fortement répugné aux cartésiens ? Toutefois, c'est ce que fait Deleuze, lorsqu'au début de sa réflexion, fortement inspirée par Bergson, il cherchera à saisir conceptuellement ce processus comme l'agencement d'une *différenciation interne*, et donc un processus qui en soi se distingue constamment de soi de façon interne (contrairement aux formes substantielles, par exemple).

Pour Descartes, l'esprit et le corps s'opposent en une distinction claire et *distincte* entre l'indivisible et l'infiniment divisible. Mais en posant cette distinction, il ne se serait pas rendu compte que quelque chose d'indivisible peut très bien se différencier intérieurement sans pour autant se diviser en parties infinies. Alors que selon Deleuze, « le simple ne se divise pas, il se différencie ». C'est exactement la thèse de

1. G. Deleuze, *Spinoza et le problème de l'expression*, *op. cit.*, p. 30.

Spinoza. On peut distinguer dans une substance des qualités réelles sans devoir substantialiser ces qualités. « … ce ne sont pas les différences qui sont et ont à être. C'est l'être qui est la Différence »[1]. Celui qui fait de ces qualités (attributs) des substances, confond distinguer et diviser (confond une distinction réelle et formelle avec une distinction numérique). Et cette confusion repose sur l'incapacité à concevoir le premier comme un processus de « différence interne ».

Qu'est-ce ?

En 1954 Deleuze prononça une conférence sur « la conception de la différence chez Bergson » à la célèbre *Association des Amis de Bergson*. C'est d'ailleurs à cette époque qu'il travaille sur ce qu'il ne présentera comme une « thèse complémentaire » qu'en 1968 : son livre sur Spinoza. Cette proximité s'est avérée très fructueuse. Entre autres choses, ce qu'il développera dans le premier texte sur la « différence interne » sera décisif pour ce qu'il dira dans le second sur l'essence des modes[2].

Dans son texte de 1954, il affirme que la pensée de Bergson se joue sur deux plans : l'un méthodologique et l'autre ontologique. Dans le premier, il s'agit de déterminer les différences de nature entre les choses : « c'est seulement ainsi qu'on pourra « revenir » aux choses mêmes, en rendre compte sans les réduire à autre chose qu'elles »[3]. Dans l'autre plan, il s'agit de déterminer la nature même de cette différence. La tâche de la philosophie est donc de saisir une chose dans sa différence interne. Il ne s'agit pas seulement d'une tentative méthodologique pour comprendre comment les choses se distinguent en nature, mais de chercher la manière dont une « différence interne » – c'est-à-dire une durée interne – détermine une chose.

La méthode devrait aider à saisir sous une différence de degré une différence de nature. La nature signifie « la tendance à se développer ». On dira qu'une douleur se distingue graduellement et devient de plus en plus aiguë, mais c'est parce qu'on confond la nature d'une sensation

1. G. Deleuze, *Différence et répétition*, *op. cit.*, p. 57.

2. G. Deleuze, *Spinoza et le problème de l'expression*, *op. cit.*, chapitre XIII, p. 183 *sq.*

3. G. Deleuze, *L'Île déserte*, *op. cit.*, p. 43.

avec celle du mesurable : soit, l'espace ou la matière. De cette façon on fait de la sensation « un mixte ». La méthode doit dès lors récupérer dans ce « mixte » les deux « tendances ». Celle de la matière et celle de la sensation. Deleuze, à l'instar de Bergson, reprend cette distinction sous les termes de « relâchement » et de « contraction ». Mais cette opposition de tendances – la différence de nature – n'est elle-même pas une différence entre deux natures. Il s'agit en fin de compte de l'affirmation d'une nature qui diffère d'elle-même en deux tendances. « La décomposition du mixte ne nous donne pas simplement deux tendances qui diffèrent en nature, elle nous donne la différence de nature comme une des deux tendances »[1]. Cette différence prend alors les proportions d'une substance : c'est la durée ou « la différence de soi avec soi ». En revanche, la matière est cette tendance de la durée qui ne se différencie pas d'elle-même, mais ne fait que se répéter.

Bref, toute différence de nature repose sur une nature qui se différencie d'elle-même. Cette nature est substantielle, indivisible et poussée par une « différence interne ». La durée – ou la vie – est une substance qui se différencie de soi avec soi en s'affirmant et se divisant en différentes tendances (contraction – décontraction). Elle peut s'affirmer elle-même en tant que différence de degré. La différence interne connaît des différences graduelles internes (de contraction) qu'il ne faut nullement confondre avec des *différences de degré*. On ne peut avoir l'impression d'une différence de degré d'une douleur que dans la mesure où la différence interne, soit l'essence de la sensation, s'est graduellement « décontractée » en tant que différence : dès lors la sensation se laisse saisir et sentir selon des principes propres à l'espace et à la matière (juxtaposition). L'intensité, propre à la différence interne, se détend en quelque chose d'extensif, matière ou espace. L'idée que la différence interne ou la durée elle-même puisse subir différentes gradations est au centre de la pensée de Bergson[2], et détermine dès son premier ouvrage la manière de penser la relation entre temps et

1. *Ibid.*, p. 52.

2. *Cf.* l'ouvrage de C. Riquier, *Archéologie de Bergson. Temps et métaphysique*, Paris, P.U.F., 2009.

espace. L'une des grandes intuitions au cœur de ce livre, ainsi que je l'ai suggéré au chapitre précédent, est bien l'idée que ces deux dimensions désignent deux manières distinctes de penser la différence : les choses peuvent différer qualitativement les unes des autres (« hétérogénéité », « nuances », etc.) ou quantitativement (la place que prend quelque chose dans l'espace). Mais ce n'était pas tout : ce qui intéresse Deleuze en lisant Bergson, c'est l'idée que ces deux manières de poser des différences sont elles-mêmes le produit de la façon dont la durée interne diffère – graduellement – d'elle-même. La durée s'affirme en deux tendances, différence de nature, esprit et matière... Et le concept vise à saisir ou embrasser cette différence interne, à coïncider avec elle.

Prenons un exemple afin d'illustrer brièvement comment une variation de la différence interne modifie une chose en nature. En 1989, John Zorn sort un disque – *Spy vs Spy* – dans lequel il reprend des morceaux célèbres d'Ornette Coleman mais à un rythme vertigineusement accéléré. Le résultat est déroutant : chaque pièce sonne comme la pétarade brève et intense d'une violence brutale. Dans la pièce « The disguise » (le déguisement, le masque), on arrive éventuellement à reconnaître la mélodie, toutefois ce que l'on entend est quelque chose qui diffère en nature de ce que Coleman aurait joué. Et cette différence réside dans la manière dont la mélodie en tant que différence interne est rythmiquement accrue ou exacerbée.

L'idée de la distinction interne constitue le noyau du texte de Deleuze de 1954, et l'a indéniablement fortement inspiré dans sa lecture de Spinoza. On pourrait en effet interpréter l'auto-affirmation de la substance à partir de la notion de « différence interne » : elle diffère intérieurement d'elle-même en se déployant comme tendances à travers des attributs, qui entre eux se distinguent selon une différence de nature.

Mais le même modèle se répète aussi au niveau des modes (« *substantiae affectiones* ») : l'essence des modes diffère elle-même de leur existence en termes d'intensité *versus* étendue. « Une essence de mode est un degré déterminé d'intensité, un degré de puissance irréductible; le mode existe, lorsqu'il possède actuellement un très grand nombre de parties extensives qui correspondent à son essence ou degré de puissance »[1]. Par exemple, il faut beaucoup d'idées pour exprimer une essence – et *vice versa*, ce qui inspire et anime ces idées est une essence.

Ces essences sont définies comme « une différence interne » : une différence d'intensité, qui exprime à sa manière la substance (l'absolu). Chaque essence est une portion d'intensité, une « grandeur intensive », un quantum ou une quantité d'intensité. Ou encore « un degré de puissance »[2] bref, le *conatus*, ou une essence, que Spinoza définit lui-même comme une tendance à persévérer dans son existence selon une quantité d'être : « quantum in se est » (E III, 6)[3].

Chaque chose – chaque mode – a donc une essence, et ne peut exister réellement que dans la mesure où elle s'affirme comme essence dans un contexte où un nombre infini d'autres choses attestent leur propre essence et interagissent les unes avec les autres (« concursus »). Dans leur existence, les choses expriment une essence sous une forme plus déconcentrée, plus étendue, c'est-à-dire extensive. Un mode a une essence qui s'accomplit en s'étalant. Et chaque essence est elle-même l'expression de l'absolu, de la substance.

individu et essences

Cette opposition entre essence et existence se manifeste aussi au niveau de l'individu : dans un passage de *Différence et répétition*, où il parle de facteurs individuants, Deleuze écrit à propos de la relation entre l'individu et le je : « L'individu se distingue du Je et du moi, comme l'ordre intense des implications se distingue de l'ordre extensif [...] de l'explication »[4].

« Facteurs individuants » sont par exemple les points ou signes singuliers, c'est-à-dire des différences internes. Dans l'existence, signes et sens ne coïncident pas. De là une tendance à chercher dans la vie (par

1. G. Deleuze, *Spinoza et le problème de l'expression*, *op. cit.*, p. 184.
2. *Ibid.*, p. 180.
3. Spinoza, *Œuvres* IV, *Éthique*, Paris, P.U.F., 2020, p. 254.
4. G. Deleuze, *Différence et répétition*, *op. cit.*, p. 331-332.

exemple dans les souvenirs) ou dans la matière le sens de ce que le signe évoque. Toutefois dans l'art cette matière est elle-même interceptée ou transposée à un niveau où justement le signe et le sens coïncident : à ce niveau, c'est cette unité du signe et du sens qui constitue l'essence.

D'un point de vie spinoziste, on pourrait interpréter un signe matériel ou sensoriel dans la « vie » ou « l'existence » comme suit : pour Spinoza, une impression physique ou corporelle (*affectio*) n'est pas simple, mais intérieurement divisée ou ramifiée. Elle représente la complexité des individus à partir de laquelle l'individu qu'est le corps est constitué. Chaque affection apparaît à l'esprit sous la forme d'une idée. Lorsque cette idée représente les choses extérieures, Spinoza parle d'une image[1]. Eh bien, cette idée implique – « *involvere* », c'est-à-dire contenir (au sens d'envelopper) et signifier (dans le sens d'impliquer, d'avoir comme effet ou comme conséquence) – la nature du corps humain et en même temps la nature du corps extérieur[2]. Une idée a donc un double ancrage : elle contient, enveloppe ou implique implicitement une référence à l'objet, ainsi qu'une référence et une indication sur la nature de notre corps. C'est donc parce que notre perception des choses extérieures a un double ancrage, que nous sommes souvent induits en erreur et que nous estimons qu'une chose est belle ou laide sans se douter que notre jugement a été déterminé par l'état dans lequel le corps était au moment de la perception. Cela nous fait penser à la notion d'impression telle que l'a décrite Proust : elle a deux faces : « A demi engainée dans l'objet, prolongée en nous-mêmes par une autre moitié que seuls nous pourrions connaître »[3]. Bref, chaque idée sensorielle (image) est l'expression d'une *différence interne*. Mais cette différence est impliquée, enveloppée dans l'idée, et n'est donc jamais explicitement donnée, parce que la fonction de ces idées est de nature pratique plutôt que cognitive (réflexive). C'est pourquoi chaque idée est aussi immédiatement enchaînée dans une *concatenatio*

1. Spinoza, *Œuvres* II, 17, sc., *op. cit.*, p. 192-194.
2. *Ibid.*, II, 16, p. 190, « Idea cujuscunque modi, quo corpus humanum à corporibus externis afficitur, involvere debet naturam corporis humani, & simul naturam corporis externi. »
3. G. Deleuze, *Proust et les signes*, Paris, P.U.F., 1998, p. 37.

d'autres idées qui suit la série des impressions corporelles : dans cette capacité qu'ont une impression (*affectio*) et une image de former des enchaînements réside précisément la *potentia agendi* du corps. Et cette concaténation diffère d'une personne à l'autre : quand un soldat voit la trace d'un cheval, il pense à un cavalier, et de cette pensée - là il passe à celle de la guerre, etc. Mais lorsqu'un paysan perçoit une telle trace, il passera de l'idée de cheval à celle d'une charrue, d'un champ, etc. : « et ainsi chacun, selon qu'il est accoutumé à lier et à enchaîner les images des choses selon telle ou telle modalité, passera d'une même pensée à telle ou telle autre »[1].

Ce double ancrage pourrait être interprété comme l'expression de la tendance inhérente à l'idée de se *poser en tant que différence* : objet – sujet, intérieur – extérieur, etc. qui sont des différences de nature. Mais cette différence de nature est elle-même l'expression de la nature même de la différence : c'est-à-dire de la « différence interne ». Un point singulier, ou un signe, est une idée sensorielle qui insiste dans la mesure où elle s'extrait de l'enchaînement d'idées, de telle sorte que ce qui se manifeste dans cette idée n'est pas la différence de nature (objet – corps) mais la nature de la différence. Pareille idée ou image est ce qui nous frappe lors de *l'Admiratio*[2]. Cette image s'est dissociée des autres, et elle se manifeste comme différence interne d'elle-même. Ce qu'on obtient ici n'est pas une fixation ou une forme de *stupeur*, mais la modification interne et l'amplification d'un affect évoqué en même temps que l'image : ainsi, la peur d'un objet spécifique s'amplifie en épouvante et en panique, l'admiration se transforme en dévotion, et ainsi de suite[3]. Une fois cette admiration terminée, on cherche dans les choses ou dans le passé une raison pour expliquer ce qu'on a subi. Pareils signes ont, il est vrai, un faible facteur individuant : leur sens reste trop soumis aux enchaînements matériels. Par conséquent, dans ma « recherche », je me laisse emporter et distraire par les associations corporelles.

1. Spinoza, *Œuvres* II, 18, sc., *op. cit.*, p. 194-196.

2. *Ibid.*, III, d. IV, p. 244.

3. *Cf.* l'analyse de S. Laveran, *Le concours des parties, Critique de l'atomisme et redéfinition du singulier chez Spinoza*, Paris, Classiques Garnier, 2014.

En revanche, dans l'art, j'élève cette « différence interne » au niveau de l'absolu, c'est-à-dire, « la différence ultime et absolue » [1]. Pourquoi ? parce qu'ici, le lien entre le signe et le sens n'est plus externe, mais interne. Ils convergent en un mouvement qui en tant qu'essence s'impose comme « point de vue ». Bien entendu, il ne s'agit pas du fait que pensée et art exprimeraient un point de vue sur le monde. Ils sont plutôt l'expression de la manière dont un individu est captivé par une essence dont les implications se déploient et se ramifient par la pensée et l'art en un monde. Ce monde-là possède une intensité que la vie ne connaît pratiquement pas : au lieu d'accomplir « extensivement » le sens évoqué par les signes, le sens reste ici immanent à l'essence elle-même. Certes, la vie quotidienne est souvent très agitée ou « stressante », sans être intense : notre attention est simplement submergée et morcelée par une multitude de choses et de tâches incohérentes. Dans ce cas, ma capacité d'agir réellement se voit constamment frustrée. Mais au niveau de la pensée ou de l'art, c'est l'inverse : dans tel mot, tel nom, ou tel concept toute une série de choses semblent soudainement s'assembler et se condenser, tout un monde d'idées, d'images, d'intuitions ou de souvenirs y est internement enchaîné. C'est en effet tout *un monde*. Un tel monde s'édifie comme déploiement de l'essence, c'est-à-dire le mouvement en tant que tel où le sens et le signe coïncident. On a finalement le monde qu'on mérite en fonction des essences qu'on développe, et dans ce déploiement se forme un individu.

Au bout d'un certain temps, le penseur, ou l'artiste, sombre à nouveau dans l'existence ou dans l'extensif : il cherche alors quelque réconfort et le sens dans la vie, dans la beauté ou le sens du monde qui l'entoure, ... Il tente de saisir le sens de ce qui l'avait incité autrefois dans les choses qui s'offrent toutes faites, et qu'il n'a plus besoin de développer ou de créer lui-même. Il redevient à nouveau « lui-même » : un Je. Ce qui l'avait d'abord tant excité et inspiré se répète, mais sans le pouvoir de la différence interne : en tant que penseur ou artiste, il n'y introduit plus aucune variation, l'essence se répète comme cliché,

1. G. Deleuze, *Proust et les signes*, *op. cit.*, p. 53.

caricature ou imposture. C'est ainsi qu'une grande idée (par exemple « la république ») qui autrefois faisait la différence, au lieu de se répéter comme quelque chose qui force une différence n'arrive plus qu'à se répéter comme idée creuse et érodée : pure variété. Ce qui devrait se répéter, c'est la différence en tant que différence interne : et cette différence n'a de pouvoir et ne nous inspire qu'en se répétant. Un même penseur ou une même pensée ne peut inspirer que dans la mesure où on réussit à répéter ou reprendre ce qui pour nous fait la différence et concentre (ou implique) des idées et des concepts – et en tant que différence interne monopolise et occupe à nouveau toute la pensée. Et vice versa, cette différence qui m'a inspiré ne peut rester intacte et vivante en tant que pensée que dans la mesure où j'ai le pouvoir de la répéter et de la reprendre à nouveau. Deleuze écrit à ce sujet :

> De l'œuvre d'un grand artiste, nous disons : c'est de même chose, à la différence de niveau près – mais aussi : c'est autre chose, à la ressemblance de degré près. En vérité, différence et répétition sont les deux puissances de l'essence [1].

Un grand art ou une grande pensée ne parle pas du monde ou d'un « sujet » (sa vie, son caractère) : l'individu ne précède pas les essences. Celles-ci sont ce qui l'individualise en tant qu'artiste. Par exemple, le compositeur polonais Mieszyslaw Weinberg prétend être un véritable disciple de Chostakovitch, et quiconque écoute ses sonates pour violoncelle et piano entendra immédiatement pourquoi. Mais il n'a jamais suivi ses cours. Il semblerait plutôt qu'il ait été entièrement emporté par le compositeur russe et comme possédé par son essence. Son travail était dès lors totalement poussé par le désir de déployer musicalement cette essence. Il ne l'imite pas. C'est précisément pour cette raison que ses sonates ont leur propre style et caractère.

> Ce n'est pas le sujet qui explique l'essence, c'est plutôt l'essence qui s'implique, s'enveloppe, s'enroule dans le sujet. Bien plus, en s'enroulant sur soi, c'est elle qui constitue la subjectivité. Ce ne sont pas

1. G. Deleuze, *Proust et les signes*, *op. cit.*, p. 63.

> les individus qui constituent le monde, mais les mondes enveloppés, les essences qui constituent les individus [1].

Le *je* ou le *moi*, c'est comme l'espace vide ou la forme qui tente de relier par des rapports externes toutes ces individuations. De cette façon, un *je* peut toujours se laisser captiver par un grand nombre de ferveurs et de passions totalement incohérentes (ce que Proust appellerait des « intermittences »). Lui-même est comme ce qui reste et subsiste après qu'une essence ait perdu toute son intensité. Il parasite ces passions : comme un imposteur qui les usurpe et en parle tel quelqu'un qui ne doit sa fortune qu'à lui-même, ou comme quelqu'un qui n'arrête plus de se lamenter et de déplorer leur perte (« Je ne suis plus bon à rien »), ou comme un employé des pompes funèbres qui avec la cérémonie circonstanciée en effectue la mise en bière (« je rédige mes 'mémoires'»).

identité singulière, Balbec et Nasreddin

La différence interne, telle que nous venons de l'explorer, est comme le moteur du temps. Tout apprentissage consiste en une transition de l'ignorance vers le savoir, grandir signifie devenir à la fois plus jeune et plus adulte (« mit der Reife wird man immer Jünger », disait Hermann Hesse). Et cette différence elle-même suscite des mouvements qui s'étendent sur et à travers une dynamique temporelle. Mais il est également concevable que, par une certaine insistance, cette différence soustraie le temps en tant que tel à cette dynamique : un sens spécifique du temps se produit.

Dans un passage intrigant ajouté ultérieurement à *Proust et les signes*, Deleuze explique le fonctionnement de la Recherche sur le modèle d'une machine : le roman produit des effets. La différence entre la vie et l'art peut être comparée à la distinction entre la nature et la machine. Dans la nature deux choses tout à fait dissemblables peuvent entrer en « correspondance » (Baudelaire) : elles fonctionnent

1. G. Deleuze, *Proust et les signes*, *op. cit.*, p. 56.

comme des signes. Toutefois, l'art produit ou reproduit ce genre de résonnances (« la métaphore », chez Proust). Et celles-ci produisent à leur tour des effets spéciaux. Parmi ces effets s'incluent par exemple « la vérité »[1], mais aussi le temps : c'est-à-dire « un effet de Temps ».

Comment ? Soudainement – en renouant son lacet -, le narrateur se souvient involontairement de la période qu'il avait autrefois passée avec sa grand-mère à Balbec. C'est elle qui cette fois-là avait fait ses lacets. Il est brusquement submergé de chagrin : comme pour la première fois pénètre en lui l'idée de ce qu'il a au fond toujours su : elle n'est plus là. Deleuze interprète ce sentiment de perte comme une forme « d'effet de temps » : cet effet est créé par une tension interne entre « la fixité du souvenir » d'une part – la répétition d'un mouvement (identité d'un goût, d'une odeur, etc.) nous ramène à un passé qui, lui, n'a pas bougé – et d'autre part ce que dans l'intervalle le temps a fait de ce passé ou de cette personne.

Et ce qui se libère alors est un sens du temps en tant que tel, éventuellement comme un vide vertigineux, un horizon pur ou un abime au-dessus duquel on vacille et tente de rester en équilibre[2]. Ce temps est vide, il s'est affranchi de tout ancrage matériel ou de toute dynamique. Le contraste entre ce que quelqu'un était et ce qu'il est désormais produit un effet spécial : les deux moments sont hissés hors du contexte et ce qui se trouve entre le passé et le présent est effacé en un mouvement. Ce qu'on obtient alors est – comme le décrirait J-M. Guyau – une sorte d'illusion d'optique dans le temps. Les deux moments semblent très proches. Mais dans un second mouvement, ces moments eux-mêmes sont effacés : et ce mouvement produit dans le temps quelque chose comme un horizon.

> C'est ainsi que le mouvement du temps, d'un passé au présent, se double d'un mouvement forcé d'amplitude plus grande, en sens inverse, qui balaie les deux moments, en accuse l'écart, et repousse

1. *Ibid.*, p. 190.
2. *Cf.* l'image des « échasses » à la fin du *Temps retrouvé* (M. Proust, *À la recherche du temps perdu*, tome IV).

> le passé plus loin dans le temps. C'est ce second mouvement qui constitue dans le temps un « horizon »[1].

Bref, le sentiment de perte et de manque, ou l'évocation d'un passé, est lui-même résorbé par une dynamique qui libère le temps de son ancrage matériel. Et chaque notion d'identité fait partie de la dynamique dans laquelle la *différence interne* peut elle-même se répéter en tant que différence. Un mouvement, un goût, un son, etc. se répètent comme partie intégrante de cette différence.

Toutefois, comme il apparaît clairement à divers endroits de sa recherche, Proust semble aussi vouloir décrire une forme d'identité qui elle-même résiste à la différence : ainsi, à la fin, lorsqu'il il prétend qu'en dépit de l'immensité du temps qui se déchire entre son passé et ce qu'il est devenu présentement, quelque chose en lui n'a pas changé et qu'il n'a pas bougé ou ne s'est pas modifié avec le temps. Ce « quelque chose » est évoqué en réponse à un souvenir involontaire : j'ai tout à coup conscience d'avoir gardé un lien avec ce passé que je n'avais jamais supposé exister, et qui lui-même n'a jamais évolué et ne s'est pas développé avec l'âge. C'est pourquoi ce passé reste sur place, que le chagrin reste toujours aussi insupportable, qu'un souvenir réapparaît avec une fraîcheur que les jeunes filles en fleurs n'ont pas, etc. Ce lien renvoie à une forme d'identité qui ne coïncide pas avec l'unité d'un Moi, mais encore moins avec un point singulier ou une essence. Parce qu'il ne contient pas la moindre *différence interne*. Elle est entièrement fermée sur elle-même, pleine d'elle-même comme l'acier est plein d'acier. Deleuze veut comprendre cette identité comme répétition (« une même odeur ») : mais ce n'est pas une répétition, c'est un lien qui éventuellement s'impose à l'occasion d'une répétition (« cette même odeur »). Ce qui se répète selon Deleuze c'est la *différence*, et *vice-versa*, la répétition est l'expression de la capacité qu'a cette différence à se différencier intérieurement d'elle-même encore et encore.

Il me semble cependant que Proust alourdit cette dynamique d'un élément, de sorte que toute différence reste liée à une forme

1. G. Deleuze, *Proust et les signes*, *op. cit.*, p. 191.

d'identité non absorbée par une différence, identité non poussée par une différence interne, et suite à quoi le passé ne s'affranchit jamais de ce que le temps nous impose. C'est pourquoi pour le narrateur à Balbec, la tristesse lui révèle surtout le fait d'avoir oublié avoir gardé un lien avec sa grand-mère décédée : l'évocation de cet oubli coïncide avec celui de l'irréversibilité et de l'absence.

Je pense que dans son œuvre Proust n'a pas arrêté de graviter autour de cette donnée, ce noyau opaque ou cette identité inerte, et que toutes les couches différentes et les répétitions qui structurent son roman parasitent comme de nouveaux satellites ce noyau invisible et interdit. Et c'est aussi précisément à cause de cette quasi-obsession avec laquelle il cherchait à évoquer cette singularité que son livre lui-même acquiert quelque chose de très singulier. Les essences ont beau être des *points de vue*, et agir comme forces individuantes : mais ces individuations sont criblées par cette identité – un lien sourd et muet – qui ne se déploie jamais et « n'implique » absolument rien du tout. Au contraire, il semble qu'elle bloque parfois certaines *implications*. Et autour de ce blocage, je pense, gravitent la pensée, l'écriture ou la parole. Elle (l'identité) ne se déroule pas d'elle-même. Elle risque de s'arrêter ou de s'immobiliser à chaque instant ou de ne pas tourner dans la bonne direction.

D'autre part, une pensée qui n'est pas occupée et possédée par cette singularité reste aussi impersonnelle et substituable qu'un mode d'emploi. Cela explique pourquoi un texte de valeur philosophique, un roman, voire même un discours, doivent être en mesure d'accomplir plus qu'une simple transmission de contenu ou d'information. Certes, j'avoue que c'est là une idée honteusement triviale : et je n'aurais jamais osé conclure ce chapitre de façon aussi insignifiante, si ce n'est du fait que cette idée, aussi triviale soit-elle, se trouve joliment illustrée par une anecdote sur Nasreddin Hodja. Nasreddin est un sage fou d'Anatolie du XIIIe siècle : il est souvent représenté assis à l'envers sur son âne, car, dit-il, « celui qui veut vraiment connaître le chemin, doit savoir d'où il vient ». Bon nombre d'histoires et d'anecdotes qui circulent sur lui illustrent l'idée que le vrai sens n'est possible que dans un contexte où le non-sens et la sottise sont perçus comme source d'inspiration. A l'occasion d'un important sermon qu'il allait faire, il s'avance et dit :

– « Fidèles, savez-vous de quoi je vais vous parler ? »

– Oui, bien sûr, répondent-ils.

– Puisque vous le savez, il n'y a alors aucune raison pour le répéter.

Et il s'en alla [1].

1. *202 Contes de Nasreddin Hodja*, Istanbul, Minyatur Yayinlari, Conte 31.

deuxième partie
antéchrist et science-fiction

Malheur à la terre et à la mer! car le diable est descendu vers vous, animé d'une grande colère, sachant qu'il a peu de temps.
Apocalypse de Saint Jean, XII, 12

chapitre 4
l'antéchrist : imposteur (*d'*) absolu

De tous les astres que l'histoire aura produits,
Seuls les trous noirs subsisteront[1].

introduction : *le prestige*

Car beaucoup viendront sous mon nom, ils diront ; c'est moi le Christ, et tromperont beaucoup. (Mt, 24,5)

Cette mise en garde du Christ annonce le problème de l'Antéchrist, qui vient séduire les fidèles en prétendant être le nouveau messie tout en n'étant rien d'autre qu'un imposteur initiant la fin du monde. Contrairement au diable, il ne porte ni cornes ni queue. Comme dans la peinture d'Orvieto de Signorelli, l'Antéchrist ressemble à Jésus. Par conséquent, si ce séducteur et cet imposteur peuvent prendre les apparences du vrai Messie afin de tromper ses disciples, comment peuvent-ils – ou pouvons-nous – le démasquer ?

A la fin du dernier millénaire, en 1999, un journaliste américain (du « Weekly World News ») a publié un article sur un prétendu « Détecteur d'Antéchrist » (*Antichrist Detector*), inventé par un « professeur de métaphysique » de l'Illinois qui visiblement était capable de détecter « la bête » à 500 yards de distance. Compte tenu des

1. M. Smerlak, *Les trous noirs*, Paris, P.U.F., 2016, p. 15.

sérieuses catastrophes qui ont déjà accablé notre nouveau millénaire, je soupçonne que cette invention n'ait jamais atteint les rayons du supermarché [1]. En soi, et malgré leur côté farfelu, la revendication et l'intention de ce métaphysicien sont très instructives : la meilleure façon de contrer ou de répondre à une imposture est d'en créer une nouvelle. Cette stratégie semble bien confirmée à l'occasion de la propagation de la rumeur concernant le livre sulfureux « *De tribus impostoribus* » : comme je l'ai signalé au début de ce livre, cet ouvrage longtemps inexistant « décrivait » comment le monde aurait été dupé par les « trois imposteurs » Jésus-Christ, Moïse et Mahomet ; il s'agit d'un pamphlet dont la réputation infamante aura devancé son existence de 5 siècles. Car, on l'a vu, avant le XVIIIe siècle, de ce pamphlet n'avait jamais existé que le titre. Comme le remarque Georges Minois dans son ouvrage invoqué plus haut : « En fait, ces exemplaires des *Imposteurs* semblent bien être des impostures, et c'est ce qui fait l'intérêt de cette recherche : la manière dont on tente de ruiner ou de justifier l'imposture par l'imposture, la tromperie par la tromperie, dans un complexe jeu de dupes » [2]. En effet, la rumeur concernant l'existence de ce pamphlet avait entre autres pour but de discréditer l'empereur du saint Empire romain germanique, Frédéric II, « roi de pestilence » identifié à l'antéchrist et qui selon le pape Grégoire IX aurait traité les trois grands fondateurs des religions monothéistes d'imposteurs.

L'image de l'Antéchrist est probablement, au moins dans notre tradition chrétienne occidentale, le cas le plus paradigmatique du problème de *l'imposture* en tant que telle. En effet, l'Antéchrist est réputé nous tromper en étant une parodie parfaite et peut-être même en devenant une émulation du « Fils de Dieu », alors qu'il est le messager

1. Cité par B. McGinn, *Antichrist, Two Thousand Years of the Human Fascination with Evil*, New York, Columbia University Press, 2000, p. XI.

2. G. Minois, *Le traité des trois imposteurs. Histoire d'un livre blasphématoire qui n'existait pas*, *op cit.*, p. 23.

du diable, du néant, l'ennemi final, souvent symbolisé numériquement par le nombre 666[1].

Mais elle est aussi paradigmatique en un autre sens : elle fonctionne selon une forme de temporalité (eschatologie) qui tend à quelque chose d'aussi absolu que l'éternité, c'est-à-dire son contraire, l'autodestruction pure. L'Antéchrist est *une parodie de l'absolu* en tant que tel. Ces deux aspects (être une parodie et tendre à l'autodestruction) semblent être des propriétés essentielles de l'imposteur.

Dans l'histoire occidentale, nombreux sont les dirigeants politiques, tristement célèbres pour leurs mœurs tyranniques et destructrices qui se sont vus identifiés à l'Antéchrist. Par exemple, l'empereur romain Néron, souvent perçu comme le parangon même de la mégalomanie et du mal, était supposé revenir après sa mort pour détruire Rome. Cette idée a suscité la légende du *Nero revidivus*. Et comme aucune imposture ne reste isolée mais tend à se propager et à se répandre comme un système à part entière, la légende a donné lieu à de nouvelles impostures, par exemple celle des « seigneurs de guerre » prétendant être le Néron revenant et réapparaissant sporadiquement et dangereusement autour de Rome.

Au XIIIe siècle régnait une véritable « psychose de l'imposture politico-religieuse »[2]. En réponse à la venue de l'antéchrist fut prédit le retour du dernier empereur qui après avoir récupéré Jérusalem et avoir chassé l'antéchrist, inaugurerait une ère de prospérité. Nombreux sont ceux qui s'attribueront ce rôle. L'un d'eux est un « ermite » de la région

1. Cf. *Apocalypse* XIII, 18. En 1981, Mary Steward Relfe (une dénommée « midtributionaliste ») écrit un livre *When Your Money Fails*, où elle offre une interprétation très pécuniaire de la fin des temps. Dans son interprétation d'*Apocalypse* XIII, 16 – prétendant que l'Antéchrist laissera une marque sur le front de ses disciples – elle utilise les programmes informatiques très avancés, les cartes de crédit, ou les codes à barres électroniques qui apparaissent dans les magasins et au supermarché sur de nombreux produits : elle croit que l'Antéchrist aura un code à barres 666 imprimé sur le front de ses disciples et qu'il utilisera une carte de crédit universelle… C'est le « système 666 ». (Cité par B. McGinn, *Antichrist, op. cit.*, p. 261).

2. G. Minois, *Le traité des trois imposteurs, op. cit.*, p. 43. Pour l'exemple qui suit, *cf.* p. 42-43.

de Tournai qui vers 1224 prétendait être Baudouin IX. Cet empereur avait été mis sur le trône à Constantinople après la croisade de 1204, mais fut tué par les Bulgares quelque temps plus tard. Or, le faux ermite, en vérité Bertrand de Ray, serf bourguignon ayant participé à la quatrième croisade comme ménestrel d'un seigneur, avait profité de ses talents d'imitateur et de charlatan pour tenir le nord de la France, la noblesse de Flandre et de Hainaut en haleine, et sept mois durant, pour « semer le trouble dans les esprits ». A Valenciennes, il s'était fait couronner « empereur de Constantinople et de Thessalonique, comte de Flandre et de Hainaut » [1]. Une fois découvert, il sera pendu à Lille.

Il y a un aspect autodestructif inhérent aux actes et à l'être d'un imposteur : en effet, l'idée de se comporter comme une parodie contient en elle-même une tendance à la destruction ou à « l'annihilation ». C'est sans doute pour cette raison que certaines traditions identifiaient l'Antéchrist au diable ou à la « bête », étant de fait l'opposé du Bien et de la Vérité. Mais en vérité, l'Antéchrist n'est pas simplement le contraire du Christ, il en est la parodie, une fraude, une contrefaçon. Dans la période classique, l'antéchrist était souvent représenté comme un acteur : on le louait pour sa beauté (la légende de *Christus pulcher*) [2], pour sa grande érudition et son éloquence. Il était donc un expert en rhétorique. Toutes ses propriétés étaient énumérées en superlatifs. Juste pour en citer quelques-uns : on le disait « acutissimus, astutissimus, sagacissimus, ingeniosissimus, sapientissimus, intelligentissimus… » [3]. Agissant comme le Messie, il lui fallait même simuler des miracles et produire des prodiges, par exemple reproduire les signes que les Juifs attendaient comme annonçant la fin des temps. Mais sa thaumaturgie était elle-même « fausse » tant elle reposait sur des tours de magie et des astuces basées sur les apparences : l'une d'entre elles était la mise en scène de sa propre résurrection. Alors que jamais personne

1. G. Minois, *Le traité des trois imposteurs*, *op. cit.*, p. 42.

2. J.-R. Armogathe, *L'antéchrist à l'âge classique. Exégèse et politique*, Paris, Mille et une nuits, 2005, p. 233 *sq.*

3. Malvenda, cité par J.-R. Armogathe, « Figures de l'antéchrist à l'âge classique, dans J.-Ch. Darmon, *Figures de l'imposture*, *op. cit.*, p. 141.

n'avait pu témoigner du processus même de la résurrection du Christ, l'Antéchrist en revanche fera de ce processus-même un véritable tour de magie, un spectacle. Il fait semblant d'être mort et de revenir à la vie. Ce processus où un magicien disparaît pour réapparaître à un autre endroit est au cœur d'un grand nombre de performances magiques. Comme l'explique bien l'un des protagonistes du film de Christopher Nolan (*The Prestige*) : « Il ne suffit pas de faire disparaître quelque chose, il faut le faire réapparaître. C'est pourquoi chaque tour de magie a un troisième acte, la partie la plus dure, la partie que nous appelons «Le Prestige» » [1]. Bref, l'Antéchrist est un expert du « prestige ».

Bien entendu, à y regarder de près, l'Antéchrist ne cherche pas tout bonnement à épater et à tromper ses spectateurs. En leur donnant la fausse impression d'avoir survécu et d'être ressuscité d'entre les morts, il cherche à dégrader la véritable résurrection elle-même en pure ruse et magie. Son acte de bravoure transforme la réalité mystique de la résurrection en simple performance et capacité de tromper : la réalité mystique de l'événement est affectée par l'aspect fictionnel de son spectacle. Par une inversion de rapport, son acte n'apparaît pas simplement comme la reproduction magique d'un événement réel. C'est bien plutôt l'événement même de la résurrection qui apparaît désormais comme un tour de magie perpétré par un magicien encore plus habile et accompli. Ce champ d'inversion et de confusion forme précisément le domaine même de l'Antéchrist, et – on l'a vu – de tout imposteur en général : dans ce domaine, les questions concernant la différence entre l'original et sa falsification, entre le vrai et le faux, etc. perdent leur sens ou leur urgence ; face au spectacle, cette *différence* laisse in*différent*. En ce sens, ce qu'un imposteur recherche, c'est une manière d'occulter les distinctions fondamentales ainsi que leur pertinence ; il cherche à refouler leur réalité. Pour l'imposteur il ne suffit pas de « neutraliser » (Sartre) la réalité au profit de l'évocation d'un monde imaginaire. Il vise plus loin : il veut dissoudre en lui-même

1. « Making something disappear isn't enough ; you have to bring it back. That's why every magic trick has a third act, the hardest part, the part we call "The Prestige" » de C. Nolan, 2005.

et chez ses admirateurs la pertinence et le sens de cette distinction en tant que telle.

Cette stratégie me fait un peu penser – toute proportion gardée – à celle que Descartes adopta dans cette lettre déjà citée en première partie, à propos de l'hypothèse d'un enfant ayant grandi dans un endroit peuplé de machines au lieu d'hommes et d'animaux. Que penserait-il, lui qui n'a jamais dû douter de la valeur et du sens de ce qu'il voyait à longueur de journée, le jour où il tomberait nez à nez avec de vrais animaux ? Comme suggère Descartes, l'enfant ne verrait en eux que des artefacts plus perfectionnés. Ainsi donc on peut dire que sa « fiction » cause une certaine confusion, au sens où son contenu neutralise ce que nous avons toujours perçu comme étant une distinction réelle : celle entre la nature et l'artefact, entre l'organique et le mécanique... Une différence de nature (ou de genre) s'affaiblit en une différence de degré. Descartes n'était pas un imposteur, bien sûr (même si certains commentateurs l'en accusaient), mais comme je l'ai suggéré plus haut, sa pensée a adopté une stratégie qui pour un imposteur forme un but en soi. C'est-à-dire, créer de la confusion et *neutraliser toute référence à la réalité en tant que telle*. L'imposteur ne cherche pas à réprimer la réalité ou la conscience qu'on en a, il ne cherche pas tout bonnement à nous la dissimuler, mais il essaie de refouler toute distinction où dialectiquement est confirmé et affirmé ce dont un des termes se différencie. Il fait ainsi éclater la distinction si chère au menteur : celle entre dissimulation et simulation. Raison pour laquelle j'ai montré en avant-propos comment il est vain de chercher à réduire l'imposture au mensonge. L'enjeu n'est pas le même.

Or, du fait même de cette dissolution ou dissipation des distinctions, le processus qui en est responsable *tend vers l'absolu*. Non pas dans le sens où ce qu'il pose et produit prétend à la réalité en tant que telle – ou à une version nouvelle et améliorée de celle-ci – mais propose quelque chose en rapport à quoi la question même de la pertinence de cette notion de réel disparaît et perd son sens.

Face aux accomplissements de l'Antéchrist, le Christ lui-même apparaît comme un imposteur. Son propre avertissement que l'ennemi final viendra se présenter comme le vrai messie résonne comme la revendication d'un politicien corrompu qui avertit son électorat que certains dissidents viendront pour l'accuser de corruption. Et au sein de cette confusion qui est donc l'élément naturel de l'imposteur, et dans cette dissipation des points de repères permettant le discernement entre le vrai et le faux, trouver une méthode pour détecter l'imposteur se fait très pressant, et pas uniquement pour des professeurs de métaphysique. Parmi les conseils des Pères de l'Eglises désespérés, on peut trouver les indications les plus surprenantes : par exemple, l'Antéchrist est dit « péter » sans cesse et « évacuer ses matières fécales » à tout bout de champ. Par le biais d'une hagiographie inversée, – peut-être à cause d'une certaine régression au stade anal – ces pères décrivaient comment l'Antéchrist inverse toute forme de verticalité. Non plus de la terre au ciel, mais dans l'autre sens : ce qu'il produit souille l'atmosphère et le sol de la terre. Un auteur a même affirmé qu'un jour une église avait été détruite après que l'Antéchrist l'eut copieusement bombardée de ses excréments. Imposture et déchets…

l'adversaire

En 2000, l'écrivain Emmanuel Carrère a publié un ouvrage très remarqué consacré à l'un des cas les plus célèbres et tragiques d'impostures commises à la fin du siècle dernier en France. Le 9 janvier, Jean-Claude Romand tue sa femme et ses deux enfants, après avoir assassiné ses parents, et tente en vain de se suicider. Le livre s'appelle « l'adversaire », autre mot pour Antéchrist [1]. Pourquoi ? Parce qu'il n'est pas simplement l'incarnation psychopathologique du mal, mais il est un séducteur qui joue avec la distinction entre le bien et le mal, qui *en* joue, comme on peut dire jouer d'un instrument, ou comme au sujet de la musique, qu'il l'exécute, au double sens du mot.

D'une certaine façon, après avoir lu le livre puissant d'Emmanuel Carrère, on a fort l'impression que la vie entière de Jean-Claude

1. Concernant l'Antéchrist entant que « l'adversaire personnel du Christ », *cf.* J.-R. Armogathe, *L'antéchrist à l'âge classique. Exégèse et politique*, *op. cit.*, p. 35-36.

Romand n'a jamais été qu'un unique numéro de spectacle et de performance. Même son suicide raté était une grande mise en scène, trop minutieusement programmée pour aboutir réellement. Il attendit pour mettre le feu à sa maison jusqu'au moment où il savait que les éboueurs passeraient dans sa rue. Ainsi, ceux-ci pouvaient facilement appeler les pompiers qui l'ont sauvé des flammes.

Sa propre existence reposait sur une fraude : il prétendait être médecin, travailler pour l'éminente *Organisation Mondiale de la Santé* à Genève, alors qu'il n'avait aucun diplôme, certificat ou qualification. Mais comme pour l'imagination de Pascal qui est souvent, mais pas toujours, une faculté trompeuse, les mensonges de Jean-Claude Romand oblitéraient souvent, mais parfois aussi disaient la vérité. Le problème d'un imposteur ou même d'un menteur mythomane – c'est-à-dire quelqu'un qui croit en son mensonge[1] – *c'est qu'il a parfois raison.* Dans son livre sur le mensonge, Jankélévitch appelle cela « le Machiavélisme déroutant du mensonge » : « il nous fait parfois l'aumône de petites vérités contrôlables pour achever de brouiller les pistes et afin que nous ne sachions plus à quel saint nous vouer »[2].

L'entourage de J.-C. Romand lui faisait confiance et l'admirait non seulement pour son expertise médicale, mais aussi pour le fait qu'il ne voulait jamais l'étaler ou s'en vanter. Il a été loué pour sa modestie. Mais bien sûr, il n'était pas médecin du tout : au lieu d'aller à Genève dans son prétendu bureau, il partait en voiture pour les bois du Jura et y restait toute la journée. Ce mensonge a persisté plus de 15 ans.

En tant qu'acteur, il apprend, étudie et répète son rôle. A cet effet, il dévore des manuels de médecine et des articles très sophistiqués. Du fait, à cet égard il était devenu un véritable expert. Mais uniquement en tant qu'acteur qui, contrairement aux vrais artistes du théâtre, manque d'un scénario et d'une scène. Sans repères réels, il ne sait jamais jusqu'à quel point il peut pousser son « acte » et son jeu de représentation.

1. Ce que Romand n'est pas : là aussi, il faisait « comme si ». Comme le remarque Jean-Michel Rabaté à son sujet : « Il n'y avait pas de croyance possible parce que c'était vraiment trop « incroyable », *Tout dire ou ne rien dire. Logiques du mensonge*, Paris, Stock, 2005, p. 127.

2. W. Jankélévitch, *Du mensonge*, *op. cit.*, p. 234.

Il lit énormément et se farcit pas mal de littérature de médecine très spécialisée, mais ces lectures faisaient partie de son processus « d'identification » mensongère : en l'absence de « checkup » externe, ce processus pouvait se poursuivre à l'infini [1]. En tant qu'imposteur, son comportement débordait de loin la simple ambition d'imiter un vrai médecin. Il était un acteur piégé par sa propre fraude et il nous rappelle un peu ces comédies classiques où une première tromperie transforme quelqu'un en « médecin malgré lui » (Molière). Puisque ses connaissances et ses amis le croient, il ne peut plus les tromper en leur avouant n'est pas celui qu'ils s'imaginent qu'il est.

Pour Emmanuel Carrère J-C Romand se distingue d'un criminel « ordinaire », le décrivant comme « une personne poussée à bout par des forces qui le dépassent ». La dynamique de ces « forces terribles » est, je crois, ce que Carrère a tenté de saisir en écrivant son livre : ce ne sont pas des pulsions refoulées ou inconscientes du mal, mais simplement le pouvoir d'une imagination poussée à la limite où l'auto-affirmation devient autodestructrice.

Ce qui paraît clair dans son cas, c'est que son mensonge ne cherche nullement à cacher clandestinement une réalité, c'est-à-dire masquer ou dissimuler quelque chose (comme c'est en revanche le cas des agents secrets, des espions, des amants, etc.) : le problème est précisément que derrière le mensonge de notre imposteur, *il n'y a rien*. Un homme revenant du travail quitte une scène pour une autre : dans le décor de sa vie de famille, en tant que père de ses deux enfants, il se comportait comme quelqu'un qui, en dehors de la maison, devait exercer un métier avec de hautes responsabilités à l'échelle mondiale. Mais en réalité il quitta à chaque fois ce décor de la maison pour un néant. « Dehors, il se retrouvait nu. Il retournerait à l'absence, au vide, au blanc, qui n'étaient pas un accident de parcours mais l'unique expérience de sa vie » [2].

Derrière le faux docteur il n'y avait pas de vrai Jean-Claude Romand. Par conséquent, son mensonge gravitait autour *de rien* – et

1. L. Kessaci, « "Le Roman" de l'imposture », dans *Cliniques méditerranéennes* 1 (81), 2010, p. 33-46.

2. E. Carrère, *L'adversaire*, *op. cit.*, p. 100.

en tant qu'imposteur, il ne pouvait survivre qu'aussi longtemps qu'il pouvait naviguer autour de ce *rien* sans être emporté en lui ou sans être complètement absorbé par lui. Dans sa propre vie ordinaire, la différence entre illusion et réalité s'est dissoute : tout comportement orbitait dangereusement autour de ce néant. A tel niveau d'illusion et de semblant, de « make belief », la distinction entre le réel et le faux n'est plus vraiment de mise : l'important, voire le vital, devient la différence entre un bon et un mauvais *faux*, une tromperie réussie ou ratée, une duperie ou tricherie convaincante ou décevante, etc. N'importe quel geste peut le trahir et rompre l'artifice. En tant que faux médecin, il est probablement devenu très habile, un peu comme un faussaire qui devient un véritable expert du travail qu'il doit contrefaire ou reproduire. Il devait continuellement persuader son entourage, mais sans être en mesure de se confier sur quelque chose de réel en dehors de son propre comportement ou d'y renvoyer. Pas de référence au réel (n'ayant aucune attestation) : son rôle était précisément de faire semblant, de prétendre d'être réel et d'en acquérir toutes les apparences. En ce sens, encore une fois, en tant que vrai faussaire, sa tâche ne se limitait pas à imiter un original, mais à l'émuler, à le rendre *plus réel* qu'il ne l'était afin de combler les attentes des autres et d'induire en erreur, voire de piéger la vigilance d'autrui.

A l'origine, le jour même où Jean-Claude Romand a raconté le tout premier mensonge – le moment où il a dit à ses amis qu'il venait de réussir le premier examen de médecine, alors qu'il n'avait jamais quitté sa chambre – il a probablement ressenti comme un immense soulagement. En partie du fait de s'être délivré du stress des examens, mais surtout à cause de la puissance infinie de la liberté que son mensonge lui a soudainement révélée. D'un coup, tout devenait possible. Peut-être a-t-il même éprouvé une forme d'euphorie en voyant à quel point il arrivait à séduire, convaincre et abuser son entourage.

C'est précisément cette expérience de liberté que décrit aussi Patricia Highsmith dans l'un de ses célèbres romans, *The Talented Mr Ripley*. Le jeu d'acteur donne un étrange sentiment de puissance et de liberté absolue, il est comme une ivresse. Dans ce roman, Tom

Ripley adopte, ou plutôt subtilise, le personnage ou la personne du soi-disant ami qu'il vient de tuer. A partir de cet instant, il doit *jouer* à être quelqu'un, et dans cette pratique toute erreur peut être fatale. Ce jeu se réduit sans interruption à un acte hautement *performatif.* Mais cette « performance » a aussi imposé à son existence « une atmosphère de pureté particulière et délicieuse, comme celle-là… qu'un bon acteur ressent probablement lorsqu'il joue un rôle important sur scène avec la conviction que le rôle qu'il joue ne pourrait être mieux joué par personne d'autre. Il était lui-même – et toutefois pas lui-même » [1]. D'une certaine façon, il vit dans un monde où toute déviation et distraction de celui qu'il prétend être peut avoir des conséquences catastrophiques. Du moins pour lui. Sa duperie consiste à faire coïncider *être et paraître* : aucune réalité ne se soustrait ou ne se manifeste derrière le masque que l'imposteur se condamne à porter. Tout le réel est épuisé, résorbé dans le processus infini de *s'imposer* comme acteur, de faire croire et d'évoquer une fausse identité.

Mais ce vertige de la liberté a un arrière-goût : sur le plan social, par exemple, il conduit l'imposteur vers une position de pur néant. Il doit vivre sous la tension d'une lucidité et d'une vigilance permanentes, il ne peut s'offrir le luxe de faire confiance à quelqu'un et doit dès lors se méfier de tout ce que les gens autour de lui font et disent : peut-être le soupçonnent-ils ou ont-ils quelque appréhension à propos de lui. En ce sens, il commence lui-même à suspecter les autres de dissimuler certaines informations, peut-être de mentir ou de jouer un rôle : il se sent traqué par eux comme si c'étaient eux, les imposteurs. C'est pourquoi il doit aussi éviter à tout prix d'être pris trop au sérieux. Éviter les gens qui lui font trop confiance. Il – le faux médecin – pourrait avoir des ennuis, comme Sganarelle ayant à venir en aide en cas d'urgence. En un mot, l'imposteur s'isole et s'enferme dans un rôle suspendu au-dessus du néant, le vide devenant progressivement l'élément réel et l'expérience

1. « … a peculiar, delicious atmosphere of purity, like that … which a fine actor probably feels when he plays an important role on a stage with the conviction that the role he is playing could not be played better by anyone else. He was himself – and yet not himself », P. Highsmith, *The Talented Mr Ripley*, London, Vintage Books, 1993, p. 120.

de sa propre existence[1]. Tout devient vide ou faux, pure vanité. Sa créativité entière s'épuise dans des actions et des comportements qui cherchent à faire croire aux autres qu'il est *quelqu'un*.

Pourquoi Carrère a-t-il comparé cet imposteur qu'est Jean-Claude Romand à *l'Antéchrist?* Je pense que c'est à cause du pouvoir de néant et d'annihilation que celui-ci dégage et incarne. Quelqu'un a en effet comparé J-C Romand à un trou noir[2] : ce trou a un immense pouvoir gravitationnel, et si vous faites partie des malchanceux qui un jour, par mégarde ou ignorance, s'approchent trop de lui, il vous absorbe et vous anéanti sans plus. Dans la figure de Jean-Claude Romand, ce pouvoir destructeur fait lui-même partie intégrante du processus par lequel son rôle d'imposteur le pousse à sauvegarder sa fausse identité. Dès lors, ses crimes font partie de la dynamique cherchant à annihiler toute réalité capable de le dénoncer. On ne devient pas nécessairement un imposteur après avoir commis un crime. Souvent, c'est l'inverse : une fois possédé par ses mensonges, le crime devient quelque chose à quoi l'imposteur ne peut plus échapper, à moins que quelqu'un l'arrête et ne le découvre juste à temps. « Comment se serait-il douté, dit Carrère, qu'il y avait pire que d'être rapidement démasqué, c'était de ne pas l'être, et que ce mensonge puéril (le premier mensonge aux examens) lui ferait dix-huit ans plus tard massacrer ses parents, Florence et les enfants qu'il n'avait pas encore ? »[3].

A la fin de son récit captivant, Emmanuel Carrère raconte les derniers jours du procès de Jean-Claude Romand : ses derniers mots et les lettres qu'il avait écrites à la famille de sa femme. Ce que l'imposteur dit est

1. Voir l'analyse qu'offre Etienne Rabaté de *L'adversaire*, parlant de Romand comme de « ce grand vide blanc qui est l'ultime vérité du personnage », E. Rabaté, « Lecture de *L'Adversaire* d'Emmanuel Carrère : le réel en mal de fiction », dans *Emmanuel Carrère, faire effraction dans le réel*, L. Demanze, D. Rabaté (dir.), Paris, P.O.L., 2018, p. 293.

2. « On croit que c'est un homme qu'on a devant nous, mais en fait ça n'est plus un homme, ça fait longtemps que ça n'est plus un homme. C'est comme un trou noir », dans A. Bauduin, *Psychanalyse de l'imposture*, *op. cit.*, p. 82.

3. E. Carrère, *L'adversaire*, *op. cit.*, p. 77.

plutôt embarrassant. Il avait déjà perdu tout crédit, mais maintenant il semble même vouloir séduire et tromper son public une dernière fois. Dans des termes qui – à la lumière de son crime – semblent peu véridiques, il demande pardon, dit avec les larmes aux yeux combien il aime ses deux enfants et Florence, sa femme. Il demande pardon à ses parents et, comme dans une prière, il supplie Dieu qu'ils puissent l'entendre du haut du ciel. Soudainement, se comportant comme un croyant chrétien repentant, un « Diabolus simius Dei » [1], son discours sonne faux, sentimental, et inapproprié.

imposture et esprit de sérieux

Evidemment, toute imposture n'aboutit pas nécessairement à une telle issue tragique. Comme on a pu s'en apercevoir déjà, il existe un nombre d'imposteurs de types très variés. Dans le cas que l'on vient de décrire, la fausseté concerne la personne en tant que telle. Elle vit avec une fausse identité, ce que Winnicott appela donc un « faux self » [2], et derrière ce masque, il ne reste plus rien. Toutefois, bon nombre d'imposteurs peuvent maintenir leur identité à distance de la fausse réalité qu'ils produisent. Un faussaire d'art comme Elmyr de Hory a vécu une vie des plus flamboyantes sur une île d'Ibiza, en vendant des faux Picasso ou Modigliani [3]. Mais même dans ces cas, l'imposture implique tout un *processus d'anéantissement* : c'est-à-dire un processus par lequel quelque chose de faux ou de contrefait est présenté de sorte à brouiller ou à neutraliser en même temps notre vigilance et notre appréhension de la réalité, ou du moins les exigences propres à ce qui est conçu comme étant réel. En d'autres termes, ce

1. « L'Antéchrist ne va pas non plus se présenter comme le « contraire du Christ », mais il va au contraire « jouer au Messie » dans le role du singe de Dieu, J.-R. Armogathe, *L'antéchrist à l'âge classique*, *op. cit.*, p. 37.

2. Donald W. Winnicott, *Processus de maturation chez l'enfant. Développement affectif et environnement*, *op. cit.*, chap. IX, p. 115 *sq*.

3. *Cf.* C. Irving, *FAKE! Adventures of the Greatest Art Forger of Our Time*, New York, Mcgraw-Hill, 1969.

processus suspend l'urgence de toute distinction entre ce qui est réel et faux, entre l'original et le falsifié, et l'imposteur profite et « vit » de cette suspension. Et il est sûr que cette suspension peut s'instaurer de différentes façons. Pour que quelque chose ou quelqu'un s'affirme comme faux, il peut – ou parfois il doit – détruire l'original. Vous tuez le modèle que vous voulez imiter (Tom Ripley), ou vous détruisez le Picasso original que vous avez contrefait [1]. Ou alors comme je l'ai décrit plus haut, on peut tenter de neutraliser la différence en la déplaçant : par exemple, vous produisez un faux qui semble plus réel que l'original. Dans ce cas, vous dégradez une différence de nature (original – faux) en une différence de degré. « Ce vrai Picasso nous convainc moins de son unicité et de son originalité que celui peint par Elmyr de Hory. Probablement, Maître Pablo était de mauvaise humeur ce jour-là. » En outre, comme le disait Elmyr : accrochez un faux dans un musée pendant 20 ans, et il devient vrai.... Entretemps, lui, expert de la ruse et de la tromperie, est accusé d'avoir « violé » le monde de l'art : des experts voyaient en lui un véritable « embarras pour le monde de la vérité et de l'art ». Il avait réussi à neutraliser et à ridiculiser le monde dans lequel les distinctions établies entre ce qui est réel et ce qui est faux comptent comme des principes absolus et sont considérées aussi inébranlables qu'une loi divine.

Peut-être cela explique-t-il pourquoi tant de gens admirent ou se sentent fascinés par les imposteurs. Comme on l'a déjà noté, les faussaires ont quelque chose de picaresque, taquinant et désarmant ceux qui, armés de leur expertise et de leurs titres académiques honorifiques, affirment représenter la vérité, la science et l'autorité. Le moins que l'on puisse dire, c'est qu'il est fascinant de voir comment la vente de faux Rothko et de Motherwell, peints par Pei-Shen Qian, a causé la ruine d'une institution aussi renommée que la galerie prestigieuse et vénérable *Knoedler* de New York, fondée en 1848 et qui en 2011 a été forcée de fermer les portes à la suite d'une action en justice [2].

1. G. Polet, *Excusez les fautes du copiste*, *op. cit.*

2. *Cf.* Anthony M. Amore, *The Art of the Con : The Most Notorious Fakes, Frauds, and Forgeries in the Art World*, *op. cit.*, p. 37-61.

De plus, les représentants des temples de « l'establishment » artistique, ou de toute autre institution censée représenter la vérité et l'authenticité, s'identifiant sans reste avec la position prestigieuse qu'ils occupent, souffrent souvent de ce que Sartre appelait « l'esprit de sérieux ». Il ne s'agit pas ici d'une détermination psychologique : ce terme renvoie plutôt à la façon dont certains individus vivent leur rapport à la réalité, rapport qui ne se laisse pas réduire à ce domaine d'ordre purement mental que sont les émotions ou les sentiments. Dans *l'esprit de sérieux*, une personne réprime ou refuse de rendre compte du caractère contingent de ce qu'elle représente ou elle refuse d'accepter combien relative et vulnérable est la valeur des choses auxquelles elle s'adonne. En ce sens, un esprit de sérieux pourrait très bien être une forme d'imposteur : la pire de tous, celle qui refoule la *vanitas* de toute existence. Indiscutablement, tel esprit ne souffre pas de ce que la psychologue Pauline Rose Clance avait baptisé dans les années 70 du siècle passé le syndrome d'imposteur : the « imposter syndrome ».

une parodie de l'imposture

En vérité, ce terme prête à confusion. L'objet des approches cliniques traitant ce « syndrome » semble être tout sauf des cas réels d'imposture. Dans leurs recherches et leurs diagnostics, les chercheurs ne poursuivent pas des imposteurs, mais des personnes *qui s'imaginent et croient en être.* D'une certaine façon, ces personnes sont comme de *faux imposteurs*…

Le « syndrome de l'imposteur » (*imposter syndrome*) est défini comme suit : « l'expérience psychologique de croire que l'un ou l'autre accomplissement n'est pas le fruit d'une capacité réelle, mais n'est que le résultat d'avoir eu de la chance, ou d'avoir travaillé plus fort que les autres, ou d'avoir manipulé les impressions d'autrui »[1], ou plus

1. Pauline R. Clance, J. Langford, « The Imposter Phenomenon, Recent Research Findings Regarding Dynamics, Personality and Family Patterns and their Implications for Treatment », *Psychotherapy* 30 (3), 1993, p. 495 : « The psychological experience of believing that one's accomplishment came about not through genuine ability, but as a result of having been lucky, having worked harder than others, or having manipulated other people's impressions. »

brièvement : « l'expérience intérieure d'une supercherie intellectuelle »[1]. Cette tendance commune, ainsi que l'affirment les experts, « a d'abord été observée auprès des *étudiantes* et des professionnelles universitaires abouties qui, malgré leur accomplissement n'ont pas été en mesure d'intérioriser un sentiment de soi comme être compétentes et talentueuses »[2]. Entretemps, des recherches ont montré que le nombre de victimes souffrant de ce syndrome est beaucoup plus élevé que prévu. Cependant, l'objectif principal reste le même : celles qui souffrent d'un « sentiment d'imposture » sont généralement des professionnelles hautement qualifiées et qui ont « réussi » dans la vie, mais qui demeurent incapables « d'intérioriser leur succès »[3]. Un site internet néerlandais entièrement consacré à ce problème – et exclusivement réservé aux femmes – offre une citation de l'ex-directrice du FMI, Christine Lagarde, – qui est du coup présentée comme le cas paradigmatique d'une « highly successful female professional » affirmant que « nous nous préparons trop. Nous partons du principe que nous n'avons pas l'expertise nécessaire pour tout maîtriser (*that we don't have the expertise to be able to grasp the whole thing*) »[4]. Bien entendu, quelqu'un comme Varoufakis trouverait pas mal de raisons objectives pour nous convaincre comment en effet l'ex-directrice du *Fonds Monétaire International* ne semblait pas être en mesure de « tout maîtriser ». Mais cela n'est pas en jeu ici : c'est tout le contraire. Ce dont la victime du syndrome d'imposteur prétend souffrir est *un sentiment de doute*. Ce sentiment est dit être « très réel » (d'ailleurs, que pourrait bien être un faux sentiment de doute ?) et il s'illustre par le sentiment qu'on a de (se) duper, attribuant tout accomplissement personnel à la

1. J. Sakulku, J. Alexander, « The Impostor Phenomenon », http://bsris.swu.ac.th/journal/i6/6-6_Jaruwan_73-92.pdf, 2011, p. 74 : « an internal experience of intellectual phoniness ».

2. Pauline R. Clance, J. Langford, « The Imposter Phenomenon, Recent Research Findings Regarding Dynamics ... », art. cit., p. 495 : « was first observed in highly successful female college students and professionals who, despite their accomplishment, were unable to internalize a sense of themselves as competent and talented. »

3. J. Sakulku, J. Alexander, « The Impostor Phenomenon », art. cit., p. 74-75.

4. *Cf.* http://fuckdieonzekerheid.nl/

chance, au hasard ou à la coïncidence, et non à ses propres mérites et talents. En un mot : la victime du syndrome d'imposteur attribue la nature de ses problèmes non pas à la valeur éventuellement contingente des choses accomplies et effectivement acquises, mais au domaine très subjectif des sentiments et de l'ordre mental. Il est cependant clair que certaines professions ont plus de difficultés que d'autres à croire en la valeur et au sens de ce qu'elles font : qui, aujourd'hui, sur la scène politique, économique ou culturelle ne se voit pas continuellement contrait d'admettre avoir du mal à « tout maîtriser » ? Mais il est intéressant de remarquer que, dans les approches cliniques spécialisées dans ce *syndrome de l'imposteur*, toute référence au contenu, au monde, à la réalité… semble éclipsée. La description du syndrome d'imposteur (également appelé « *impostorism* ») comme « phénomène » ne diffère pas des approches psycho-cliniques classiques et contemporaines où l'individu est d'abord et avant tout expliqué comme être purement mental. Et en ce sens, on a aussi un peu du mal à se défaire de l'impression que tout ce discours sur ce « syndrome » est lui-même très symptomatique de l'approche qui tente de le saisir. Celle-ci tend à isoler toute une catégorie de comportements et d'expériences de ce que dans une certaine tradition phénoménologique on appelait, naïvement peut-être, « l'intentionnalité », afin d'objectiver les expériences (réduites aux sentiments) et de les qualifier de syndrome.

D'où de nombreuses études à la recherche de « corrélations » entre ce syndrome et d'autres phénomènes, à l'image de recherches tentant d'établir des corrélations entre l'émergence d'un certain virus et des changements climatiques, des intoxications alimentaires, etc. Par exemple, le « Myers-Briggs Type-Indicator » a mesuré une « corrélation positive » entre le phénomène de l'imposteur et l'introversion, Bussotti a étudié la corrélation avec « l'échelle de l'environnement familial » (*Family Environment Scale*), d'autres recherches ont utilisé le « Personality Research Form » pour explorer le rapport entre les « tendances propres aux imposteurs (*imposter tendencies*) et un large éventail de traits de caractère », etc. On ne peut que se demander comment, compte tenu de toutes ces recherches cliniques et scientifiques, un syndrome scientifiquement si bien étayé n'a pas encore trouvé son entrée dans un DSM jusqu'à présent.

Puisque le concept d'« *impostorism* » a été amputé de tout contenu intentionnel (réalité objective), son utilisation devient si étendue et vague qu'il attire de nombreux acolytes (manque d'estime de soi, modestie, timidité, vulnérabilité, sentiments de honte, complexes d'infériorité...). Par rapport à la complexité des situations réelles dans lesquelles ce « sentiment » peut être ressenti, le concept même de ce syndrome est si élémentaire et sous-déterminé qu'il peut en fin de compte fonctionner comme une forme de réalité à part entière. Il suffit de conférer au terme « syndrome » et à ce qu'il est supposé représenter une sorte d'objectivité digne d'une chose réelle.

Le *syndrome d'imposteur* prétend être une entité objective – quoique mentale – à part entière, mais à l'instar d'un imposteur, ce concept fonctionne comme un trou noir : il absorbe tout ce qui se rapproche de lui et dissout les distinctions importantes. En conséquence, il peut se connecter ou s'insérer dans un grand nombre d'autres « systèmes », d'ordre individuel ou social. Il est frappant de voir, par exemple, comment le syndrome a été adopté dans le contexte de la politique de l'égalité et de la mise en œuvre de la « gender mainstreaming » [1].

Sur le site internet néerlandais de Vreneli Stadelmaier, le syndrome y est présenté comme une nouvelle barrière interne expliquant pourquoi au niveau professionnel beaucoup de femmes cadres n'ont que très peu d'ambitions en matière de carrière [2] : cette barrière interne renforcerait les effets de la barrière externe, le fameux *plafond de verre* (*glass ceiling*) empêchant les minorités et les femmes d'accéder aux échelons supérieurs de l'échelle des entreprises, quels que

1. C'est-à-dire : « la (ré)organisation, l'amélioration, l'évolution et l'évaluation des processus de prise de décision, aux fins d'incorporer la perspective de l'égalité entre les femmes et les hommes dans tous les domaines et à tous les niveaux, par les acteurs généralement impliqués dans la mise en place des politiques » (http ://igvm-iefh.belgium.be/fr/activites/gender_mainstreaming).

2. http://fuckdieonzekerheid.nl/

soient leurs qualifications ou leurs accomplissements. Cette barrière interne freinerait l'ascension des femmes et renforcerait les inégalités professionnelles. Certains auteurs affirment même que, le syndrome d'imposteur pouvant affecter des personnes indépendamment de leur sexe, il risque d'être un réel obstacle à la pleine exploitation du capital humain au sein d'une nation : sur le plan social ou individuel… Peut-être cela explique-t-il pourquoi une entreprise comme Volkswagen – réputée pour sa « transparence médiatique » et sa probité technologique – investit pas mal d'argent dans la recherche de ce qu'on appelle là-bas le « Hochstapler-Syndrom ». J'ose croire qu'au profit de ce « capital humain », les nombreux « coachs », « consultants en affaires » et « thérapistes »[1] ne voient aucun obstacle – interne ni externe – au développement de leur propre capital financier.

Bien que baptisé en 1970, il semble que ce terme ait fini par trouver la filière (voire le filon) afin de se développer et de s'étendre sur plusieurs niveaux de la société (entreprises privées, institutions publiques, partis politiques, etc.) Récemment, quelqu'un a annoncé qu'« on estime que 70 % des gens connaîtront au moins un épisode de ce syndrome d'imposteur dans leur vie »[2], sur le même ton qu'on peut être averti de souffrir de la variole une fois dans sa vie. Souffrir du syndrome d'imposteur n'est pas sans péril. Il se présente comme une véritable maladie, une sorte de virus mental. On nous dit que « des symptômes sub-cliniques résultant de la peur d'imposteur (*imposter-fear*) peuvent, s'ils se prolongent, nous mener à des niveaux cliniques de dépression et d'anxiété ». Ainsi, le soi-disant phénomène est devenu une fois de plus si large et vague qu'un autre chercheur (Manfred F.R. Kets de Vries)[3]

1. Dans le sens que lui donne F. Furedy, *Therapy Culture : Cultivating Vulnerability in an Uncertain Age*, London, Routledge, 2003.

2. J. Gravois, « You're not fooling anyone », cité par J. Sakulku, J. Alexander, « The Impostor Phenomenon », art. cit., p. 78.

3. Qui dans un article récent nous avertit des « dangers of feeling like a fake ». En effet, ce syndrome risque non seulement de ruiner une carrière, mais qui sait, toute une compagnie (*Cf.* Manfred F.R. Kets de Vries, « The Dangers of Feeling Like a Fake », *Harvard Business Review* 83 (9), 2005, p. 108-116. https://www.researchgate.net/publication/7592973).

a proposé d'introduire *une nouvelle distinction* : il distingue entre l'imposteur au sens large – « reconnu comme un aspect normal du comportement social » – et les « imposteurs névrotiques » (Neurotic Imposters)[1].

Une fois catapulté à pareil niveau clinique, l'urgence de la cure s'impose. En général, les chercheurs proposent deux options : ou bien renforcer le *vrai moi intérieur* du patient (c'est-à-dire ? Celui qui souffre d'un « *réel sentiment* » de fraude ?) ou bien réduire son état de dépendance vis-à-vis des autres. Comme condition pour la première solution, – c'est-à-dire « l'incorporation du moi intérieur » – Rogers prescrit « une acceptation chaleureuse de tous les aspects de la personne, une compréhension empathique du monde intérieur de la personne, et chez le thérapeute une attitude d'authenticité et d'honnêteté émotionnelle »[2]. Quant à la seconde – notre indépendance vis-à-vis des autres – (hormis envers le thérapeute) – les stratégies peuvent varier. L'une d'elles est assez éloquente : sur le site hautement scientifique de *YouTube*, vous pouvez admirer une petite présentation du syndrome produite par la dénommée « école de la vie » (*The school of life*). En soi, ce « court-métrage » (j'oserais presque dire, au sens comique du terme) contient tous les clichés prétendant décrire ce cliché qu'est finalement le « syndrome d'imposteur ». Cela facilite les choses. En outre le film ne dépasse pas les cinq minutes… Mais il y a un passage assez frappant et « bouleversant » … Voici la leçon que nous offre *The school of life* : Afin de vaincre le *faux* sentiment qu'on a d'être un imposteur, du fait qu'on tend à dégrader ses propres réalisations à la lumière d'une image idéalisée des personnes qui en revanche réussissent très bien leur vie, *il suffit de modifier l'idée qu'on a de soi*. Suivez le conseil du philosophe Montaigne qui aurait dit un jour (je cite la version prosaïque de *l'école*) :

1. *Cf.* aussi J. Sakulku, J. Alexander, « The Impostor Phenomenon », art. cit., p. 79.

2. « a warm acceptance of all aspects of the person, an empathic understanding of the person's internal world, and an attitude in the therapist of genuineness and emotional honesty », C. Rogers, « On becoming a Person, A therapist's view on psychotherapy », texte datant de 1961, mais cité comme référence par Pauline R. Clance, J. Langford, « The Imposter Phenomenon, Recent Research Findings Regarding Dynamics … », art. cit., p. 499.

« Les rois et les dames sont comme nous, parce qu'ils chient et pètent comme nous »[1].

Étant donné que ce phénomène naturel a été jadis adopté comme moyen pour détecter le véritable imposteur, c'est-à-dire *l'Antéchrist*, le conseil donné par les enseignants du « School of life » implique indirectement – et je présume, involontairement – qu'afin de se protéger contre le sentiment d'être un faux « imposteur », il suffit de s'imaginer que tous ces « highly successful individuals » en sont des vrais.

Qui sait, on finit même par penser que le « sentiment » d'être un imposteur aide à réprimer la conscience d'en être un vrai. Mon incertitude mentale devient comme une « forteresse intérieure » qui m'aide à refouler l'idée de la contingence et la vulnérabilité des valeurs et du sens des choses auxquelles je m'attache. La conscience de cette fragilité est neutralisée et transformée en une *fausse réalité*, une ombre, le soi-disant monde intérieur des sentiments et des convictions.

le grain du néant

Quelqu'un m'a raconté à quel point il se souvient encore du jour où il a découvert que son enfant mentait pour la toute première fois. Lui, mais aussi bien l'enfant, étaient profondément déconcertés, confus et perplexes. Alors que l'enfant s'est mis à pleurer, lui a quitté sa chambre avec le sentiment triste que désormais quelque chose s'était brisé et avait irréversiblement disparu : *l'innocence*. Tous deux avaient fait l'expérience de ce que Jankélévitch avait appelé : « la gravité du premier mensonge chez un enfant »[2]. Ce mensonge a instauré entre le père et son enfant une distance infinie : celle d'une conscience, capable de former des pensées intimes et de penser secrètement. Mais aussi pour l'enfant, je présume, ce premier mensonge se révèle comme une perte : un mensonge n'est pas une erreur, signe d'ignorance. Il manifeste

1. « kings and ladies are as we, because just as we do, they shit and fart » : il est à préciser que la version originale inclut les philosophes et dit : « Et les Roys et les philosophes fientent, et les dames aussi ».

2. J. Jankelevitch, *Du mensonge*, *op. cit.*, p. 217.

soudainement l'existence de quelque chose comme une *volonté*, sinon une intention de tromper ou du moins de dissimuler la vérité. Toutefois, cette possibilité vient de nulle part, elle surgit « en un éclair qui signifie notre virginité perdue »[1]. Ce mensonge s'enfonce dans la vie mentale comme un « instant » : non prémédité, vu qu'il rend possible l'idée même de préméditation et d'intention[2]. Mais aussi irrévocable : ce qui tout à coup *s'impose*, c'est la conscience d'une subdivision à l'infini de distinctions irrépressibles, entre moi et autrui, moi et moi-même (mon soi-disant « vrai moi »...), mon intention (ou volonté) et mon action, entre ce que je suppose être bon et ce qui est mauvais, entre vérité et fausseté, etc. Ce simple mensonge dégage chez l'enfant jusque-là « innocent » toute une ressource infinie de possibilités, ou mieux encore, l'infinité de la distinction en tant que telle entre le *réel* et le *possible*. Je suppose que c'est exactement ce que signifie devenir un « Pour-soi » au sens de Sartre et ressentir « le vertige de la liberté ». Mais être confronté à l'effervescence de sa propre vie mentale, c'est aussi expérimenter en permanence le fait que par rapport à ce qui est réel « je ne maîtrise pas tout ». Non pas parce que je changerais continuellement d'avis, mais plutôt parce *que mon esprit me force à changer*.

Cependant, un mensonge surgissant du néant n'est pas encore une imposture : j'ai essayé de suggérer comment un imposteur se fait piéger par le mensonge et tente de résister au risque d'être à tout moment absorbé par ce néant. Comment ? En exacerbant et en intensifiant le mensonge à tel niveau qu'il affaiblit ou réprime la conscience qu'il a de ce qui est réel ou faux, et dès lors en créant la confusion. Ainsi l'imposteur cherche à dissoudre en lui-même toutes les distinctions générées par ce tout premier mensonge, ce grain de néant ; par exemple en résistant à l'impact de la distinction entre le réel et le possible, en résistant à la distraction continue qui le fait dévier de la vérité et du bien. Peut-être cette résistance est-elle perçue comme l'origine d'une sorte de genèse d'une forme d'inconscient. L'imposteur veut vaincre ce

1. J. Jankelevitch, *Du mensonge*, *op. cit.*, p. 217.

2. J.-M. Rabaté, « Le mensonge désigne le lieu de notre intériorité, la constitue, tisse nos secrets les plus intimes... », *Tout dire ou ne rien dire*, *op. cit.*, p. 35.

néant ou cet *Antéchrist* qui gâte la virginité de son innocence. Et bien sûr, devenir un imposteur aussi radical que Jean-Claude Romand n'est qu'un moyen d'y parvenir[1]. Les individus « moins sophistiqués » se contenteront de l'esprit de sérieux : éviter toute forme d'ambiguïté et d'équivoque, alors que l'imposteur gonfle précisément cette ambiguïté jusqu'à un point de non-retour.

Dans un dernier ouvrage, *Le royaume*, Emmanuel Carrère revient sur le cas de Jean-Claude Romand et sur sa conversion à la foi et à son mode de vie chrétien… Il écrit : « Il a une peur horrible, constante, pas de nous mentir à nous, je pense que ce n'est plus son problème, mais de se mentir à lui-même. D'être cette fois encore le jouet de ce qui ment au fond de lui, qui a toujours menti, que j'appelle l'Adversaire et qui maintenant prend le visage du Christ »[2]. La conversion comme protection contre le néant de *l'Antéchrist* qui le poussait vers l'abîme dans lequel il avait sombré, dans l'espoir que cette nouvelle « vérité » ne perdra rien de son pouvoir de le convaincre (raison pour laquelle, peut-être, il passe sa vie en prison à prier toute la journée sans interruption) et d'étouffer ce qui l'éloigne du bien. Je peux m'imaginer comment cette « incertitude » intérieure se dégrade en véritable cauchemar. Le cauchemar qui en tant qu'antidote a recourt à l'image du Christ comme *anti-antéchrist*. Je pense qu'une telle personne souffre de ce que je qualifierais de « *antichrist-syndrome* ». C'est le cauchemar de quelqu'un qui une fois de plus craint d'être arraché à ce qu'il croyait être et d'en être détourné, ou que du moins il espérait vraiment être à un moment donné…[3]

1. Comme dirait fort justement Maxime Décout, commentant le cas du faussaire Gaspard Winckler dans le roman de Perec : « En guise d'antidote à l'impression d'être une coquille vide, un être à la dérive. Que de démesure dans cette imposture qui répond à l'imposture ! », M. Décout, *Pouvoirs de l'imposture, op. cit.*, p. 31.

2. E. Carrère, *Le royaume*, Paris, Folio-Gallimard, 2016, p. 418.

3. Dans son livre, E. Carrère parle de manière très émouvante du moment où Paul commence à redouter l'idée que lui-même – le singe du christ – ne serait peut-être qu'un imposteur, voire l'antéchrist. Raison pour laquelle il prévient les Galates en leur disant : « Même si un ange venu du ciel venait vous dire autre chose que ce que je vous ai dit, il ne faudrait pas le croire. Même si, moi, je venais vous dire autre chose que ce que je vous ai dit, il ne faudrait pas me croire. Il faudrait maudire l'ange, il faudrait me maudire. », E. Carrère, *Le royaume*, *op. cit.*, p. 238.

Cela me fait penser à un ami qui me somma explicitement de le prévenir le jour où il me donnerait l'impression de changer en un sens capable de menacer notre amitié. Depuis lors, il a en effet beaucoup changé et mes avertissements ne l'affecteraient plus du tout. Même le fait qu'il ait changé le laisse totalement indifférent.

chapitre 5
l'homme cartésien rêve-t-il de moutons électriques ?
à propos de Philip K. Dick, le faux imposteur

Un simulacre, dans la langue du réseau, désigne un geste accompli par les adultes parlants, à l'image des gestes des enfants autistes, pour rien : [] En tant que repère supplémentaire, un simulacre vise à déclencher un agir, une initiative[1].

introduction : *le malin rêveur*

Imaginez-vous à la terrasse d'un café, profitant des derniers rayons de soleil avant l'hiver et lisant paisiblement le journal venant d'un pays où les hivers sont doux et tempérés. Brusquement, votre sereine quiétude est rudement interrompue par une personne passant près de vous et exigeant égoïstement votre attention en vous demandant : « Comment allez-vous ? » Et, avec une partie de votre esprit enlisée dans le journal, et l'autre partie ne saisissant pas exactement le vrai sens de cette question, vous répondez : « il est une heure et demie ». Or, à ce

1. S. Alvarez de Toledo, *Glossaire des Cartes et lignes d'Erre, Traces du réseau de Fernand Deligny (1969-1979)*, Paris, L'Arachnéen, 2013, p. 1.

moment précis la personne sent comment votre propre regard tombe sur son poignet : elle porte une montre indiquant l'heure exacte. C'est une situation embarrassante pour vous, puisque vous êtes entretemps conscient du caractère impropre de votre réponse. Votre interlocutrice doit se dire que vous êtes sans doute un peu idiot ou bien du cas classique du « professeur distrait » (ce qui revient au même). Mais la situation pour elle est peut-être encore plus incommodante : elle s'imagine que vous avez réellement cru qu'elle vous demandait l'heure tout en portant une montre. Et bien entendu, il lui est difficile de s'expliquer et de revenir sur sa question, en essayant de vous faire comprendre que probablement vous faites erreur (vous « le professeur ») et que vous avez mal compris sa question, étant donné la banalité même de ce qu'elle a initialement demandé. Elle vous quitte donc, encore plus embrouillée que vous, vivant désormais avec une image assez gênante de ce que vous devez sans doute penser d'elle et de ses intentions masquées.

En soi, cette situation est encore très innocente et aisément rectifiable lors d'une nouvelle rencontre éventuelle. Mais elle peut aussi contenir à l'état embryonnaire une situation pouvant engendrer un réel cauchemar : c'est-à-dire la situation où on se sent enfermé dans la pensée d'autrui. Tout ce que je pense, ce que je ressens et ce que j'espère ne serait plus que l'effet d'une imagination dont la source me serait inaccessible, de laquelle je ne parviens pas à sortir ou dont je subis tous les effets sans délai ni distance. La vie et tout mon comportement feraient dès lors partie d'un rêve qui ne m'appartiendrait plus et dans lequel je ne serais tout au plus qu'un figurant. Hyperboliquement enflée, cette idée pourrait être un bon exemple de ce que Descartes suggérait à propos du *malin génie*. Du moins, c'est un bon moyen pour comprendre ce que lui et certains de ses penseurs contemporains ont pensé à propos de notre rapport vis-à-vis de Dieu et de la nécessité d'une *creatio continua* pour garantir la continuité de notre pensée et de l'univers dans son ensemble. Ainsi, notre cogito et l'univers sont par rapport à Dieu ce que sont nos images par rapport à nos actes d'imagination. Seules la croyance religieuse et la foi dans la *creatio ex nihilo*, c'est-à-dire dans l'extériorité relative du monde, pouvaient garantir l'autonomie de la matière et de notre propre volonté. Mais une fois que vous « réduisez » ou que vous renoncez à cette foi, ainsi qu'à la pertinence métaphysique du concept de Dieu, ces pensées fertilisent le sol de ce que nous appelons habituellement *la science-fiction*. Par exemple celle de l'auteur Ph. K. Dick qui, entre autres dans son roman *Martian Time-Slip*, imagine la situation où quelqu'un reste séquestré dans les cauchemars pervers d'un autiste. Dans pareilles conditions, les paroles du psaume 139 prennent un sens des plus effrayants : *O Eternel, toi qui me sondes et me connais ! Tu sais quand je m'assieds et quand je me lève, Tu pénètres de loin ma pensée ; Tu sais quand je marche et quand je me couche, Et tu pénètres toutes mes voies*...

La manière la plus triviale de penser à la science-fiction est en référence à la science : elle serait alors une forme de fiction s'inspirant des possibilités générées par les progrès et les idées scientifiques[1]. Souvent, elle est plutôt naïve, étant donné que de nombreux modèles utilisés dans cette littérature sont liés à un cadre scientifique très spécifique lui-même rapidement désuet. Je pense à un roman jouant avec l'idée du genre humain colonisant les planètes du système solaire, et où les plus puissants d'entre eux possèdent celles qui sont plus proches du soleil, un peu comme certains de nos multimillionnaires vivent sur une île privée ensoleillée quelque part dans le Pacifique. Mais paradoxalement, dans ce roman, les humains utilisent toujours le même type de téléphones que celui des anciens films policiers en noir et blanc ou des séries télévisées. L'imagination à l'œuvre dans ce genre de littérature de science-fiction est limitée par la nature de ce qui apparaît comme « possibilité » : elle ne semble être que l'extrapolation du monde et de sa virtualité dans lesquels nous vivons. Dans son essai « La science-fiction et l'avènement de l'Antéchrist » Czeslaw Milosz écrit : « L'imagination, lorsqu'on se tourne vers l'avenir, doit nécessairement extrapoler et étendre les lignes qui, à un moment

1. C'est dans ce sens que l'éditeur du New York Herald qualifiait le « moon Hoax » de R.A. Locke de « scientific novel » (*cf.* ici chap. II, et voir K. Young, *Bunk*, *op. cit.*, p. 20).

donné, sont considérées comme des « lignes de développement », une procédure qui conduit à de nombreuses erreurs »[1].

Toutefois ce que j'aimerais suggérer, c'est le mouvement contraire : la science-fiction ne se contente pas de projeter une fiction extrapolant des possibilités qui existeraient à l'état latent dans notre monde quotidien et sa réalité présente. Elle trouve son origine dans et gravite autour d'une expérience spécifique où précisément ce monde contemporain perd son pouvoir pour représenter ce qui est *réel et présent*. C'est une façon parmi tant d'autres de rendre compte de ce que l'on a appelé dans différents types de disciplines et de littératures – psychiatriques, religieuses, existentielles, phénoménologiques – la « Weltvernichtung ». *Le monde est vécu comme une imposture* : pure apparence, prétendant être réel tout en étant en soi pur simulacre. C'est le terreau dans lequel la science-fiction peut pousser : bref le même que celui dans lequel de nombreux systèmes philosophiques (« la grotte de Platon ») et religieux (Dieu comme être transcendant) trouvaient une « terre commune ». Or, qu'est-ce qui rend le monde *irréel?* Qu'est-ce qui nous pousse à soupçonner la réalité phénoménale et matérielle de n'être qu'un voile, une tromperie ou un faux-semblant ?

cogito et automaton

Dans son ouvrage *Le traité de l'homme*, Descartes développe en détail sa physiologie mécanique imaginaire, c'est-à-dire son modèle du corps comme machine. Vers la fin du traité et après avoir introduit sa notion ambiguë « d'idée corporelle » – c'est-à-dire, la trace matérielle laissée par un objet dans le cerveau et liée à un mouvement particulier des esprits animaux[2] – il explique comment dans les rêves certaines de

1. « Imagination when reaching into the future must by necessity extrapolate and extend those lines which in a given moment are considered "lines of development", a procedure that leads to many errors », C. Milosz, « Science fiction and the coming of the Antichrist », *in* C. Milosz, *Emperor of the Earth*, Berkeley, Los Angeles, London, University of California Press, 1981, p. 28.

2. Descartes, AT XI, p. 177, (FA I, p. 451).

ces impressions arrivent à imposer une « idée » qui diffère de la trace laissée par l'objet lorsque la personne est en état de veille. Il écrit :

> Et cette même raison montre aussi que, s'il arrive que l'action de quelque objet qui touche les sens puisse passer jusqu'au cerveau pendant le sommeil, elle n'y formera pas la même idée qu'elle ferait pendant la veille, mais quelque autre plus remarquable et plus sensible : comme quelquefois, quand nous dormons, si nous sommes piqués par une mouche, nous songeons qu'on nous donne un coup d'épée ; si nous ne sommes pas du tout assez couverts, nous nous imaginons être tout nus ; si nous le sommes quelque peu trop, nous pensons être accablés d'une montagne [1].

Bien sûr, posé de la sorte, cela reste un peu confus. Au vrai, ce qu'il décrit ici n'est rien d'autre que la mécanique fondamentale à l'occasion de laquelle l'âme formera une idée au sens mental du terme : c'est-à-dire une représentation. Ce qui régule et garantit le transfert de ce corps sans âme à cette âme sans corps est ce que Descartes appelle *l'institution de la nature* (Dieu) [2]. Dans ce « transfert », mon esprit non seulement forme des représentations, mais il articule et commande aussi *l'accès* au monde objectif. Au niveau de l'esprit, nos idées peuvent effectivement provenir de deux sources : celle des représentations confuses ou celle de représentations distinctes. Qu'est-ce qui gère cette différence ? Comment s'établit le caractère distinct d'une idée en tant que véritable différence ? Rien d'extérieur à l'idée (les objets qu'elle représente) : la distinction n'est pas relative mais absolue. En tant qu'idée distincte, elle repose sur une évidence analogue à celle du *cogito*, elle participe donc et bénéficie de la nature absolument distincte de la *res cogitans*. Le cogito, comme nous le savons, a en effet la valeur métaphysique d'une « *res* » à partir de laquelle un grand nombre de différences traditionnelles seront recalibrées et déplacées.

1. Descartes, AT XI, p. 198, (FA I, p. 476).

2. *Cf.* ce qu'écrit P. Guenancia sur « L'institution de la nature », dans *Lire Descartes*, Paris, Gallimard, 2000, p. 320-349.

La réflexion métaphysique de Descartes sur la pensée tourne autour d'un pivot central : *je ne puis savoir et affirmer qu'une seule chose avec certitude, que peut-être je suis perpétuellement trompé* (c'est-à-dire le cogito à la fin de la Méditation I). Et bien sûr, tous les accessoires introduits dans le processus suivant « l'ordre des raisons » et conduisant au doute hyperbolique et au malin génie, alimentent cette idée : l'éclatante clarté du cogito est présentée comme l'accomplissement de ce scepticisme obscur et son issue. Mais peut-être cet ordre a-t-il encore une raison plus profonde : pourquoi ne pas inverser la dynamique et prétendre que le doute, ainsi que la totalité de ce qu'il déstabilise, sont déjà une façon de rendre compte de cette clarté ou de la manier ? Comme l'a suggéré Fernand Alquié dans son ouvrage de 1950, il aura fallu des années à Descartes pour faire « la découverte » du sens « métaphysique » du cogito [1] : en tant que tel, le cogito était moins le produit d'un doute que l'origine même de l'expérience de se sentir trompé.

Le *cogito* est tellement clair et distinct qu'il fera office de paradigme pour toutes les idées prétendant à la vérité. Qu'est-ce qui le rend si distinct ? Non pas qu'il se distingue par rapport aux autres représentations, mais bien au contraire : il n'a besoin de rien en dehors de sa propre clarté pour se manifester comme distinct. Cette idée est « tellement précise et différente de toutes les autres, qu'elle ne comprend en soi que ce qui paraît manifestement… » [2]. Il est donc absolu (une « res » en soi) : il ne cache rien (aucune force invisible) et ne contient rien qui n'apparaîtrait pas instantanément en sa présence. Le cogito se distingue des autres idées en ce sens qu'il coïncide complètement avec sa propre affirmation de soi : il est d'abord et avant tout l'expression d'une conscience ou d'une présence à soi pure (non médiée) [3]. Rien ne divise le cogito intérieurement : et c'est précisément cette *indivisibilité*

1. F. Alquié, *La découverte métaphysique de l'homme chez Descartes*, Paris, P.U.F., 1950.

2. Descartes, *Pricipes de la philosophie*, I 45, AT IX, II, p. 44 (FA III, p. 117).

3. « Par le mot penser, j'entends tout ce qui se fait en nous de telle sorte que nous l'apercevons immédiatement par nous-mêmes », Descartes, *Pricipes de la philosophie*, I 9, AT IX, II, p. 28, (FA III, p. 95).

qui caractérise le cogito comme *distinct*. Le cogito s'affirme avec une clarté telle que dans sa manifestation *pensée et être* ne peuvent que coïncider[1].

Par conséquent, avec le *cogito*, Descartes semble indiquer une forme *d'être distinct* qui se revendique comme antérieure aux distinctions auxquelles nous sommes accoutumés, ou mieux : ces distinctions ne fournissent aucune mesure permettant de comprendre la nature de ce qui rend le *cogito* si distinct. Peut-être cela explique-t-il l'origine de la perplexité de tant de commentateurs zélés cherchant à démanteler la nature absolue de ce *cogito* en le ramenant à une forme (cachée) de syllogisme, ou qui au nom dudit « cercle cartésien » prétendent que son raisonnement sur ce point précis répugnait à l'évidence logique[2]. Curieusement, ces commentateurs introduisent souvent toute une série de distinctions (entre subjectif et objectif, entre mémoire et intellect, etc.) que le *cogito* laissait derrière lui ou avait mis hors-jeu dans la détermination de son propre *être distinct*. Ce n'est pas sans raison que Descartes dit : « j'ai remarqué que les philosophes, en tâchant d'expliquer par les règles de leur logique des choses qui sont manifestes en elles-mêmes, n'ont rien fait que les obscurcir… »[3]

Voici ce qui est en jeu : étant donné sa propre façon de s'affirmer comme distinct, le cogito a le pouvoir de générer et de commander un tout nouvel ensemble de distinctions par rapport auquel les anciennes s'effacent ou pâlissent. Elles perdent simplement leur validité. Par conséquent, le cœur de sa pensée et de sa stratégie est double : premièrement, montrer comment ces distinctions traditionnelles ne sont construites que sur des idées confuses, et ne sont pas de véritables distinctions. Deuxièmement, redéterminer notre appréhension de ce qui est réel au moyen d'idées générées par la « distinction absolue » qu'est le *cogito*.

1. Descartes, *Pricipes de la philosophie*, I 7, AT IX, II, p. 27, (FA III, p. 94).

2. Par exemple, G. Hatfield, « The Cartesian Circle », in *The Blackwell Guide to Descartes' Mediations*, S. Gaukroge (ed.), Oxford, Blackwell, 2006, p. 122-141.

3. Descartes, *Pricipes de la philosophie*, I 10, AT IX, II, p. 29, (FA III, p. 96).

La première étape coïncide avec la délimitation du champ contenant les idées générées par l'union de l'âme du corps. C'est le domaine des perceptions sensorielles et des passions, donc de la réalité phénoménale. Elle est privée de sa valeur cognitive et métaphysique et réduite à une valeur bio-fonctionnelle. En fondant des théories métaphysiques et scientifiques sur ces idées (confuses), la pensée a produit des « *aliens* » intellectuels rôdant dans des banlieues philosophiques.

La deuxième étape établit le champ des idées générées par la *distinction originale* : c'est-à-dire le champ des idées claires et distinctes, poursuivant et consolidant la clarté et la distinction du *cogito*. Toutefois, ce qui – par rapport à la *res extensa* – est élaboré sur la base des idées claires et distinctes est présenté comme une fable… (« Mundus est Fabula ») Pourquoi [1] ? Il a utilisé le subterfuge de ce que l'on appellera plus tard la *science-fiction* pour développer et présenter les modèles générés par sa conception claire et distincte de la matière. Dans ces modèles, il a élaboré une manière de penser le corps et la vie où toute référence à une âme et à des formes de pensée serait « réduite » (au sens de « mise entre parenthèses »). En ce sens, sa « fable » a contribué à déloger la façon traditionnelle de penser concernant les « différences » fondamentales : c'est-à-dire – comme je l'ai suggéré plus haut – entre ce qui est vivant et ce qui est inerte, entre ce qui est naturel et ce qui est artificiel, entre l'humain et l'animal, etc. Dans sa fable, il *reproduit un modèle de vie basé sur une notion de matière comme inerte*. En d'autres termes, il a présenté une *simulation* de rapports de cause à effet inhérente à la nature, mais en utilisant des artefacts sans âme.

Son *Traité de l'homme*, son anatomie mécaniciste, a cet objectif fondamental : pour décrire le corps comme *automate* (ce qui porte son principe de mouvement en soi et non dans une âme), ce livre, qui a tant fasciné Malebranche, tente de rendre *visible* le fonctionnement de toutes ses facultés organiques spécifiques – de la digestion à la

1. Bien entendu, on pourrait se limiter à quelques raisons historiques (comme la peur de l'inquisition…). Mais celles-ci restent extra-philosophiques et en cela ne nous aident pas à expliquer la cohérence immanente à sa philosophie en tant qu'élaboration d'un « problème ».

production d'énergie, à la perception et à la réaction corporelle face aux stimuli – dont l'existence s'expliquait dans le passé par la référence à un type d'âme spécifique (par exemple l'âme « végétative ») ou à un esprit.

Dans son modèle, la machine corporelle se comporte comme entièrement ajustée aux exigences ou aux excitations du dehors : c'est un robot parfait doté, comme nous l'avons vu, d'une forme matérielle d'imagination et de mémoire (traces) et capable d'agir et de réagir en fonction de la bipolarité classique des choses désirables ou nuisibles [1]. Et il arrive parfois que le mouvement de nos esprits animaux s'effectue au même instant dans deux directions différentes : « cela fera imiter à cette machine les mouvements qui se voient en nous, lorsque nous hésitons et sommes en doute de quelque chose » [2].

En d'autres termes, ce robot reproduit machinalement au niveau de la matière pure et à l'aide de mouvements mécaniques ce qui au niveau de l'âme sera perçu comme le *comportement* d'un corps animé. Mais c'est comme un *faux comportement*, une « imitation » purement machinale. Tous ces mouvements forment ensemble une réplique d'un être humain réel, se basant uniquement sur la disposition des organes, la circulation du sang et le mouvement des « esprits animaux » et sans âme qui vivent pour assister ce corps dans ses démarches et ses déplacements. Il conclut alors son traité par la demande suivante :

> Je désire que vous considériez, après cela, que toutes les fonctions que j'ai attribuées à cette machine, comme la digestion des viandes, le battement du cœur et des artères, la nourriture et la croissance des membres, la respiration, la veille et le sommeil; la réception de la lumière, des sons, des odeurs, des goûts, de la chaleur et de telles autres qualités, dans les organes des sens extérieurs; l'impression de leurs idées dans l'organe du sens commun et de l'imagination, la rétention ou l'empreinte de ces idées dans la mémoire, les mouvements intérieurs des appétits et des passions; et enfin les mouvements extérieurs de tous les membres, qui suivent si à propos, tant des actions des objets qui se présentent aux sens, que des passions, et des impressions qui se

1. Descartes, *Traité de l'homme*, AT XI, p. 194, (FA I, p. 471).
2. *Ibid.*

> rencontrent dans la mémoire, *qu'ils imitent le plus parfaitement possible ceux d'un vrai homme* : je désire, dis-je, que vous considériez que ces fonctions suivent toutes naturellement en cette machine, de la seule disposition de ses organes, ni plus ni moins que font les mouvements d'une horloge, ou autre automate, de celle de ses contrepoids et de ses roues ; en sorte qu'il ne faut point à leur occasion concevoir en elle aucune autre âme végétative, ni sensitive, ni aucun autre principe de mouvement et de vie, que son sang et ses esprits, agités par la chaleur du feu qui brûle continuellement dans son cœur, et qui n'est point d'autre nature que tous les feux qui sont dans les corps inanimés [1].

Et bien entendu, cette machine peut également être utilisée comme modèle pour les animaux : eux aussi « se comportent » en réaction à des stimuli, et la manifestation de leurs fonctions vitales peut être « répliquée ». Ces machines agissent comme si elles étaient *vivantes* et animées de sentiments et de passions : toujours adaptées ou réglées sur la nature de l'incitation venant du dehors. Rien de plus commode : un robot capable de sourire, de prendre des airs de colère, d'étonnement, etc. Et bien sûr, du point de vue de ce que l'on ressent normalement *comme réel* – dans le contexte de nos idées confuses issues de l'union de l'âme et du corps – ces reproductions mécaniques et faites d'acier inerte apparaissent comme fausses et comme pures impostures. Formes d'artifice ou de trompe-l'œil cybernétique.

En revanche, du point de vue scientifique, c'est-à-dire la vision générée par des idées claires et distinctes sur la matière, c'est au contraire ce que nous ressentons comme réel qui du coup apparaît comme « faux » : un corps vivant ou réel apparaît comme quelque chose d'inanimé, sans âme, bref : une machine.

Descartes lui-même « joue » avec et se joue de la confusion produite par cette idée. C'est là qu'il présente aussi une description ou une hypothèse qui aurait pu figurer dans un des romans de Ph. K. Dick. Dans cette lettre très intéressante de mai 1638, à laquelle j'ai fait référence antérieurement, il propose une nouvelle « fable » (ou

1. Je souligne, AT XI, p. 202, (FA I, p. 479).

« thought-experiment ») qui a pour but d'encourager le lecteur à ne pas trop se fier aux opinions basées sur ses expériences quotidiennes : celles-ci ont finalement pour fonction de nous faire accroire qu'il existe une similitude entre certains processus organiques extérieurs et ceux qui caractérisent l'être humain. Nous finissons alors par former l'illusion qu'il existe une *ressemblance* entre des réalités ne manifestant aucune distinction visible. C'est la similitude que nous percevons entre le comportement animal et le nôtre qui motive l'idée que l'animal agit « par un principe intérieur semblable à celui en nous. », c'est-à-dire une âme. Et bien entendu, c'est également sur cette croyance que se basent tout un système et une série de différences, par exemple entre l'âme humaine et l'âme animale, le corps animé et le corps inerte, etc. Voilà donc le genre de pensées générées par nos expériences ou nos idées confuses. Et c'est là qu'intervient la « fable » ou l'hypothèse utopique : celle où il nous demande d'imaginer la situation d'un enfant ayant grandi dans un endroit où au lieu d'hommes et d'animaux, il n'aurait vu que des machines en forme d'hommes, de chevaux, de vaches, de poulets, etc. et aurait aussi agi comme eux. Cet enfant aurait toutes les peines du monde pour faire la distinction entre un vrai homme et ces machines façonnées comme lui. Et le jour où il verrait des animaux réels, il les prendrait simplement pour des artefacts plus parfaits, incomparablement plus accomplis que ceux fabriqués par le pouvoir humain[1].

Par conséquent, cette « fiction » produit à dessein une étrange confusion, puisque son contenu neutralise et engourdit les opinions qui jusque-là articulaient ce qu'on pensait être une série de distinctions réelles : celles entre la nature et l'artefact, entre les organes et les machines… Vu de cette nouvelle perspective, une différence de nature (ou de genre) se dégrade en une différence de degré. Cette confusion illustre assez bien l'idée que notre relation à la vie peut s'articuler à partir de deux perspectives opposées et exclusives : pour l'attitude intellectuelle (le domaine des *idées claires et distinctes*) un vrai corps

1. *Cf.* chap. 2, p. 91 *sq.*

apparaît comme une machine parfaite. En revanche, du point de vue de notre expérience (les *idées confuses*), une machine *prétend* être animée. Mais ce que Descartes, bien entendu, n'avait jamais cherché à revendiquer ou à imaginer c'est la fiction d'une machine étant *réellement* animée – ou vice versa, d'un vrai corps animé n'étant qu'une machine. C'est le monde de la *science-fiction* de Ph. K. Dick : « Le plus grand changement qui se développe dans notre monde de nos jours est probablement la pulsion de la vie vers la réification, et en même temps une entrée réciproque dans l'animation par la mécanique » [1].

idios kosmos

Dans l'un de ses romans, Philip K. Dick développe l'hypothèse suivant laquelle des androïdes extraterrestres viennent visiter une terre entretemps complètement dévastée. Au milieu des ruines, ils découvrent quelques échantillons de Barbie et Ken. Les deux sont nus. Ne distinguant aucun signe d'organes sexuels, et supposant Barbie et Ken avoir été des êtres humains fossilisés (comme à Pompéi), ils en viennent à conclure que les humanoïdes étaient apparemment plus avancés qu'ils ne le pensaient, ayant résolu le problème de la procréation.

La plupart de ses romans de science-fiction gravitent autour de l'idée fictive, tournant progressivement au cauchemar, que la différence entre la nature et les artefacts – la technoscience – s'efface sans cesse ou que leurs frontières se brouillent : en ce sens, Dick appartient à toute une génération d'auteurs qui tentaient d'imaginer les séquelles de l'holocauste nucléaire. Et il va sans dire que sa vision « apocalyptique » est influencée et inspirée par le scepticisme (post-moderne) résultant de l'expansion industrielle et technologique débridée et

1. Philip K. Dick, « The greatest change growing across our world these days is probably the momentum of the living towards reification, and at the same time a reciprocal entry into animation by the mechanical », cité par S. Best, D. Kellner, « The Apocalyptic Vision of Philip K. Dick : 2003 », *Cultural Studies Critical Methodologies* 3 (2), 2003, p. 186-202.

excessive[1]. Ses romans sont loin des sagas de *Star Trek* et du genre des scientifiques visionnaires comme Hubert Reeves ou Carl Sagan pour qui les voyages spatiaux et les explorations forment l'objet d'une sorte d'extase quasi poétique. Sa vision de la technoscience est catastrophique ou apocalyptique : il décrit et scrute les angoisses profondes de la guerre, de la destruction nucléaire et chimique, le totalitarisme militaire et capitaliste, perpétué grâce au contrôle cybernétique des êtres humains. En fait, elle a, comme vision, toutes les propriétés d'un univers psychotique. Mais qu'est-ce qui, sur le plan personnel, a déclenché – en quelque sorte – cet univers et son désir d'écrire de la science-fiction ?

Chez Descartes, la machine a été introduite dans le contexte de la tension que son opposition entre des *idées claires et distinctes* et des *idées confuses* produit. Cette tension étant elle-même suscitée par le caractère distinctif du *cogito*. Mais dans le roman de Philip K. Dick, ce qui a suscité ses pensées et ses doutes sur nos distinctions conceptuelles n'avait pas la force absolue et irrésistible d'une idée claire et distincte. Pourtant, elle a eu un impact immédiat sur la façon dont le monde s'est manifesté à lui : le monde a perdu tout pouvoir pour représenter ce qui était supposé réel. Puisque cette expérience était elle-même située dans le monde, elle ne fournissait aucun domaine clair et distinct à partir duquel le caractère irréel et faux affectant le monde ou la réalité aurait pu être intercepté, contemplé ou expliqué.

Dans la remarquable biographie consacrée en 1998 à l'auteur de *Martian Time-slip*, *The Man in the High-Castle, The Simulacra* ou du célèbre *Ubik*, Emmanuel Carrère – que nous avons déjà rencontré à l'occasion de son ouvrage sur l'imposteur J-C Romand – raconte la situation suivante. Un soir, après le dîner, Philip K. Dick ressentait des douleurs à l'estomac. Il va dans la salle de bain chercher des médicaments. Une fois dans la pièce, il cherche « à tâtons le cordon de la lampe… » mais il ne le trouve pas. C'est complètement absurde, pense-t-il, étant quasiment certain que le cordon se trouvait à sa

1. *Cf.* à ce sujet, C. Palmer, *Philip K. Dick : Exhilaration and Terror of the Postmodern*, Liverpool, Liverpool University Press, 2003, p. 85 *sq*.

gauche, son bras tendu, les doigts en l'air essayant de l'attraper. Et puis il panique, prenant conscience que le cordon n'a jamais existé, il ressent de l'épouvante : comme si tout autour de lui s'était dissipé[1].

A première vue, l'épisode pourrait ressembler à cette sorte de panique légère que l'on ressent parfois au moment de ressurgir d'un sommeil profond, l'esprit confus par des souvenirs de son enfance : on ne reconnaît plus sa chambre actuelle. Ou mieux encore, cette situation a toutes les apparences d'une mémoire corporelle, comparable à celle que Proust raconte au début du *Temps Retrouvé* en parlant de la mémoire involontaire des membres. Ce souvenir fondé sur un schéma sensori-moteur est une pâle et stérile imitation de la mémoire involontaire, survit plus longtemps que les vrais souvenirs, et ressemble en ce sens à « certains animaux ou végétaux inintelligents [qui] vivent plus longtemps que l'homme »[2]. Tous nos membres sont habités de ces souvenirs engourdis : « une réminiscence éclose en mon bras » par exemple, qui sonnait la cloche tous les matins pour appeler Albertine, subsiste même en son absence, provoquant l'énigme légère de se sentir suspendu au-dessus du passé et du présent. Mais dans le cas de Philip K. Dick, il n'y a qu'un mouvement corporel très précis : il est conscient du fait qu'il n'y a jamais eu de cordon ou de ficelle dans cette pièce, même dans cette maison, et peut-être jamais dans aucune pièce durant toute sa vie. Il n'y avait jamais eu qu'un « interrupteur »[3]. Ainsi, son corps vint à accomplir une « mémoire corporelle » faisant apparemment référence à un passé mais qui, de fait, n'avait jamais existé dans aucun présent : c'est comme si cette mémoire venait de nulle part, une réminiscence sans mémoire, à moins qu'elle n'ait été

1. E. Carrère, *Je suis vivant et vous êtes morts, op. cit.*, p. 57 *sq*. Cette même péripétie est également reprise par J.-C. Martin, *Logique de la science-fiction. De Hegel à Philip K. Dick*, Paris, Les Impressions, 2017, p. 167 *sq*. Une lecture psychanalytique très simpliste pourrait établir un lien entre ce cordon « source de lumière » inexistant, ou qui manque à tel instant et dans tel lieu, et le cordon ombilical. Quel monde et situation correspondent en effet à ce geste, sinon celui d'une vie prénatale? On sait que Dick a beaucoup souffert de l'absence de sa petite sœur jumelle, décédée à la naissance. Le fantasme du cordon, dans son cas, ouvrirait l'abime causé par cette absence.

2. M. Proust, *A la recherche du temps perdu*, tome IV, *op. cit.*, p. 277.

3. E. Carrère, *Je suis vivant et vous êtes morts*, *op. cit.*, p. 57.

implantée clandestinement dans son cerveau… Et son geste n'était d'ailleurs pas vague et non articulé, mais s'imposait avec la précision vitale et la rigueur d'une habitude. Cependant, dans son cas particulier, cette habitude est apparue au mauvais endroit, et peut-être dans le mauvais corps. Toute personne dite « équilibrée » ne se serait pas trop focalisée sur cette situation. Mais le sentiment d'étrangeté et de frayeur qu'elle avait engendré obsédait Philip K. Dick, *il s'est laissé prendre au piège*, un peu comme un imposteur se laisse piéger par son premier mensonge et se sent aspiré vers le trou noir qu'il a lui-même causé.

Sortant de nulle part, ce geste émergea et acquit une intensité complètement déplacée et inadaptée à la réalité qu'il affectait. Précisément, le « nulle part » d'où il s'est soudainement échappé a déstabilisé le « ici » où le corps est entré. Comme si ce geste avait propulsé ce corps hors du centre mobile qu'est le « point de vue ». D'où la frayeur ressentie par Philip K. Dick. Mais en l'identifiant à une « réminiscence », le *nulle part* et le caractère irréel dont il était infusé commencèrent – en tant que *fausse* réminiscence – à s'étendre et à souiller toutes les choses auxquelles il était associé. Sa mémoire serait-elle fausse, le monde dans lequel il vivait, ses propres perceptions sensorielles, sa propre pensée… ? Voilà donc les thèmes qui nourriront ses romans et sa science-fiction. *Le monde comme imposture.*

Traduit dans les termes propres au vocabulaire de la science-fiction : c'est comme si son corps, durant ce moment précis (mais était-ce bien un instant avec une durée inscrite dans le temps réel ?) avait révélé une erreur de codage et de programmation dans sa façon de réagir à certains stimuli. Comme si son corps ne lui appartenait pas vraiment. Ce petit détail et cette anomalie ont bouleversé la manière dont il a vécu la réalité à ce moment-là. Le monde s'est manifesté marqué d'une légère déviation, entouré d'une buée de néant. Comme s'il était devenu *moins réel*, et dans le meilleur des cas dissimulait quelque chose de *plus réel*[1]. De même son corps : sa chair semblait moins réelle, ce qui en lui

1. « But what was revealed in the illumination was not the source of an enlightenment, as would be in a Gnostic tradition, but of disintegration. », J. Gray, *The Soul of the Marionette*, London, Penguin, 2016, p. 49.

suscita le soupçon qu'en tant qu'êtres vivants, nous pourrions très bien être manipulés par des pouvoirs invisibles.

Le soir même, il tente d'en rire, chantant sur la mélodie de *Des Baches Wiegenlied*, imitant la voix de Fischer-Diskau : « Es gab keine Lampen-Schnur… »[1] Mais apparemment, l'épouvante ressentie ne le quitterait plus. Sa biographie est en effet l'histoire de la contamination progressive du monde par sa propre science-fiction (somptueusement stimulée par l'utilisation de drogues et d'acides comme le LSD) et culminant en une psychose profonde ou en paranoïa[2].

Bien que les romans de Philip K. Dick commencèrent à graviter autour de cette expérience d'aliénation, – le thème du « Lampenschnur » lui-même va d'ailleurs migrer vers un de ses romans[3] – il n'a pas vraiment tenté d'expliquer ou de décrire le sentiment en tant que tel : en revanche, on dirait qu'il n'a cessé de créer une sorte de scénario dans lequel son expérience d'épouvante ferait partie de l'intrigue. Et ses romans tournent souvent autour de deux pivots : le monde n'est pas réel – mon esprit est manipulé.

Par exemple, il joue souvent avec l'idée que la réalité vécue ne serait que simulacre : le monde doit fréquemment être recomposé par un pouvoir officiel mais occulte ; seulement il arrive que parfois un minuscule détail trahisse le fait que tout n'est qu'apparence (les choses semblent « trop neuves ») et que le monde apparaît comme s'il avait été légèrement retouché, repeint ou rectifié.

Ou bien quelqu'un découvre, quand par hasard une de ses pensées ne semble pas concorder avec les exigences particulières de la réalité, que son esprit est manipulé par des forces maléfiques et occultes. Dans l'histoire, *We can remember it for you Wholesale*, une société appelée *Rekal, Inc.* a conçu un système informatique qui non seulement voit ce

1. E. Carrère, *Je suis vivant et vous êtes morts*, *op. cit.*, p. 65 *sq.*

2. Voir par exemple L. Sutin dans le chapitre 8 de sa biographie : *Divine Invasions, A Life of Philip K. Dick*, London, Orion, 2006, p. 168 *sq.*

3. Philip K. Dick, *Time Out of Joint*, Mariner Books (Reissue ed.), 2012. L'auteur lui-même revient sur cet épisode dans un entretien avec Charles Platt (*cf.* J.-C. Martin, *Logique de la science-fiction*, *op. cit.*, p. 167).

qui se passe dans notre esprit (en particulier pendant nos rêves) mais qui en outre parvient à le manipuler en créant ou en supprimant des souvenirs sur demande. Le problème, bien sûr, c'est que le système devient incontrôlable…

D'une certaine manière, on pourrait suggérer que ses romans sont plus ou moins « inspirés » par cette expérience d'anomalie et de déviation – qui était apparemment assez intense pour affecter d'irréalité la présence du monde réel. Un peu comme on pourrait dire que le roman de Proust est généré par l'expérience du souvenir involontaire. Par le biais de la fiction, ils tentent tous deux de rendre compte de l'expérience qu'ils font d'un monde qui perd de sa réalité : c'est-à-dire, où la réalité du monde qui m'entoure est neutralisée suite à l'expérience d'une forme d'intensité hors-monde. Chez Proust, cette expérience a donné lieu à une sorte de vision métaphysique de l'art : « la vraie vie est ailleurs », c'est-à-dire dans notre capacité à créer quelque chose qui transpose *cette intensité* dans une œuvre d'art (« la métaphore »). En créant cette œuvre d'art, il rétablit un ensemble de distinctions (entre vrai et faux, réel – irréel, temps perdu – temps retrouvé…) qui semblent graviter autour de l'expérience spécifique de l'intensité du *souvenir involontaire*. Mais dans l'œuvre de Philip K. Dick, c'est comme si ses romans soulignaient de façon si explicite et continue le faux caractère de notre monde, son aspect emprunté de simulacre, qu'en tant que romans ils ne lui offrent plus le confort et le luxe de la distance et du repos. Son travail commence à pénétrer sa propre vie quotidienne et renforce son caractère irréel. On sait qu'à certains moments de sa vie, il est profondément fasciné par la notion de « Gruftwelt » de Binswanger et les cas de « Wahn » que celui-ci avait analysés [1]. L'idée que le monde apparaît comme irréel a souvent été attestée dans diverses études sur la schizophrénie [2] et la psychose. Et bien sûr, l'idée du monde phénoménal

1. Surtout le cas d'Ellen West. *Cf.* L. Binswanger, *Le Cas Ellen West. Schizophrénie. Deuxième étude*, Paris, Gallimard, 2016.

2. Voir le cas paradigmatique de Marguerite Sechehaye, *Journal d'une schizophrène*, Paris, P.U.F., 2003.

comme grotte, et de notre corps comme tombe ou sépulcre de l'âme est un lieu commun dans la philosophie. Dans ses romans, ces idées font partie de la fiction qu'il élabore : le monde ne devient pas mort et sec par rapport au monde imaginaire de ses romans. C'est l'inverse : ses romans, pour s'épanouir, *profitent de l'irréel et de l'inanimé que le monde révèle*. Comme il l'explique lui-même à l'occasion de la publication de certains de ses récits : « Les histoires de ce recueil sont des tentatives de réception – d'écouter des voix d'un autre endroit, très lointaines, des sons assez faibles mais importants. Ils n'arrivent que tard dans la nuit, lorsque le bruit de fond et le brouhaha de notre monde se sont évanouis. Puis, faiblement, j'entends les voix d'une autre étoile. Bien sûr, je ne le dis pas habituellement aux gens lorsqu'ils demandent : « Dites, d'où viennent vos idées ? Je dis juste que je ne sais pas. C'est plus sûr »[1]. Il est intéressant de noter que ce que nous appelons habituellement « l'inspiration » est ici vu et perçu en termes propres à la science-fiction…

Dans l'un de ses romans, une ville entière ignore son véritable destin : elle semble être devenue une sorte de musée en plein air pour des êtres qui se déplacent pour la visiter tout en restant invisibles aux yeux des citoyens. Et là aussi, un détail fait craquer le système : une figure (le héros) devient méfiante. Il commence à appréhender sa ville avec un regard soupçonneux…. Il n'est peut-être pas si surprenant que Dick se soit converti à une forme de foi crypto-catholique et ait consacré les huit dernières années de sa vie à sa volumineuse « Exégèse »[2] :

1. « The stories in this collection are attempts at reception – at listening to voices from another place, very far off, sounds quite faint but important. They only come late at night, when the background din and gabble of our world have faded out. Then, faintly, I hear voices from another star. Of course, I don't usually tell people this when they ask, "Say, where do you get your ideas?" I just say I don't know. It's safer. » Cité par E. Eisenberger, *The Relationship Between Humans and Machines : Through the Eyes of Philip K. Dick* (article en ligne sur le site : http : //www.philipkdick.com/)

2. Philip K. Dick, *The exegesis of Philip K. Dick*, P. Jackson, J. Lethem (eds), Boston, New York, Houghton Mifflin Harcourt, 2011. Cette conversion forme un peu le leitmotiv du livre d'Emmanuel Carrère : en ce sens, cette biographie de Dick semble constituer une partie d'une trilogie contenant son livre sur Romand et son dernier ouvrage, *Le Royaume*.

peut-être dans l'espoir que celui qui l'espionne et le surveille soit finalement de nature moins maléfique que les figures et les pouvoirs dans ses propres romans.

Cependant, dans son œuvre les distinctions entre réalité et illusion, humains et androïdes, vie et mort, etc. peu à peu implosent. Comme si ses livres devenaient de plus en plus l'expression immédiate de cette effrayante désintégration en tant que telle. Progressivement [1], par exemple, au lieu d'assister les êtres humains et de renforcer ou stimuler leur cerveau (sur demande), les ordinateurs commencent à se comporter humainement : ordinateurs et humains se transforment ensemble en un « robot organique ». Les descriptions que donne Philip K. Dick à cet égard *impliquent une inversion de l'homme cartésien* : c'est-à-dire de l'idée de pouvoir produire un mécanisme artificiel se comportant comme moi, mais dépourvu de sentiments. En effet, pour Philip K. Dick, l'idée centrale devient celle d'une personne qui peu à peu fait l'épreuve affolante d'être une machine. Dans « Electric Ant », Garson Poole, après un accident de voiture, est confronté à cette vérité : les « médecins » ont dû lui « remettre » un nouveau bras

> C'était fascinant, la main ; il l'a examinée pendant longtemps avant de laisser les techniciens l'installer. En surface, elle semblait organique – en fait, en surface, elle l'était. De la peau naturelle couvrait de la chair naturelle, et du vrai sang remplissait les veines et les capillaires. Mais, en dessous, des fils et des circuits, des composants miniaturisés, brillaient…en observant profondément le poignet, il a vu des portes de surtension, des moteurs, des vannes à plusieurs étages, tout cela très petit… [2].

1. De *Minority report* jusque l'histoire *Electric ant.*

2. « It proved fascinating, the hand ; he examined it for a long time before he let the technicians install it. On the surface it appeared organic-in fact on the surface, it was. Natural skin covered natural flesh, and true blood filled the veins and capillaries. But, beneath that, wires and circuits, miniaturized components, gleamed…looking deep into the wrist he saw surge gates, motors, multi-stage valves, all very small. Intricate. », Philip K. Dick, *Selected Stories of Philip K. Dick*, Pantheon Books, New York, 2002, p. 384-385.

Il est avant tout décrit comme être humain, faisant preuve de sentiments, son corps fabriqué de chair et de peau symbolisant la périphérie entre l'intérieur et l'extérieur (comme attesté dans la douleur). *Mais cette distinction est fausse.* L'évocation de l'extérieur est elle-même programmée et fait partie du système en dessous (mécanisme et *tape*). *Il n'a jamais soupçonné être un androïde*, une pure mascarade et un simulacre d'un être humain : il avait des sensations, des passions et un libre arbitre. Mais ses « libres choix » qui en découlaient n'étaient que des décisions basées sur des calculs faits par une entreprise pour laquelle il travaille. Même le doute avait été programmé dans le « hardware » ou sur le « disque dur » afin de donner aux androïdes une illusion plus convaincante et précise de la réalité.

D'autres romans explorent l'implosion de la frontière entre la vie et la mort : les êtres vivants ressemblent davantage à des zombies incapables de mourir. Dans *Ubik*, le remède magique (le *pharmakon*) qui pourrait aider à résister à la détérioration du pouvoir de l'entropie semble lui-même dégénérer sous la pression de processus qui se déchaînent sur ses personnages et la « réalité » dans laquelle ils vivent. C'est cette érosion des limites distinctives qui engendre l'atmosphère effrayante et étouffante de l'univers qu'il décrit. Les écrans de télévision nous regardent, les hallucinogènes ne nous aident pas à échapper à la réalité mais révèlent précisément son caractère cruel et insupportable [1], ou dans *Do Androids Dream of Electric Sheep ?* le chasseur de primes (supposé pourchasser les androïdes) portant le nom significatif de *Rick Deckard*, se met à craindre d'être lui-même un androïde Nexus-6 équipé de faux souvenirs, etc. En même temps les androïdes apparaissent de plus en plus comme des « aliens » meurtriers et illégaux se faisant passer pour des chasseurs de primes (ou des « Blade Runners », terme utilisé dans le film).

Qu'est-ce qui est, finalement, *spécifiquement humain ?* Pour Philip K. Dick, le trait distinctif semble être l'empathie. Dans le roman sur lequel se sont basées les deux versions de *Blade Runner*, les chasseurs de primes soumettent les androïdes à un test afin de détecter s'ils sont

1. E. Carrère, *Le Royaume*, *op. cit.*, p. 202.

humains ou non. Il s'agit, on s'en doute, d'une sorte de réplique du test de Turing qui était censé distinguer l'intelligence artificielle de l'intelligence humaine. Cependant ici le test est basé sur l'empathie : les êtres humains étant supposés faire preuve de sympathie ou de compassion envers les autres êtres vivants (animaux et humains), là où les androïdes en sont privés. C'est la raison pour laquelle Deckard hésite à soumettre Rachel à ce test, le gynoïde avec lequel il a eu une certaine interaction affective et sexuelle : il craint qu'elle ne survive pas à la confrontation avec la vérité. Ce qui, en tant que tel, est une idée ingénieuse et une totale inversion du modèle cartésien. La machine – bien programmée et munie de capacités réflexives – est vulnérable et risque de souffrir de la conscience qu'elle pourrait acquérir de son état cybernétique. Bref, la distinction avec l'humain implose et se brouille une fois de plus. Il n'est pas surprenant que Philip K. Dick ait été très impressionné et profondément ému (et donc rassuré de ne pas être lui-même un androïde) par la célèbre scène de Space Odyssey de Kubrick où Dave commence à « désactiver » l'ordinateur Hal 9000 HD[1]. Étant lui-même muni d'un très haut niveau d'auto-réflexivité, Hal commence d'abord à demander à Dave ce qu'il fait, et peu à peu son trouble transforme ses réponses partant de formules impersonnelles du genre : « Je pense vraiment avoir droit à une réponse à cette question » à des répliques de plus en plus affectives (« J'ai peur ») pour finalement, et lentement, grogner et ronchonner quelques sons non articulés avec une voix de basse. Et curieusement, cette « mort » machinale semble transformer cet ordinateur en un être de plus en plus personnel : c'est-à-dire vulnérable et objet d'une possible compassion. Ici aussi, donc, la distinction avec les « vrais humains » s'effondre, puisque les machines supposées les imiter finissent par souffrir de la conscience qu'elles ont de leur propre désintégration vers le néant[2].

1. Pour cet épisode, *cf.* Carrère, *Le Royaume*, *op. cit.*, p. 224.

2. Comme dirait J. Derrida : « Une imitation parfaite n'est plus une imitation. En supprimant la petite différence qui, le séparant de l'imité, y renvoie par là même, on rend l'imitant absolument différent : un autre étant ne faisant plus référence à l'imité. », J. Derrida, *La dissémination*, Paris, Seuil, 1972, p. 159.

Qu'est-ce que c'est que ce néant? Non pas l'absence de choses, mais la *conscience* du fait que leur présence et la nôtre sont irréelles ou « fake » : truquées ou falsifiées. C'est la conscience résultant de l'insistance du *cogito* perfide s'étant imposé à l'occasion de la fausse mémoire corporelle et du « Lampenschnur » inexistant.

evil Genius Inc.

Le Fragment B89 de Diels-Kranz dit : « Héraclite dit que ceux qui sont réveillés ont un monde commun, mais que dans le sommeil chacun entre dans un monde à lui »[1]. Philip K. Dick avait une érudition philosophique impressionnante et, un peu comme un bricoleur, il n'utilisait que ce qui rentrait dans la confection de son roman. L'opposition héraclitéenne apparaît souvent dans son travail : dans son essai sur « Schizophrenia and The book of Changes », par exemple, il décrit l'éveil hors du monde *idiotique* du sommeil et du rêve résultant de l'expérience de l'altérité. Quelque chose, ou quelqu'un, refuse de se laisser transformer en une image de vos rêves.

> Le poids total du *koinos kosmos* ne pèse pas jusqu'à ce que ce qu'on appelle délicieusement la « maturité psychosexuelle » frappe, ce qui signifie ces belles journées du lycée incarnées en demandant à cette jolie fille dans la rangée devant vous si elle aimerait aller chercher un soda après l'école, et répondant «NON». C'est tout. Le *koinos kosmos* s'est installé. Préparez-vous, jeune homme, pour un long hiver. Beaucoup plus, et pire, vous attend[2].

1. « ὁ Ἡράκλειτός φησι τοῖς ἐγρηγορόσιν ἕνα καὶ κοινὸν κόσμον εἶναι τῶν δὲ κοιμωμένων ἕκαστον εἰς ἴδιον ἀποστρέφεσθαι » (Diels-Kranz, fragment B89).

2. « The full burden of the *koinos kosmos* does not weigh until what is delightfully referred to as "psychosexual maturity" strikes, which means those lovely days during high school epitomized by asking that cute girl in the row ahead of you if she'd like to go get a soda after school, and she saying "NO". That's it. The *koinos kosmos* has set in. Prepare, young man, for a long winter. Much more-and worse-lie ahead. » Cité dans Philip K. Dick, *The Shifting Realities of Philip K. Dick*, L. Sutin (ed.), New York, Vintage Edition, 1995.

Seulement, quelle instance peut garantir que le monde dans lequel je sombre n'est pas tout bonnement un nouveau type *d'idios kosmos* plus général ? Pour Descartes, le passage vers le monde objectif était *institutionnalisé* et justifié par Dieu. Mais imaginez Dieu substitué par un pouvoir pervers ! Une sorte de Palmer Eldritch, comme dans le roman *Les trois stigmates* (The Three Stigmata), qui menace de plonger tous les idiots subjectifs dans un état durable d'illusion droguée. Cette figure pourrait symboliser le retour du malin génie cartésien.

Pourquoi ? Parce que contrairement au cogito cartésien, l'esprit manque ici de toute stabilité : hanté par des souvenirs venant de « nulle part », cet esprit affecte tout d'une fissure par où la lumière s'échappe. Dans la première règle des *Regulae* Descartes compare les idées de l'esprit aux rayons du soleil qui illuminent sans modifier les objets qu'il représente. Mais on pourrait suggérer que dans l'expérience de Dick, si l'esprit est une lumière, c'est une lumière qui rend aveugle. Dans sa lumière, tout ce qui apparaît semble irréel ou mort.

Le type de conscience qui émane à l'occasion de l'expérience de la « fausse réminiscence corporelle » et du « Lampenschnur » est de nature très *distincte* : cette conscience s'impose comme absolue. Mais contrairement au *cogito* cartésien, cette conscience se détruit au moment même où elle s'impose comme distincte. Elle déstabilise le point de vue que je suis en s'affirmant comme une conscience d'idées et de souvenirs qui ne lui appartiennent pas. Et bien sûr, comme j'ai essayé de le suggérer, cette prise de conscience affecte le monde d'irréalité. Cependant, il n'y a plus de point de vue à partir duquel le moi ou l'ego pourrait revendiquer ou récupérer une notion de réel. Le *je* se sent absorbé par ce néant et y sombrant. Dit différemment : l'expérience du « Lampenschnur » et son anomalie évoquent une *distance* entre le moi et la réalité qui n'est plus contenue, ni garantie par une idée, un acte de perception ou une mémoire, étant donné que ma conscience s'impose comme la conscience que ces actes ne sont pas les miens et jaillissent de nulle part. Ils semblent envahir et occuper ma conscience d'une manière qui désoriente et démantèle le centre d'où toutes mes activités proviennent normalement : c'est-à-dire l'ego. Bien sûr, cette désorientation intérieure ne signifie pas avoir l'impression que les perceptions deviennent des rêves. Mais j'ai l'impression que ce que je perçois à ce moment précis perd son pouvoir de se manifester comme réel. Le monde est mort.

Dans son roman *Martian Time Slip*, Philip K. Dick raconte l'histoire suivante : Arnie Kott, le schizoïde « Supreme Goodmember of the Water Workers Local » sur Mars, un endroit désolé et oublié de la Terre, est piégé et emprisonné dans le cauchemar de l'autiste Manfred. Un autiste, selon les opinions psychiatriques que Philip K. Dick lisait à l'époque, diffère d'un esprit normal par la façon dont il perçoit le temps. Dans pareil esprit, il n'y a pas de durée, mais un présent éternel – dans ce sens ressemblant aux *idios kosmos* de Dieu – tout se produit perpétuellement au même moment, « en bloc », éternellement instantané, sans aucune extension interne, retard ou différenciation. Pas de « temps » à attendre, à éviter, à anticiper, etc.

C'est le monde irréel mais effrayant dans lequel le vieux psychotique Arnie Kott est embourbé (un cauchemar où la même vision horrible est éternellement sur le point de se répéter et de s'être répétée au même instant) : il craint de devoir mourir dans cette situation. Mais par chance, il parvient à s'extraire du cauchemar de Manfred. Il est de retour dans la réalité, dans une temporalité où les choses vont et viennent et heureusement disparaissent. Mais à peine libéré, il se fait stupidement tuer par X, un personnage secondaire renaissant d'une intrigue oubliée et marginale du roman, et confirmant l'adage selon lequel même les psychotiques ont leurs ennemis. Et pendant qu'Arnie est transporté à l'hôpital, agonisant, il commence à rire. Il n'arrive pas à croire ce qui lui est arrivé. Il se dit qu'il est probablement encore et toujours enfermé dans le cauchemar idiot de Manfred (« peut-être que je me suis attardé, incapable de mourir et incapable de revenir à mon propre temps »[1])… où l'on meurt pour de faux et l'on est condamné à répéter éternellement cette même torture de l'agonie. Il pense qu'il

1. « Maybe I got to linger on, unable to die and unable to return to my own time. », Philip K. Dick, *Martian Time-Slip*, New York, Ballantine Books, 1964, p. 214.

va bientôt se réveiller, dans la réalité. Et muni de cette « foi », il meurt pour de bon. Dans la paraphrase qu'en donne Emmanuel Carrère : « Le plombier meurt consolé de croire qu'il ne meurt pas, et il meurt dans le monde réel, non dans une illusion où il peut toujours arriver bien pis »[1].

Je me dis que, quelque part, la situation d'Arnie pourrait bien résumer la position de Philip K. Dick en tant qu'écrivain. Ses romans étant comme l'exploration et l'extrapolation d'un cauchemar dont il espérait s'éveiller, pour de bon. Aussi psychotique qu'il fût, il craignait par exemple de faire un jour l'objet d'un cambriolage. Alors, le jour où sa maison s'avéra avoir été cambriolée pour de vrai, il ressentit cette situation comme une libération. Le monde était réel, enfin. Mais pas pour longtemps, puisque personne au poste de police n'a voulu l'écouter – lui le « freak » – et prendre son histoire au sérieux. Il a été reçu comme s'il n'était qu'un imposteur. Dès lors, il s'est mis à se croire victime d'un énorme complot : peut-être que la CIA cherchait des détails prouvant que la vérité qu'il avait découverte et racontée dans ses romans (par exemple que des pouvoirs occultes produisaient une drogue qui pouvait implanter un contrôle total sur toutes les pensées des esprits dans le monde : leitmotiv de beaucoup de ses romans) était basée sur du matériel ou des documents en sa possession, etc. Mais peut-être que cette idée n'était qu'une nouvelle imposture ? Comment s'en sortir ?

Emmanuel Carrère écrit que Philip K. Dick aimait beaucoup raconter l'histoire du faux imposteur[2] : un jour il a vu un type à la télévision expliquant qu'il avait été un imposteur célèbre dans le monde entier. Il avait faussement prétendu être un célèbre chirurgien à la faculté de John Hopkins, ou il avait fait croire aux gens qu'il était médecin de Harvard, prix Nobel de Finlande, président destitué de l'Argentine marié à une célèbre actrice hollywoodienne, etc. En fait, il travaillait comme balayeur à Disneyland. Alors un jour, il décida qu'en

1. E. Carrère, *Je suis vivant et vous êtes morts*, *op. cit.*, p. 116.
2. *Ibid.*, p. 233-234.

fin de compte il pouvait tout aussi bien être un imposteur *et jouer tous ces rôles*. Et puis au bout d'un moment, il s'est demandé : pourquoi devrais-je vraiment m'efforcer à jouer ces rôles ? Il me suffit juste de faire croire aux gens que j'ai autrefois été un imposteur. Cette histoire l'a rendu très riche, aussi riche qu'un vrai imposteur.

chapitre 6

l'uchronie sans distraction, *interlude*

Quiconque surprend un vieil homme se comportant comme un enfant s'imagine très vite voir un enfant dans le corps d'une personne âgée. Mais entre l'enfant et le vieillard, le temps a tracé son chemin. Cet instant éphémère où l'enfant et le vieillard sont réunis est lui-même la condensation de toute une vie : dans cette vie chaque nouvel instant chassait l'instant précédent. Et rien de ce qui a sombré dans le passé ne reviendra jamais. Et en effet, « un homme vieux, ce n'est pas un homme jeune qui souffre de la vieillesse »[1]. Cela ne change rien au fait que l'image qui unit jeune et vieux dans cet unique instant ne nous lâche plus. N'est-ce pas l'imagination dans sa forme la plus pure ? René Char dit dans les *Feuillets d'Hypnos* qu'un poème est l'amour réalisé du désir demeuré désir. Cet amour condense désir et satisfaction en un instant unique que je cherche à extraire du temps. Je veux le préserver. C'est dans cette dynamique que réside la spécificité même de l'imaginaire.

Perturbations in the reality field. (Ph. K. Dick)

Imaginez Ponce Pilate, le procurateur de Judée se lassant peu à peu d'être tenu pour celui qui se lave les mains. De voir comment en outre il commença à souffrir de remords à l'idée que même un dieu aurait profité de cette lâcheté pour laisser crucifier son fils, lui l'instrument secret du Dieu annoncé par le Messie ! Alors Pilate « se complut à la

1. Alain, *Propos sur le bonheur*, Paris, Folio-Gallimard, 2000, p. 29.

pensée que, même si le Dieu des Juifs, ou quelque dieu que se fut, avait escompté sa faiblesse, il restait libre d'être courageux »[1]. Pour une fois dans sa vie Pilate prend *lui-même* une décision. Indépendamment de l'insistance du Sanhédrin et de ses propres supérieurs, il libère Jésus. Et celui-ci meurt quelques décennies plus tard dans un trou perdu et oublié, entouré et vénéré par une bande d'admirateurs un peu fous : il n'y eut pas de christianisme.

Ce genre d'histoire s'appelle « Uchronie » et fait avec le temps ce que l'utopie fait avec l'espace. Bref, pas un *ailleurs*, mais un *autrement*. Souvent conçu comme sous-genre de la Science-Fiction, ce genre de récit se plait à raconter une histoire alternative. « Et si Franco avait perdu la guerre civile ? » ou encore : « Imaginez Napoléon vainqueur à Waterloo ? », « En 14, la Belgique a envahi l'Allemagne » etc.

Dans son *uchronie* sur Pilate, Roger Caillois ne veut pas tout bonnement manifester son aversion pour la religion (et le christianisme en particulier). Très souvent, les auteurs de ces histoires alternatives se plaisent à se représenter un monde différent et divergent du réel. Caillois, par contre, va droit au cœur du sujet : ce qui l'anime, c'est moins la conscience que les choses auraient pu se passer différemment, que le fait qu'elles *ne se sont pas déroulées autrement*. Dans sa fiction, il décrit comment le visionnaire Mardouk, ami de Pilate, prédit l'histoire suite à la crucifixion : des croisades, des successions de papes, des missionnaires, etc. et cela jusqu'au fait que quelque part au XXe siècle un écrivain français inventerait une histoire alternative. Ce que Pilate écoute avec consternation et qu'il voudra éviter par sa décision – libérer le Christ – c'est, bien entendu ce que nous savons être notre histoire réelle. Avec ce jeu entre fiction et réalité, Caillois laisse libre cours à une forme d'ambiguïté à la base de nombreuses fictions sur une histoire alternative : ambiguïté entre contingence et nécessité[2].

1. R. Caillois, « Ponce Pilate », *Œuvres*, Paris, Gallimard, 2008, p. 434.

2. À propos de l'uchronie, voir aussi sa *Remarque sur le récit irréel*, en guise d'introduction au roman uchronique de Marcel Thiry, *Echec au temps*, Bruxelles, Espace Nord, 2013, p. 5-15. Pour la question du rapport entre des récits uchroniques et la littérature, voir l'essai d'Emmanuel Carrère, *Le Détroit de Behring, Introduction à L'Uchronie*, Paris, P.O.L., 1986.

Dans des *uchronies*, les auteurs se laissent souvent inspirer par tel détail (« le nez de Cléopâtre ») qui aurait fait basculer l'histoire dans une direction bien précise au détriment d'autres possibilités. « Et si seulement… » : Prenez l'exemple de Pascal : « Cromwell allait ravager toute la chrétienté ; la famille royale était perdue, et la sienne à jamais puissante, sans un petit grain de sable qui se mit dans son uretère. Rome même allait trembler sous lui ; mais ce petit gravier, qui n'était rien ailleurs, mis dans cet endroit, le voilà mort, sa famille abaissée et le roi rétabli »[1].

L'amorce est parfois d'ordre utopique : tout aurait pu être mieux – ou dystopique : tout aurait pu être pire. Lorsque Charles Renouvier rêve d'un monde dans lequel Napoléon aurait remporté la bataille de Waterloo, c'est parce qu'il est mécontent de vivre dans un monde où cela n'est pas le cas[2]. En revanche, quand Ph. K. Dick imagine un monde où les alliés ont perdu la guerre, c'est pour suggérer l'idée que le vrai cauchemar n'a pas encore commencé. Dans les deux cas, l'imagination rôde autour de cette relation ambiguë entre nécessité et contingence en s'en nourrit.

D'une part il y a la conscience que l'histoire aurait pu être différente : *rien* dans l'histoire ne nous a prédestinés à ce que nous sommes devenus. Ce qui est advenu aurait pu être différent. Il s'en fallait de peu qu'Hitler ait été victime d'un accident mortel en rentrant du mariage de Goebbels le 3 décembre 1913. Sur le chemin du retour son chauffeur a glissé sur une plaque de verglas et a raté de *40 cm* la voiture de la belle-mère de son ministre de la propagande[3]. Un petit détail, une pure contingence, aurait pu mettre l'histoire entière sur une autre voie.

D'autre part, *ce qui est fait est fait*. Ce détail insolite est surchargé de sens précisément parce qu'il *n'a pas* fait dérailler l'issue fatale de l'histoire. Bref, s'il est vrai que *rien* ne nous a prédestinés à devenir qui

1. Pascal, « Pensées », *op. cit.*, (*cf.* les fragments 466, 392, 632).

2. Charles Renouvier, *Uchronie, L'utopie dans l'histoire*, *Esquisse historique apocryphe de développement de la civilisation européenne tel qu'il n'a pas été, tel qu'il aurait pu être*, Paris, Bureau Critique de la Philosophie, 1876.

3. A. Kluge, G. Richter, *Dezember*, Berlin, Suhrkamp, 2000, p. 10.

nous sommes aujourd'hui – *rien* ne l'en a empêché. *L'uchronie* s'inspire donc d'une sorte de perplexité que nous pouvons tous éprouver dans différentes circonstances : *qu'il y ait un lien étrange et insondable entre la contingence et le fait que tout semble lié l'un à l'autre.* Entre d'une part la contingence pure et d'autre part la nécessité. On se surprend constamment à vouloir représenter une vie fictive dans laquelle nous n'aurions *pas* fait ceci, ou dans laquelle nous n'aurions *pas* dit cela.

Et cette perplexité ne doit pas nécessairement receler un goût pour la catastrophe ou un esprit apocalyptique : imaginons que si ce jour-là j'avais manqué le train, jamais je n'aurais rencontré ma bien-aimé. Bien sûr, après-coup, tout semble indiquer que cette rencontre était inéluctable. On était fait l'un pour l'autre. Rétrospectivement, la nécessité s'alourdit et semble incarner les signes d'une sorte de providence secrète. Mais justement, cette providence est si secrète et agit de façon si discrète et mystérieuse, parce qu'en même temps nous savons trop bien qu'il s'en fallait de peu pour qu'il ne se soit rien passé du tout. Cette providence exprime précisément la façon dont l'imagination relie et donne corps à la coïncidence et à la nécessité. Cela peut paraître étrange, mais ce lien nourrit aussi notre perception du quotidien.

Le monde est une succession interne de phénomènes causalement liés, dirait Spinoza. Tout y semble logique : il est logique que le sol soit mouillé et que les pavés glissent lorsqu'il pleut, que ce qui tombe doit forcément heurter quelque chose (par exemple le sol), que celui ou celle qui contemple ses pieds ne voit pas ce qui lui passe au-dessus de la tête, etc. Mais supposons qu'à cause de la pluie une tuile glisse du toit sur la tête de Madeleine en train de contempler ses pieds. Ici, « tout se passe comme si » dans un ensemble de rapports illimités et indéfinis, un certain nombre de relations causales déplaçaient leur centre de gravité, se regroupent et se concentrent en spirale autour d'un événement particulier. « Zut. Zut. Zut. Zut » [1]. *Il s'est passé quelque chose.* Quelque chose *a eu lieu.* Et cet événement aspire les connexions

1. M. Proust, *À la recherche du temps perdu*, tome I, *op. cit.*, p. 153.

causales dans son orbite et les laisse tournoyer autour de lui. Mais en soi cet évènement n'a rien de très exceptionnel et il risque aussi de se laisser emporter par une nouvelle vague de connexions causales sans fin. Autour de cet événement, un certain nombre de faits s'enchaînent avec une cohérence qui pourrait passer pour le prélude d'une histoire – mais sous nos pieds la réalité continue de gronder et de nouveaux faits apparaissent qui détournent l'attention de ce qui était sur le point de germer en récit.

Notre perception n'est-elle pas de ce genre ? Nous ne percevons jamais un réseau sans fin de relations causales, mais des faits qui se regroupent, se contractent et nous aident à appréhender des distinctions dans un champ perceptif. Nous ne voyons pas un « verdoyer » qui s'incruste dans du brun, ni du mouvement qui se propage dans des voitures. Mais nous voyons des feuilles aux arbres et des voitures qui passent dans la rue à toute allure. Et en un sens, tout regroupement de cette nature forme comme une petite histoire, quelque chose qui survient ou qui se produit. La voiture est une vieille *méhari* et cahote sur le chemin délabré qui relie les replats *de San-Creps* au village de *Bedaines-la-Grosses*. Mais dans cette histoire rien ne se tient : un tas d'autres voitures traversent le village, et Dagobert, le Saint-Hubert de Mme de Cambrolle urine nonchalamment sur la porte d'entrée du boucher de la *Rue de la Rosette*… et tous ces faits n'ont rien à voir les uns avec les autres. *La réalité, c'est exactement cela.* Un ensemble de faits qui interrompent constamment toute tentative pour former une histoire ou pour y trouver une cohérence narrative. Bref, elle est ce qui nous distrait perpétuellement de l'histoire. Elle ce qui expulse le spectateur de sa « rêverie solitaire ».

Dans la détermination qu'il donne de l'état de veille et de vigilance, Philip K. Dick se réfère volontiers à une déclaration de Santayana : la vigilance, c'est « dreaming under the control of the object » (rêver sous le contrôle de l'objet). La tâche de la science-fiction serait alors de nous libérer de cette tyrannie de l'objet. Le problème, cependant, c'est que la réalité elle-même nous arrache constamment à ce « contrôle ».

C'est une fois de plus, précisément cela, *le réel* : ce qui nous distrait constamment de toute tentative pour « se concentrer » sur un objet, ou mieux, sur un événement. La réalité est le bruissement, c'est l'ensemble de tous ces autres faits et détails qui ne se laissent pas absorber ni aspirer dans cette orbite autour de cet événement unique. La tuile est tombée sur la tête de Madeleine qui était sur le point de partir pour *Pilliers-Combray*. Soit. Or, pendant ce temps, il n'a pas cessé une minute de pleuvoir à verse. D'autres personnes distraites ont continué à fixer leurs chaussures. Et les voitures n'ont pas hésité à passer à toute allure, comme si *rien* ne s'était produit. Bref, la réalité c'est *tout*. Oui, tout ce qui est.... Et ce qui s'est passé au milieu de ce tout ne mène *à rien*.

distrait ou étourdi

Dans un de ses romans, Philip K. Dick parle de la tyrannie de la réalité. Les objets dictent ce qui doit faire office de réalité. Et avec le glissement sans fin et le passage d'un objet à l'autre, chaque fixation et concentration sur une chose semble continuellement punie. Car les choses et la marée de leurs apparences inondent la pensée et déterminent la nature des idées qui en découlent. Une idée telle que la perception évoque quelque chose qui se manifeste sous les apparences d'un souvenir, évoque en même temps une autre chose qui cette fois apparaît comme une attente, un espoir, un désir, etc. Et ces idées se répandent conformément aux choses auxquelles elles s'accrochent.

De ma *méhari* j'aperçois soudainement la porte de la *rue de la Rosette*, et cela me rappelle le boulanger de *Pilliers-Combray*, qui à son tour me donne envie d'y retourner, malgré tout... Mais entretemps Dagobert le Saint Hubert de Mme de Cambrolle est sur le point de traverser la rue. Il y a très peu d'ordre dans toutes ces choses. Mais encore moins dans la pensée qui en suit le cours. La pensée saute d'un point à l'autre, cherche comme un début d'histoire ou recherche dans les faits une sorte de cohérence narrative (« oui, *Pilliers-Combray*, c'est là où j'avais rendez-vous avec Madeleine »), mais le gros Dagobert perturbe à nouveau ma rêverie. Si je n'avais pas fait attention et freiné à temps, je l'aurais écrasé (ou lui moi : imaginez, une *méhari*...).

Pascal appelle *esprit de finesse* le pouvoir de saisir *d'un seul coup* tous les détails « déliés » sans omission. On oppose à tort cet esprit de finesse à « l'esprit de géométrie » en termes d'opposition entre « intuition » et « mathématiques ». Tous les deux reposent au fond sur une intuition. Là où ils diffèrent est dans *ce* qu'ils sont réputés voir (*intuiri*). Le mathématicien a l'œil pour des principes palpables mais éloignés de la prolifération des choses dans le monde commun : il s'agit de principes « grossiers ». L'esprit fin en revanche a le don de voir une multitude de choses fines – des détails – au bon moment et d'en tirer les bonnes conséquences. *L'esprit de finesse* n'est donc pas nécessairement un esthète raffiné ou une âme sensible à laquelle on a tendance à l'identifier. C'est aussi le bon conducteur qui sait à tout moment garder le contrôle du volant, malgré ce surcroît permanent de détails ou de choses « délicates et si nombreuses ». Son attention est une succession ininterrompue de saisies momentanées de la vie turbulente des choses. A chaque fois à nouveau : une vue bien nette et instantanée. Celui qui dans pareille situation forme de cette multitude turbulente une « grossière » unité, par exemple une « Gestalt », est perdu. Son esprit grossier cherche alors des choses grossières et omet justement ce détail particulier qui dans semblable situation fait toute la différence. Le bon gros Dagobert traverse nonchalamment la rue. « *Rogntudjû* » ! Monsieur de Géométrie freine comme une brute : boum ! trop tard.

La description de Philip K. Dick de l'état de veille comme manière de « rêver sous le contrôle de l'objet » est un bon exemple de ce que Pascal entend par esprit de géométrie : ou mieux, un *esprit du grossier* (ou pourquoi pas, pour citer Sartre, « un esprit de sérieux »). Imperturbable, il ne se laisse jamais distraire. Mais après il sera lui le premier à venir se plaindre : « ah si seulement !… Mme de Cambrolle avait pour l'amour de Dieu fait sortir son « vî trigu » d'un carnivore quelques secondes plus tard… » L'esprit grossier n'était peut-être pas distrait, mais il ne faisait pas attention : il n'avait pas la « vue nette » [1].

1. Pour la distinction entre les deux esprits, Pascal, « Pensées », *op. cit.*, fragment 466, p. 742-744.

résistance

Le genre de chose qui arrive à quelqu'un en tant qu'événement (accident, surprise) diffère très probablement d'une personne à l'autre. Ceux qui sont habitués à vivre dans l'agitation et sous l'excitation continue de choses déliées et nombreuses ne se laisseront pas facilement distraire : ils survivent dans la mesure où leur esprit est continuellement dispersé sur toutes ces choses à la fois. Celui qui en revanche tente de fixer son attention sur une et unique chose, celui-là sera distrait et troublé par le moindre détail (la mouche chez Malebranche... [1]). Mais dans les deux cas, le fait est que là où l'ordre ou le désordre est « perturbé », en d'autres termes, là où *quelque chose se produit*, l'imagination s'impose. Je soupçonne que les représentations que forme l'esprit grossier refléteront le caractère grossier des objets auxquels il consacre son temps. Peu de sens du détail, des lignes bien droites et distinctes. De quoi constituer une « nouvelle ». Dans l'esprit de finesse, par contre, l'imagination risque à chaque fois de se perdre dans les détails, des voies latérales, des noms, des parfums et des couleurs. Cela fera un roman. Ou un poème épique.

Quelque chose « arrive » lorsque – façon de parler – une chaîne causale entre en collision inattendue avec une autre et la fait dévier de sa voie. Un détail, la tuile sur la tête de Madeleine, propage des ondes de « faits » autour d'elle. Ou il semble qu'un ensemble de faits se précipite puis se serre autour de ce détail, pour finalement se mouvoir comme un tout en une même direction. Bref, les faits commencent à raconter quelque chose : une cohérence qui s'émancipe de la dissémination infinie et de leur association démunie de sens. Quant à savoir si de ce petit épisode va naître un chapitre plus grand, cela n'est pas certain. Ce qui après-coup est souvent classé comme instant hautement historique et symbolique, n'est à l'origine parfois qu'un immense tintamarre et

1. « Le bourdonnement d'une mouche ... est capable malgré tous nos efforts de nous empêcher de considérer des vérités abstraites et fort relevées. », Malebranche, « De la recherche de la vérité », Livre III, chap. IV, *Œuvres*, Paris, Vrin, 2006, p. 429.

un gâchis confus. Les bolcheviks qui étaient supposés donner le coup d'envoi pour lancer l'assaut sur le Palais d'Hiver en octobre 1917 furent étonnés de constater que les canons avec lesquels ils devaient le faire étaient faux et servaient de garniture… et la répercussion de cet assaut était si insignifiante et locale que partout ailleurs dans la ville la vie suivait son cours comme si de rien n'était. En outre, ce premier grand soulèvement communiste risquait littéralement de se noyer dans les immenses caves à vin du palais. Beaucoup d'autres « événements » étaient requis afin de transformer ces émeutes rocambolesques et ces agitations incohérentes en un mouvement majeur, c'est-à-dire *une révolution* : une trêve avec l'Allemagne, l'extermination des Romanov, une guerre civile jusqu'en 1922, un fou de Gori, etc.

L'impulsion initiale en réaction à un « événement », les premières réponses à ce qui survient ou qui affecte quelqu'un, prennent toujours la forme d'une résistance. Dans cet effort pour faire de manière cohérente quelque chose avec ce qu'une chose a fait de moi, s'exprime – du moins provisoirement – le refus de me laisser distraire. Non pas que je tourne le dos au reste de la réalité, mais ce « reste » est constamment moulu et modelé en matière (*hyle*) pour l'imagination. J'entends encore le bourdonnement de la mouche, le robinet qui fuit et le bruit de pas chez les voisins. Un peu comme dans le sommeil où certaines impressions sont saisies et neutralisées en fonction du rêve, de même ces données sensibles se dissolvent dans ce qui est façonné et formé par l'imagination. Ce qui n'y entre pas me laisse indifférent. *Quel pouvoir inimaginable* est la pensée ! Celui d'ignorer et de *nier* les choses, *ne pas* les entendre, *de ne pas* être touché par elles. Sans ce pouvoir, pas d'image ni de passion.

Une *uchronie* repose certainement sur une forme d'imagination. Mais celle-ci est d'une nature très particulière. Elle développe son histoire en réponse à un événement et un détail très précis : « comment *cela* m'est-il arrivé ? », et elle est possédée par la question de savoir comment quelque chose de si contingent ou de banal a pu causer un dénouement aussi fatal. L'histoire se limite alors à la recherche de

« lignes de fuite » alternatives. Ou on cherche à reconstruire des voies intérieures ou des sorties pour une histoire dont l'issue est toujours la même. Dans cette tentative se manifeste le désir de voir comment à l'endroit précis où tel événement s'est produit, quelque chose d'autre pourrait émerger. Mais en vain.

Je me promène à nouveau dans la *rue des Rosettes* et je revois encore et encore comment Monsieur de Géométrie est sur le point d'écraser Dagobert le Saint-Hubert de Mme de Cambrolle avec son immense 4 X 4.

Dans son neuvième propos sur le bonheur, Alain explique que l'imagination est pire qu'un bourreau chinois. Elle dose la souffrance [1]. Une catastrophe réelle frappe une bonne fois pour toutes. L'instant avant, nous étions comme tout le monde et n'importe qui : c'est-à-dire quelqu'un qui ne soupçonne pas un instant ce qui va venir après. Mais dans l'imagination, ces deux moments – l'avant et l'après – sont obstinément réunis et mis en rapport. L'instant où rien n'a commencé et où tout était encore possible : il pleut à verse, je descends la route des replats de San-Creps. J'ai un rendez-vous avec Madeleine. Nous irons ensemble à *Bedaines-la-Grosses.*

Et l'instant *après Madeleine ne viendra pas.*

Un fait ou événement crée des possibles, des choses nouvelles qui peuvent survenir et arriver. Mais celui qui n'arrête pas de représenter ces possibles à la lumière de l'issue fatale – que n'ai-je retardé mon départ de cinq minutes, si seulement Madeleine était sortie un peu plus tôt – celui-là, donc, gravite en pensée autour d'un trou noir. L'histoire qu'il ressasse interminablement s'appauvrit, se répète. Elle se fige et n'offre plus aucune résistance ou protection contre l'irruption de faits nouveaux. Me voilà à nouveau distrait. Perturbé. Dérangé.

1. Alain, *Propos sur le bonheur*, *op. cit.*, p. 29.

The Grasshopper

Dans le roman « L'Homme dans le Haut Château » (*The Man in the High Castle*), des objets anciens prennent la fonction de détails dérangeants ou troublants qui produisent un « évènement ». Dans cette *uchronie*, Philip K. Dick part de l'idée que les régimes totalitaires nazis du Japon et de l'Allemagne ont gagné la guerre. L'Amérique est contrôlée par un dictateur japonais, le reste du monde est à la merci des Allemands. Dans ce monde totalitaire, certains objets ont une fonction perturbatrice : ceux qui tombent dessus commencent à douter de la véracité du monde concret. Et les objets anciens remplissent donc cette fonction : ils renvoient à la situation « d'avant » la guerre. Mais contrairement à « l'histoire antiquaire » de Nietzsche, ces objets n'évoquent nullement le bien-être et le bonheur de ceux qui se rendent compte qu'ils ont des racines et qu'ils ne sont pas nés de l'arbitraire et du hasard. Au contraire, ces objets rompent ici tout sentiment de piété : le monde concret se déstabilise, s'effrite, et autour de cet objet convergent des lignes de faits qui commencent à se solidifier en une histoire. Cette histoire fait elle-même l'objet d'un roman qui circule clandestinement dans cet état totalitaire : dans *The Grasshopper*, l'écrivain Hawthorne Abendsen raconte *l'uchronie* complètement folle selon laquelle les alliés auraient gagné la guerre en 1945[1].

Par cette « mise en abime », Philip K. Dick veut rompre l'évidence avec laquelle nous distinguons vraies et fausses histoires. Il déplace sans plus cette distinction vers un domaine où le contraste entre fiction et réalité se réduit à une sorte d'effet de surface au sein de l'imagination. Et une fois entré dans ce domaine, qu'est-ce qui décide que tel agencement de faits soit plus vrai que tel autre ? *La cohérence interne*. L'État totalitaire nazi s'avère moins réel, parce qu'il y a dans ce monde des objets qui nous distraient et nous réveillent brusquement.

1. *Cf.* l'analyse qu'offre James Burton du roman *The Man in the High Castle* au chapitre IV de son ouvrage *The Philosophy of Science Fiction. Henri Bergson and the Fabulations of Philip K. Dick*, London, Bloomsbury, 2017, p. 113 *sq*.

Ce monde n'est plus qu'apparence. Tout d'un coup, des choses sans aucun rapport avec lui et sans lien apparent avec le reste, s'infiltrent et s'imposent. Bref, le réel revient. En revanche, le roman de Hawthorne Abendsen résiste mieux à cette forme d'intrusion. Tout y occupe une place bien déterminée, tout s'y enchaîne. Rien n'y est superflu, rien n'est sous-exposé. Ici *être et apparaitre* ne font qu'un. Comme dans un rêve.

Bien sûr, Philip K. Dick ne veut pas insinuer que toute distinction entre fiction et réalité soit de cet ordre. Il déplace la distinction et montre ainsi que selon le domaine dans lequel elle se retrouve, cette opposition occupe un sens différent. De cette façon, il montre aussi comment une obsession *uchronique* peut s'épanouir en un véritable roman.

Un roman condense l'idée de l'histoire qui se forme timidement à la suite d'un événement en un monde interne de fiction, c'est-à-dire un monde où la cohérence s'avère suffisamment robuste pour s'affranchir complètement du réel ou de tout ce qui pourrait distraire. Parce qu'ici style et histoire coïncident. Dans la vie réelle il y a toujours un excès de détails : ils détournent de l'essentiel. La vie est pleine de choses qui n'ont pas d'importance, qui nuisent au style...

En revanche, dans un roman, l'essentiel ne tombe jamais en dehors de son expression : tout ce qui *est* n'a de sens que dans ce qui *apparaît*. Le fait que dans la *Recherche*, une vulgaire biscotte ait dû laisser sa place à une madeleine n'est pas sans rapport avec la description que l'auteur a faite nombre de pages plus loin des hanches d'Albertine. Inutile d'aller chercher des « raisons plus profondes » en dehors de la cohérence interne du livre. Ce lien interne évoque au niveau littéraire un sens profond sur la sensualité, sur l'affinité entre le souvenir involontaire et l'amour, le désir et le passé, etc. Dans la vie quotidienne, en revanche, revendiquer un tel lien semblerait un peu biscornu : « il a commencé à se gaver de madeleines parce qu'elles lui rappellent les hanches de sa femme... »

Mais que signifie ici « cohérence »? Il s'agit de maintenir et de perpétuer la tension propre à *l'uchronie* : la tension dont parlait Alain est transposée à un niveau où elle peut subsister par elle-même, où elle n'interfère pas avec les faits prosaïques de la vie quotidienne précisément parce qu'elle donne naissance à une organisation qui impose ses propres lois, où elle commande avec une cohérence qui dépasse de loin celle produite par les lois d'une réalité ordonnée par enchaînement causal [1]. À propos du pouvoir du roman, Léon Bloy disait quelque part : « J'ai beau savoir cette suite cruelle de désastres ; il m'est impossible de ne pas espérer, à chaque instant, qu'ils n'arriveront plus » [2]. C'est ce qui fait la grandeur d'un roman : dans l'écriture d'un roman, l'art ne consiste pas seulement à faire monter le suspense. Les romans à suspense sont souvent assez ennuyeux du point de vue littéraire. Ils offrent distraction, mais que quelque chose s'y passe, c'est souvent la seule chose qui s'y passe. Un bon roman (bien ennuyeux), en revanche, gagne en force et en profondeur dans la mesure où il réussit à créer une tension entre l'instable et l'inévitable, entre la coïncidence et l'anticipation de l'issue fatale.

Pareille œuvre ne cesse pas de nous fasciner, même si on en connait le dénouement : ou justement parce qu'on le connait. On peut relire de telles œuvres encore et encore, à la recherche de ce qui dans ce monde était resté instable, ce détail qui aurait pu faire dévier le destin : on cherche la tension entre pareils détails et la nécessité. C'est cette tension-là qui préoccupent souvent les grands auteurs ou même les grands historiens : évoquer le hasard et les possibles dans un univers hermétiquement clos. Ces possibles et ces issues alternatives sont givrés dans un élan créatif qui fait du surplace une fois pour toutes. Dans cette tension, un monde est évoqué qui est maintenu à l'être par l'imagination dans une sorte de *création continuée*. Cette tension spécifique exprime le désir dans sa forme la plus pure : comme un désir d'un avenir demeurant désir malgré la conscience qu'on a de l'issue fatale ou malgré les satisfactions ou plaisirs accumulés. Pour cette

1. À propos de cette cohérence, *cf.* J. Rancière, *Les Bords de la fiction*, Paris, Seuil, 2017.

2. Cité en épigraphe par Marcel Thiry dans son roman uchronique de 1945 : *Echec au temps*, *op. cit.*, p. 18.

raison, un bon roman s'affranchit de la réalité prosaïque du monde empirique et exige une forme d'attention exclusive : il se présente comme un univers clos et isolé, une réalité absolue, autonome et renfermée sur elle-même, mais qui vit intérieurement grâce aux rêves et aux désirs générés dans les marges de possibles laissés en suspens : et si Albertine était restée en vie ? Imaginez que Marcel n'ait pas trébuché sur les pavés mal équarris… Ou qu'il eut été allergique aux madeleines… Dans un roman, l'imagination accomplit son essence et agit sous sa forme la plus condensée : elle s'exprime comme l'espoir de pouvoir échapper à l'inéluctable. Et cet inéluctable survient comme cela même qui à chaque fois vient contrarier cet espoir et ce désir. Bref, le roman condense la vie et ses enjeux. Dans un bon livre ou dans un poème, l'imagination force les extrêmes dans une unité « d'incompossibles » : un enfant et un vieillard, un désir et une satisfaction, une naissance et une mort, une cellule souche et un blaste. L'imaginaire propre à la fiction nous offre en condensé, dans une tension jamais affaiblie, la conscience *sans distraction aucune* d'être immortel et de devoir mourir un jour.

conclusion
les restes

Deux dangers ne cessent de menacer le monde : l'ordre et le désordre.
Paul Valéry

chapitre 7
la crasse de l'autre

Hélas ! les mondes morts et muets jettent
Leur regard méprisant sur nos actes,
Nous nous décomposons, nous et ce que nous faisons,
Eux, ils poursuivent leur course.

Marx

introduction : *no one can win against kipple* [1]

Onkalo signifie « caverne » en finnois [2]. C'est dans un labyrinthe de kilomètres de tunnels creusés dans le granit que le gouvernement Finlandais a prévu d'entreposer des déchets nucléaires, allant à des centaines de mètres sous la surface de la terre. L'entrée du site de stockage doit être rendue secrète et quasiment inaccessible, un peu à l'instar du complexe funéraire de Chéops. Sauf que dans la caverne Finlandaise et sa chambre souterraine, on ne trouvera ni trésor ni momie, mais des matières radioactives qui devront attendre mille siècles avant que l'on puisse s'en approcher sans danger. Dès lors, aucune pyramide ou signe extérieur ne devra être édifié afin de signifier aux générations futures quelconque grandeur enfouie sous ce monument. Pire : non seulement

1. Philip K. Dick, *Do Androids Dream of Electric Sheep*, New York-Gollancz, New Edition-SF Masterworks, 2007, p. 57.

2. Je remercie Basil Vassilikos et Nicolas de Warren pour cette référence à Onkalo et au reportage de Micael Madsen.

ce site monumental doit rester discret, mais surtout la génération actuelle de scientifiques tente de trouver un moyen efficace pour dissuader ce qui restera peut-être du genre humain dans cent mille ans de descendre et d'ouvrir des barriques si secrètement et méticuleusement dissimulées... Or, comment communiquer avec ceux qui vivront sur terre dans un espace de temps vertigineusement plus étendu que celui de notre propre histoire? Ce genre de question forme le noyau d'un film impressionnant du réalisateur danois Michael Madsen, « Into Eternity » (2010). L'idée d'un sanctuaire construit pour contenir nos déchets pendant cent mille ans nous défie bien sûr à adopter une autre notion de durée ou d'histoire. Comme si le stockage de nos déchets nous contraignait à adopter au niveau de notre propre temporalité et durée historique une unité de mesure proche du temps astronomique. Par ce que nous avons enfoui sous terre, la distinction même entre un temps proprement humain et le temps calculé en années-lumière se brouille. Ainsi, Onkalo prend l'ampleur d'un paradigme nous obligeant à penser à nouveaux frais le statut « ontologique » ou autre des déchets dans l'histoire de notre humanité, et plus spécifiquement, dans ce qui oppose en elle histoire et nature (ou le vivant, l'organique). On est contraint d'enfouir dans les entrailles de la terre des « restes » de notre culture industrialisée, vu que leur élimination ou « biodégradabilité » s'avère *infiniment* trop lente : Onkalo est symptomatique d'une culture ayant produit des restes ou des déchets à première vue irrécupérables dans le cycle de notre économie dite circulaire et de son idéologie du recyclage. On n'est pas loin de certaines images visionnaires de Philip K. Dick décrivant la terre comme immense poubelle soumise à ce qu'il aurait appelé un processus de *kippleization*[1], et obligeant les survivants

1. « Kipple » est un néologisme qu'utilise un des protagonistes du roman *Do Androids dream of electric sheep* pour désigner une sorte de débris qui a la particularité de se multiplier à l'infini et d'envahir la planète : mélange d'entropie et de capitalisme, sorte de cancer de la matière, le « kipple » engloutit et étouffe le vivant et l'espace. Dans les termes du protagoniste : « When nobody is around, kipple reproduces itself (...) It's a universal principle operating throughout the universe; the entire universe is moving toward a final state of total, absolute kippleization. », Philip K. Dick, *Do Androids Dream of Electric Sheep*, *op. cit.*, p. 56-57.

à changer de planète. Quoiqu'entretemps, une immense déchèterie de satellites déchus gravite au-dessus de nos têtes.

Comme le remarque Baptiste Monsaingeon dans sa conférence lucide et tranchante « Homo detritus, ou l'idéal trompeur d'un monde sans reste », l'ère géologique de l'anthropocène est surtout une affaire de déchets [1]. Mais pourquoi parle-t-il d'un *idéal* « *trompeur* » ?

Dans ce chapitre, j'aimerais en guise de conclusion poursuivre l'idée d'imposture afin de la développer dans un contexte à première vue inattendu, celui précisément des déchets, des détritus ou des restes. Bref, *nos restes* en tant que pollution.

Mary Douglas raconte comment dans la tribu des Chagga, les hommes adultes construisent leur « réputation de pureté exceptionnelle sur une supercherie ». Elle dit ceci :

> Dans la tribu Chagga, les mâles adultes prétendaient que leur anus était bloqué une fois pour toutes lors de leur initiation. Les initiés de sexe mâle étaient censés ne jamais déféquer, contrairement aux femmes et aux enfants qui demeuraient esclaves de leur corps. On imagine les complications qu'entraînaient, pour les hommes, de tels mensonges [2].

Un des inconvénients est celui visant la propriété, puisque, comme on le verra à l'instant, la *posture* de la défécation est intimement liée à l'acte d'appropriation. Or, ce mythe cherche aussi, et peut-être même avant tout à montrer en quoi le modèle hygiénique de cette tribu repose sur une *imposture*, une supercherie et un mensonge (dissimulation). C'est en ce sens que Baptise Monsaingeon cite Mary Douglas, afin d'en reprendre l'idée pour illustrer l'imposture qui motive notre propre politique concernant la gestion des déchets ou des détrituts. Il s'agit d'imposture au sens où une stratégie est mise en place qui cherche à *dissimuler* tout ce qui échappe (les restes) au processus de « recyclage », en *simulant* en même temps un nouveau mythe : celui de la pureté

1. B. Monsaingeon, *Homo detritus et l'idéal trompeur d'un monde sans reste*, Conférence prononcée au Mucem, le 20 avril 2017, édition numérique.

2. M. Douglas, *De la souillure*, passage repris et commenté par B. Monsaingeon, *Homo detritus. Critique de la société du déchet*, Paris, Seuil, 2017, p. 242.

de la « biosphère » en opposition à la « technosphère ». L'imaginaire technicien prolonge le mythe de cette pureté en l'adoptant et en le perpétuant au niveau de « l'éco-citoyen » : forme actuel du déni.

Toutefois, le « propre » du déchet, à l'instar du mensonge, est justement qu'il se joue de cette distinction entre « biosphère » et « technosphère ». En ce sens, on verra comment le thème des déchets, et plus précisément celui d'Onkalo, condense et résume très bien les thèmes abordés dans ce livre. Ceux qui gravitent autour du *faux sujet* (la supercherie de l'éco-citoyen) et ceux qui gravitent autour du *faux objet*. Car en effet, quel genre d'objet est donc un « détritu »? Dans son ouvrage, Baptiste Monsaingeon fait un renvoi quasi poétique aux « chiffoniers » décrits par Walter Benjamin, dont les trouvailles se laissent décrire comme « des chemins de création » et dont la présence, « son écoute presque, met en relief sa valeur d'indice, transforme ce déchet en véhicule d'un potentiel pouvoir subversif »[1]. Cette thèse sera, on le verra, aussi développée par François Dagognet dans un contexte plus « esthétisant ».

Or, face à Onkalo, le pouvoir politique et les scientifiques s'évertuent à trouver un moyen efficace pour dissuader ces chiffonniers d'un lointain avenir d'aller fouiller dans ces caves. Le propre de ces déchets stoqués sous terre, est qu'ils ne se laissent pas réabsorber dans notre monde, ils ne sont pas « la matière première d'une autre façon de faire le monde »[2] : ces déchets ne se laissent pas réapproprier dans notre « histoire ».

Mais en même temps, ils refusent de se laisser engloutir dans les processus digestifs de la « biosphère ». Maître et possesseur de la nature, l'être humain a fabriqué un reste dont il n'arrive pas à se libérer et qui, à l'image d'un faux, se joue de ses distinctions tranchées entre nature et culture, entre vie et histoire, entre biosphère et technosphère. C'est à partir de modèles décrits par Michel Serres, Nietzsche ou Baptise Monsaingeon que j'aimerais tenter de localiser cet « objet » qu'est le

1. B. Monsaingeon, *Homo Detritus. Critique de la société du déchet*, *op. cit.*, p. 243.
2. *Ibid.*, p. 243.

détritu, le déchet nucleair ou autre. Il s'agit d'un objet aux dimensions monumentales, mais sans passé. Un excès et une surabondance non vitale, qui crée une zone obscure non loin de celle évoquée par Ph. K. Dick dans ses romans, où l'on est projeté dans un univers entièrement contaminé par une poussière nucléaire : « monde » dans lequel l'idée même de « naturel » renvoie à une histoire très ancienne. Aujourd'hui, au stade actuel de la pollution, un déchet est un reste qui échappe aussi bien au cycle naturel de vie et de mort [1] – mais qui en outre défie et résiste à la dynamique de recyclage, de « l'économie circulaire », de notre technologie « propre » revendiquant la priorité d'un « développement durable » : c'est pourquoi on cherche à l'exclure de notre « histoire ». On l'enfouit loin sous terre, dans un sanctuaire de granit supposé sans mémoire – mais sachant très bien que cette terre ne va jamais l'absorber. Ainsi, en tant qu'objet, le déchet à l'état actuel de notre frénésie industrielle et capitaliste, est une imposture tant il déplace en « s'imposant » les distinctions établies entre histoire et nature, au même titre qu'un faussaire brouille celle entre le vrai et le faux et *bénéficie de cette confusion.* Mais à qui profite celle produite par la pollution ?

mondialisation et apocalypse

Le droit à la propriété ne repose pas sur le fondement conventionnel de l'imposture, ainsi que le croyait Rousseau [2], mais sur le droit naturel d'une « posture » : celle de s'accroupir. « Posture accroupie de la défécation » [3].

1. En revanche, un fruit se décompose et pourrit afin de libérer une semence régénératrice.

2. Jean-Jacques Rousseau : « Le premier qui ayant enclos un terrain, s'avisa de dire, *ceci est à moi*, et trouva des gens assés (*sic*) simples pour le croire, fut le vrai fondateur de la société civile [...] Gardez-vous d'écouter cet imposteur ; Vous êtes perdus, si vous oubliez que les fruits sont à tous, et que le Terre, n'est à personne. », « Discours sur l'origine, et les fondements de l'inégalité parmi les hommes, Seconde partie », *Œuvres complètes*, tome III, « Bibliothèque de la Pléiade », Paris, Gallimard, 1964, p. 164.

3. M. Serres, *Le Mal propre. Polluer pour s'approprier ?,* Paris, Editions du Pommier, 2008, p. 8.

A l'instar des mammifères carnassiers (les tigres et les lions), nombre d'animaux – dont les humains – marquent leur territoire de leur urine (et du reste) : c'est la façon « dure ». Ou ils la marquent par leurs aboiements (les chiens), ou leurs chansons, comme pinsons et rossignols, « façon douce »[1]. De là la version prosaïquement remaniée de la célèbre phrase du 2e discours : « Le premier vivant qui ferma un terrain en s'avisant de pisser sur son pourtour devint le premier propriétaire en même temps que le premier des pollueurs »[2]. L'imposture de Rousseau n'était qu'une fausse « posture » (il faisait semblant…).

Pour penser l'origine de l'appropriation, Michel Serres remonte donc aux sources naturelles et animales :

> Nécessaire à la survie, l'acte de s'approprier me paraît donc issu d'une origine animale, éthologique, corporelle, physiologique, organique, vitale… et non d'une convention ou de quelque droit positif. J'y sens un recouvrement d'urine, de déjections, de sang, de cadavres pourrissants… Son fondement vient du fondement… son fondement vient du corps, vivant ou mort. Je vois là une action, une conduite, une posture… assez générales chez le vivant, assez indispensables, aussi, pour que je puisse les dire naturelles[3].

De cette « habitude naturelle » est née une forme de conduite que Michel Serres résume dans le théorème : « *le propre s'acquiert et se conserve par le sale.* Mieux : le propre, c'est le sale »[4]. Ainsi, polluer et s'approprier font un : qui crache dans la soupe la garde pour lui[5]. Façon dure de marquer un objet et d'en priver l'autre. Mais il y a aussi la façon douce : l'usage des signes (graver son nom sur un monument), faire du bruit, se parfumer… : c'est là aussi une manière *d'imposer* une limite entre le propre et l'autre, entre l'ici et l'ailleurs.

1. M. Serres, *Le Mal propre. Polluer pour s'approprier ?*, *op. cit.*, p. 5.
2. *Ibid.*, p. 64.
3. *Ibid.*, p. 15.
4. *Ibid.*, p. 5.
5. *Ibid.*, p. 5.

Cependant, la pollution augmente en commune mesure avec la production et la consommation de biens, à tel point qu'elle finit par engloutir la planète entière. La propriété, et la propreté deviennent un luxe pour les riches « dont, surabondamment, débordent les poubelles »[1]. On comprend aussi pourquoi les ploutocrates refusent de signer les protocoles d'accord sur l'environnement, ils se « méfient des questions d'écologie, en accusant ceux qui les évoquent de comploter contre leurs développements et leurs activités »[2]. Mais vu l'ampleur et l'extension des déchets, non seulement la distinction entre le propre et le sale s'évanouit (où sur terre demeure-t-il des « restes » vierges et non contaminés par nos résidus?) – mais aussi celle qui délimite les possessions. La croissance de l'appropriation génère la fin de la propriété : déjà « le patron d'un haut-fourneau pouvait salir l'air jusqu'à l'océan et la stratosphère ; du coup, il agrandissait sa propriété sur terre, les eaux et les airs, *sans limites*... »[3].

Alors, par extension, le bruit, la contamination par gaz et déchets nucléaires, les îlots de plastique sur l'océan : à qui appartiennent encore ces espaces ? qui en revendique ou en assume la possession ? « À l'heure de l'anthropocène, nul espace terrestre ne semble pouvoir aujourd'hui se soustraire à la présence de l'homme. Nous avons éparpillé nos restes jusqu'aux entrailles de notre environnement »[4]. Ils sont donc partout et effacent les limites et les frontières, les distinctions entre possesseurs et pauvres, dominants et dominés : « Qu'ils soient solides, liquides ou gazeux, concentrés ou diffus, inertes ou radioactifs, ils laissent leurs traces dans l'eau, dans les sols, ou dans les bulles d'air que l'on retrouve dans les carottes glaciaires »[5]. Les catastrophes

1. *Ibid.*, p. 47.
2. *Ibid.*, p. 66-67.
3. *Ibid.*
4. B. Monsaingeon, *Homo Detritus et l'idéal trompeur d'un monde sans restes, op. cit.*, p. 4.
5. *Ibid.*, p. 4.

écologiques[1], résultats indiscutables de cette dissémination de détritus sur la biosphère, même si elles sont les conséquences de luttes pour posséder l'espace, finissent par l'affecter sans distinction de classe ou privilèges. Certes, les plus démunis s'avèrent les plus vulnérables. C'est-à-dire, ceux qui ne possèdent rien, autrement dit, « qui n'habitent aucun lieu » et qui errent : ceux-là, dit Michel Serres, « viennent de chuter en deçà des animaux »[2]. Mais en outre ce qui se dessine devant nous est la figure « dure du déluge » : « la planète totalement envahie d'ordures et d'affiches, lacs saturés de déchets, fosses sous-marines regorgeant de plastiques, mers couvertes de débris, de résidus et d'épluchures… » : c'est « l'homogène déjection du Grand Propriétaire »[3]. La « kippleization » …

Dans cette mondialisation de la saleté, les limites, terrains et droits à défendre s'effacent : et en un sens, cela signifie aussi la fin de conflits territoriaux. Mais cette fin des limites spatiales et de sa guerre risque, d'après Michel Serres, de nous livrer à « la violence sans frein : au risque d'apocalypse »[4] : la violence de la terre secouant son dos « pour se débarrasser de tous les recouvrements que nos entreprises d'appropriation accumulèrent sur elle depuis des millénaires »[5]. La terre qui rejette nos rejets. L'extension de notre domaine par la contamination a finalement effacé les distinctions entre espèces humaines et autres[6]. Seule issue, celle de s'unir sans frontière et d'adopter face à la terre, cette « immense réserve », une « attitude de réserve »[7].

1. B. Monsaingeon : « les émissions de gaz à effet de serre qui engendrent le changement climatique, les pollutions aquatiques en tous genres qui participent à l'acidification des océans, les débris de polymères de synthèse qui transforment ces mêmes océans en une gigantesque soupe de plastique », *Homo Detritus et l'idéal trompeur d'un monde sans restes, op. cit.*p. 4.

2. M. Serres, *Le Mal propre. Polluer pour s'approprier ?, op. cit.*, p. 15.

3. *Ibid.*, p. 70.

4. *Ibid.*, p. 83.

5. *Ibid.*, p. 84.

6. *Ibid.*, p. 84.

7. *Ibid.*, p. 85

l'idéal trompeur et l'imaginaire

J'ai résumé le propos de Michel Serres de façon un peu rapide pour n'en souligner que la tendance qui m'intéresse ici : la pollution impose au monde une forme de territorialisation et d'appropriation qui, suite à l'industrialisation, tend à l'évanouissement des distinctions instaurées par elle. Imitant et prolongeant la « posture » d'origine, la pollution dure et douce que sont nos déchets industriels est comme une imposture. Fausse posture, dont l'acte d'appropriation efface toute limite et tend vers son propre néant et sa dissolution. Elle tend vers un absolu. On retrouve ici les traits propres à l'imposture en général. Elle s'impose et s'achève suivant la dynamique de l'imaginaire.

Dans le cadre de cette colonisation de la terre issue entre autres de la production et de la prolifération de plus en plus massive et nocive de déchets, on peut se demander quel sens prend en effet toute la politique et l'idéologie assez récente de *l'économie circulaire*. Baptiste Monsaingeon en donne la description suivante :

> Vision alternative à l'économie « linéaire » qui consacre le principe d'abandon, à la logique du gaspillage comme moteur économique de l'abondance, l'économie circulaire invite à ne plus penser séparément la production, la consommation et la question détritique [1].

Cette économie revendique l'ambition d'une part de sauvegarder les réserves ou ressources de la sphère biologique – de là la recherche de formes d'énergie alternatives, la promotion du biodégradable, du « développement durable », etc. D'autre part, elle s'investit dans la recherche de techniques permettant de confiner et de recycler les objets qui ne se laissent pas résorber dans le cycle du biodégradable. Espérant ainsi limiter, voire neutraliser les risques de pollution des milieux naturels. D'une part donc « protéger la nature » – d'autre part anesthésier les effets de pollution. On préserve la sphère naturelle de nos empreintes techniques, en respectant ses « cycles » biologiques –

1. B. Monsaingeon, *Homo Detritus et l'idéal trompeur d'un monde sans restes, op. cit.*, p. 10.

et on entrepose les déchets dans des lieux bien clôturés en attente de leur recyclage, ou le cas échéant, de leur destruction. C'est bien sûr refouler l'idée que bon nombre de déchets ne se prêtent pas à pareille destruction – raison pour laquelle il faut les enfouir loin sous terre – ou dont la destruction s'avère elle-même trop polluante. Mais cela mis à part, on voit comment cette économie dite circulaire, qui insiste sur la séparation des sphères (le vivant et la technique) repose sur un « idéal de pureté »[1] : pureté naturelle, et pureté technologique. Et bien entendu, la dernière copie la première. Elle transpose au niveau de la production industrielle l'idée d'un cercle parfait, sans reste et sans débordement sur la nature. Et ainsi, cette idéologie de l'économie circulaire prolonge la répartition à la base de nos agencements et de nos rapports avec tout ce qui n'est pas de l'ordre de l'humain, *celle entre nature et culture*[2]. Mais elle ne fonctionne plus qu'en tant « qu'idéal », voire en tant qu'illusion qui s'oppose justement aux effets de notre « colonisation polluante ». Celle-ci, on vient de le dire, ayant remis en cause cette même séparation, vu que nulle parcelle sur et sous terre n'est épargnée des effets de notre « culture ». Bref, l'enjeu de cette « économie » est « imaginaire » au sens où elle cherche à réintroduire une distinction à l'état pur, mais qui n'existe plus (à supposer qu'elle n'ait jamais existé, puisque les conséquences de la pollution étaient justement de la faire évanouir).

Mais il y a encore un autre sens où cette économie s'avère purement imaginaire, et à plus forte raison, l'expression d'une imposture. Il s'agit de l'instauration de « l'homme détritus », ou de « l'éco-citoyen ». Cette illusion d'une société propre et respectueuse du milieu naturel repose sur une dynamique à double sens : neutraliser le réel – évoquer un irréel.

Or le réel, c'est celui d'une économie et de son système politique effrénés reposant à part entière sur la quête de croissance illimitée. L'irréel, c'est celui d'une société qui gère entièrement ses déchets et

1. B. Monsaingeon, *Homo Detritus et l'idéal trompeur d'un monde sans restes, op. cit.*, p. 11.

2. Voir à ce sujet Ph. Descola, *Par-delà nature et culture*, Paris, Gallimard, 2005.

sauvegarde les réserves de la terre. Comme si tant de décennies plus tard, on avait enfin appris les leçons données par le club de Rome avertissant les sociétés industrielles des dangers liés à l'exploitation infinie des matières premières non renouvelables. Voyez comment aujourd'hui, on renouvelle, on recycle, on trie et gère ses déchets, on respecte la nature et promeut les exploitations bios, etc. Cependant, le problème est de savoir comment relier ces bonnes résolutions aux nécessités que nous impose la structure même de nos sociétés actuelles en quête de croissance économique illimitée. La gestion des déchets est toute une histoire en soi. Depuis les années 70, l'idée d'une saturation des lieux de stockage a hissé le problème même de la gestion des détritus à un niveau public [1]. Comme l'explique Monsaingeon :

> C'est à cette même période que le secteur industriel de gestion des déchets a pris la forme qu'on lui connaît aujourd'hui : un secteur largement éclaté, tenu par de très nombreuses entreprises et quelques multinationales qui se partagent le marché. C'est en s'appuyant sur ce processus d'environnementalisation du déchet que ces entreprises du *waste management*, ont acquis la puissance qui est la leur aujourd'hui. Il leur a permis de faire de la société du recyclage une promesse fédératrice [2].

Cependant, cette gestion industrialisée des déchets (d'abord on nous vend des déchets que l'on n'a pas vraiment cherché à acheter – et puis on nous fait payer pour les faire disparaître) a été accompagnée de toute une « campagne de sensibilisation » et d'éducation au niveau domestique : « apprendre à bien jeter ». Bien entendu, cette éducation et responsabilisation des ménages et cette gestion des déchets à niveau industriel sont promues et développées par une société dont la croissance de productivité industrielle est structurellement corrélée à celle des détritus.

1. C. Harpet, *Du déchet, philosophie des immondices : corps, ville, industrie*, Paris, L'Harmattan, 1999.

2. B. Monsaingeon, *Homo Detritus et l'idéal trompeur d'un monde sans restes*, *op. cit.*, p. 6-7.

Déjà en 2013, la revue *Nature* prévoyait que l'accroissement mondial des déchets aurait triplé en 2100 : passant de 4 millions de tonnes *par jour* (ce n'est déjà pas trop mal) à 12 millions de tonnes… [1] Alors, quel sens cela a-t-il de séparer les couvercles des bocaux en verre, le carton des gobelets en plastique, etc. dans une société qui au niveau global ne semble pas prête à remettre en cause le fondement même de ses enjeux ?

Entre d'une part la bonne gestion au niveau des foyers des déchets domestiques, et d'autre part les enjeux véritables de la société de consommation et de productivité illimitées, il y a un gouffre et une disproportion à la limite du grotesque. Les actions à échelle privée, le tri et la gestion responsable des détritus ne semblent pas vraiment ajustés aux buts qu'ils sont dits atteindre : c'est-à-dire contribuer à la protection de la planète ou éviter la catastrophe qui la menace. Les effets de ces gestes domestiques bien disciplinés sont effacés au moment même où on les perpétue : ils ont une valeur tout au plus « symbolique ». Celle qui aide à « prendre conscience » des problèmes qui menacent notre terre. Mais cette prise de conscience est elle-même dissociée d'actions à échelle plus globale et visant une transformation intégrale de notre mode de vie (l'attitude de réserve). Au lieu de contribuer à une réforme profonde de notre société, vu la catastrophe écologique qui la guette, cette « éco-citoyenneté » fait partie intégrante de la dynamique visant à en refouler ou en neutraliser le réel, à créer et à maintenir l'illusion d'une planète et d'une société propres [2]. Face à l'urgence d'une réforme à échelle globale, ces actions locales « font semblant » : elles en « imposent », tout au plus.

Il est intéressant de remarquer comment cette dynamique de l'imaginaire s'est instaurée dans les foyers et comment elle arrive à neutraliser les questions urgentes d'ordre public et politique. Cette gestion locale et domestique des déchets a contribué à une mora-

1. B. Monsaingeon, *Homo Detritus. Critique de la société du déchet*, *op. cit.*, p. 20.

2. Baptiste Monsaingeon voit quant à lui dans cette promotion de l'homo détritus la continuation de l'*homo economicus* : appendre à jeter pour mieux consommer, ou encore consommer la conscience tranquille.

lisation du problème écologique, elle en a réduit les enjeux et les réflexions d'ordre politique et ontologique à un niveau propice à la culpabilisation. Or, celle-ci suppose une inflation de la séparation de la sphère publique et de l'ordre privé. Les enjeux d'ordre public ont pénétré, en se transformant, la sphère de l'individuel : en imposant dans l'espace domestique une responsabilité propre à l'action publique – et d'autre part, cette moralisation du problème a permis de dépolitiser les problèmes des déchets et de la sauvegarde de la planète. Ainsi, comme l'explique bien Monsaingeon :

> … la façon dont, nous, usagers, avons incorporé, intégré, routinisé ces « bonnes pratiques » a permis d'abord et avant tout de faire passer au second plan – de nous faire ponctuellement « oublier » – la question des racines politiques, économiques, voire culturelles des bouleversements écologiques. L'agir éco-citoyen nous a permis de refouler les problèmes posés par l'industrialisation productiviste, le capitalisme mondialisé, ou d'une façon générale par un mode de vie résolument moderne [1].

Toutefois, cet oubli n'est lui-même qu'une part de la dynamique visant le maintien de l'illusion ou de l'idéal « trompeur » d'une économie circulaire.

nature et culture

D'une part donc on ne compte plus les « campagnes de sensibilisation » cherchant à stimuler la prise de conscience des problèmes écologiques qui menacent la terre : il y a toute une politique et sa bureaucratie munie de commissions spéciales, d'institutions et d'organisations gouvernementales ou privées qui « gèrent » la responsabilisation constante des individus ou des citoyens des sociétés occidentales, i.e. *prospères*. Or, d'autre part, ces mêmes citoyens sont incités à effectuer des actions qui à la lumière des problèmes dont ils sont rendus conscients paraissent quelque peu « ridicules » (au sens que lui attribue Diderot, *cf.* chapitre II, p. 77 *sq.*), c'est-à-dire foncièrement

1. B. Monsaingeon, *Homo Detritus et l'idéal trompeur d'un monde sans restes, op. cit.*, p. 6-7.p. 9.

inappropriées[1]. Or, cet état de disproportion entre la conscience que l'on a de l'urgence du problème et l'action censée y remédier (le geste local de mise au rebut) fait fortement penser aux considérations qui motivèrent Nietzsche à juger sévèrement la culture historique de son époque : son texte célèbre s'ouvre avec une citation de Goethe « Au demeurant, je hais tout ce qui ne fait que m'instruire, sans augmenter ou stimuler directement mon activité »[2]. Nietzsche critique une culture marquée par cette contradiction entre « l'intérieur et l'extérieur », le « contenu et la forme ». Alors qu'au niveau intellectuel (scientifique) et sentimental, la culture s'enrichit, au niveau de l'action elle s'affaiblit. Elle cultive une « idée de culture », un « sentiment de culture », sans véritable conviction. Elle produit par exemple des études très encyclopédiques et complètes, mais dont chaque exemplaire n'est finalement qu'un « manuel de culture intérieure pour des barbares extérieurs »[3]. Barbares, parce qu'au niveau de l'action, on ne voit plus que l'articulation de « conventions quelconques », « une piteuse imitation, une vulgaire grimace », toute action n'est plus qu'un « travestissement, une dissimulation »[4]. Originalité à l'intérieur, conformisme à l'extérieur.

De cette disproportion naissent une lourdeur et une paresse : la conscience court-circuite la spontanéité de l'action. Sous le poids de ses connaissances, elle perd l'instinct et le rebond vital pour réagir de manière adéquate aux exigences du réel :

1. Le progrès au niveau du tri des déchets ménagers (« apprendre à bien jeter ») se mesure finalement au « raffinement » et la spécification des distinctions imposées. Le verre (transparent versus opaque, vert ou brun, etc.), l'organique, le papier, le plastique dur versus mou : une fois établi le mouvement, les distinctions s'avèrent sans limites : on sombre dans l'abîme de l'infiniment petit… C'est là aussi une propriété de la « kippleization » : un système croule sous une surproduction de classifications (voir à ce sujet la conférence de D. Rourke, *Kipple and Things : How to Hoard and Why not to Mean*, 2011, mis en ligne : https://machinemachine.net/portfolio/kipple-and-things).

2. F. Nietzsche, « Considérations inactuelles », dans *Œuvres philosophiques complètes*, tome II, Paris, Gallimard, 1990, p. 93.

3. *Ibid.*, p. 117.

4. *Ibid.*, p. 116.

> De là naît l'habitude de ne plus prendre au sérieux les choses réelles, de là naît la « personnalité faible », sur laquelle ce qui est réel et consistant ne produit qu'une faible impression ; on finit par traiter l'extérieur avec toujours plus de négligence et de nonchalance, et l'on approfondit le dangereux fossé entre contenu et forme, jusqu'à devenir insensible à la barbarie : pourvu seulement que la mémoire se trouve incessamment sollicitée, pourvu seulement qu'elle soit alimentée par un constant afflux de choses dignes d'être sues et susceptibles d'être soigneusement rangées dans ses petites cases [1].

Ce diagnostic soustrait de son contexte et de la problématique précise à laquelle le vitalisme de Nietzsche voulait faire face, et contenant bien entendu une critique du modèle hégélien de l'histoire, nous semble aujourd'hui toutefois encore très pertinent. Il repose bien entendu sur une opposition tranchée entre culture et nature, l'histoire et le vivant, l'humain et l'animal. Dans ce texte, cette opposition pourrait se résumer à celle entre mémoire et oubli. Mais contrairement au Bergson de *Matière et Mémoire*, elle ne se résume pas à une différence de degré : elle est de nature. Car le vivant n'est qu'oubli – et la mémoire est sans vie. Le vivant reste indifférent aux finesses de l'histoire – et l'histoire a tendance à s'engourdir par excès de contenu. La vie est sans durée, pure répétition du même – l'histoire manque de vitalité et d'oubli.

De là le projet du traité de Nietzsche : développer une culture historique qui vise à réaccorder l'un à l'autre : séduire le vivant aux enjeux de l'histoire – et développer un sens de l'histoire plus propice à l'action. Il faut que la culture historique soit dominée par un « puissant courant de vie », c'est-à-dire une puissance qu'elle-même ne domine pas. Et il faut que ce courant de vie soit investi d'une dimension temporelle où le présent se projette vers un avenir inspiré par le passé. L'histoire appartient au vivant sous trois rapports : « dans la mesure où il agit et poursuit un but, dans la mesure où il conserve et vénère ce qui a été, dans la mesure où il souffre et a besoin de délivrance. À ces trois rapports correspondent trois formes d'histoire, pour autant qu'il est

1. *Ibid.*, p. 117.

permis de distinguer entre une histoire *monumentale*, une histoire du point de vue *antiquaire* et un point de vue *critique* »[1].

Or, qu'en est-il de nos déchets au sein de cette conjugaison continue entre vie et histoire, nature et culture ? Comment se situent-ils vis-à-vis de cette trinité ? Certes, les détritus, les débris et la crasse que nous produisons – « la soupe de plastiques dans les océans » – ont, vu leur ampleur, quelque chose de monumental. Mais ce qu'on lègue aux générations futures sont des monuments qu'ils n'ont pas intérêt à imiter, et dont en revanche aucune violence critique ne pourra se défaire. Ce « monumental » s'impose au détriment du vivant. Ou s'ils apparaissent comme des restes – des détritus – aucun esprit nostalgique et antiquaire n'y recherchera ses racines, etc. Il est clair que l'opposition que décrit Nietzsche entre nature et culture est très ancrée dans une époque, celle du romantisme, bien illustrée par des tableaux montrant comment de vieilles ruines de l'un ou l'autre château médiéval sont envahies et ensevelies sous une abondante végétation restée totalement impassible à la valeur culturelle de son support. La nature sans mémoire résorbe les restes d'un passé qui risque lui-même de sombrer dans l'oubli. Cependant, les déchets et la pollution qu'ils génèrent sont d'un autre ordre : ici, comme dirait Michel Serres, « la nature s'abime sous la "culture" »[2]. C'est de cet abime qu'il s'agit. Mais résumons avant tout brièvement comment Nietzsche conjugue ces trois « extases » du temps.

l'abîme

La culture historique doit avant tout promouvoir ce qui du passé mérite d'être perpétué pour sa grandeur et son caractère exemplaire et remarquable : cette forme d'histoire repose sur une croyance et une protestation : « la croyance en l'homogénéité et la continuité de toute grandeur », et elle est aussi « une protestation contre la fuite des

1. F. Nietzsche, « Considérations inactuelles », *op. cit.*, p. 103. Traduction de *Antiquarische Historie* modifiée (au lieu du « traditionnaliste » de Pierre Rusch).

2. M. Serres, *Le Mal propre. Polluer pour s'approprier ?*, *op. cit.*, p. 71.

générations et contre la précarité des choses »[1]. Par là, elle cherche à convaincre les citoyens « que telle grandeur a jadis été *possible*, et sera donc sans doute possible à nouveau »[2]. Cette présentation monumentale du passé demande une grande puissance « plastique » qui avec un élan poétique et un esprit de grandeur ne s'attarde pas à reconstruire la chaine détaillée des cause et des effets. Elle fait surgir ce passé comme issu de nulle part. Comme un sommet surplombant les vallées, sans lien ni commune mesure avec ce qui l'entoure, ce passé s'impose comme un effet en soi : Du fait qu'elle fait presque toujours abstraction des causes, on pourrait donc considérer l'histoire monumentale comme « une collection d'« effets en soi », des événements qui seront en tout temps capable de « faire de l'effet »[3]. Or, à cet effet, justement, il incombe de sacrifier tout ce qui demeure « sans effet » : cette poésie qui modifie le passé est censée *oublier les détails sans importance*, bref, les « restes ».

C'est bien entendu contre *cet oubli* même que le regard antiquaire se rebelle. A force de présenter le passé comme quelque chose étant digne d'être « imité », ce passé court le risque d'être déformé, embelli, dévié de sa signification et, par là même, sa description ressemblera à « de la poésie librement imaginée »[4]. A force de monumentaliser le passé en un *effet sans cause*, toute question concernant une possible origine se voit éclipsée. C'est pourquoi le passé doit aussi appartenir à celui qui, par piété, cherche à conserver et vénérer ce que le monumental écrase sous son poids et néglige, s'acquittant par là d'une « dette de reconnaissance » contractée envers sa propre vie. Par piété on tente de se relier à un passé en termes de causes, on découvre et vénère ses racines, et cette découverte provoque le plaisir que quelqu'un peut éprouver à être lui-même « sorti d'un passé, et non né de l'arbitraire et du hasard »[5]. Témoignage d'une vie et de coutumes qui nous

1. F. Nietzsche, « Considérations inactuelles », *op. cit.*, p. 105 (traduction légèrement modifiée).

2. *Ibid.*, p. 105.

3. *Ibid.*, p. 106.

4. *Ibid.*, p. 106.

5. *Ibid.*, p. 109.

déterminent, tout dans ce passé gagne en importance, surtout les restes et un « bric-à-brac ancestral »[1] qui risquent d'être délaissés. C'est-à-dire tout « ce qui est petit, limité, moisi, décati »[2] et donc prêt à tomber en poussière. Seulement, à force de creuser à la recherche de racines et de ne s'entourer que de restes, l'esprit antiquaire perd le sens de la mesure et finit par accorder à tout ce bric-à-brac une égale importance. Alors que le monumental oublie les détails, l'antiquaire oublie ce qui est grand. Il perd le sens du jugement et n'arrive plus à distinguer les valeurs de ces restes, « les proportions n'existent plus, qui sauraient rendre justice aux choses, les unes par rapport aux autres ». Par sa manie de l'antiquaille, sa curiosité devient vaine et mesquine, celle d'une « aveugle soif de collections », et qui parfois, dans l'avilissement de ses nobles aspirations, « déchoit [...] jusqu'à se satisfaire de n'importe quel mets et à se délecter même des minuties bibliographiques »[3]. Mais en outre, cet esprit antiquaire a tendance à juger *immortel* ce qui est vieux. Il cultive une forme d'immortalité qui n'est plus que l'envers du vivant, son refoulement crispé, et il perd tout élan et curiosité pour le nouveau et l'impondérable. Bref, pour l'avenir. Il faut donc 'prendre les poussières': et à cette poussière, l'esprit critique est allergique. Avec l'insolence et l'impatience juvéniles de la vie, l'esprit critique se rebelle : il va traîner le passé devant la « justice » de la vie[4]. Bien entendu, du point de vue de la « connaissance », cette justice est « injuste », indifférente aux arguments de l'antiquaire et à la valeur de ses « brocantes ». Ce qui le motive, c'est la vie « désirant elle-même » : en un mot l'oubli. Considérer le passé sous cet angle implique le pouvoir rigoureux « d'attaquer les racines au couteau »[5]. La critique partage le refus de ceux qui au nom du vivant et du présent ne désirent pas sacrifier une génération pour un avenir aussi sublime que lointain, et qui refusent de suffoquer et d'éternuer toute leur vie sous les poussières

1. F. Nietzsche, « Considérations inactuelles », *op. cit.*, p. 109.
2. *Ibid.*, p. 109.
3. *Ibid.*, p. 112.
4. *Ibid.*, p. 113.
5. *Ibid.*, p. 113.

du passé. Cependant, aussi vital et ragaillardissant qu'il puisse être, leur jugement « injuste », arrachant violemment toute racine, dégénère facilement et en tant que passé engendre un problème de continuité et d'identification. En effet, comment une nouvelle génération va-t-elle assumer les actions violentes de leurs pères ? Car même à supposer que les jeunes jugent sévèrement ce passé, il ne leur sera jamais possible de s'en dégager tout à fait. Alors vient une génération qui – avec zèle et se promettant de ne jamais répéter les erreurs du passé – cherche à surmonter ce conflit en s'imposant et en cultivant toute une couche de nouvelles habitudes, des coutumes supposées refouler le souvenir des antécédentes, et à créer ainsi une sorte de nouvel « instinct ». Il s'agit d'implanter « une deuxième nature » en sorte que les germes de la première dessèchent. Poussé à son comble, ce processus incite les héritiers de l'esprit critique à s'attribuer *a posteriori* de fausses origines, en réinventant leur passé. Et le problème dans ce cas, selon Nietzsche, est qu'il est d'abord impossible de « fixer une limite à la négation du passé » : le passé que l'on réinvente finit par être aussi vague que lointain. Mais en plus, cette deuxième nature étant plus faible qu'une « première nature », on s'en tient finalement souvent « à reconnaître le bien sans le faire » [1]. Bref, on revient au point de départ : la prise de conscience *versus* l'action.

possession et reliquats

La deuxième nature cherche à *s'imposer* afin de refouler l'idée de « l'injustice » perpétrée par une première nature de laquelle la sienne est issue. Ainsi donc, on a tendance à neutraliser et anéantir les références au passé honteux pour bâtir au présent une image de soi forcément tronquée, imaginaire et fondée sur de fausses origines. Et en cela on poursuit ce mouvement d'injustice qui consiste à s'approprier un monde aux dépens d'un passé encombrant et compromettant. Ce passé est éliminé, à l'instar de tout ce qui nous incommode, dans

1. *Ibid.*, p. 114.

un mouvement sanitaire qui tente de se débarrasser de ses restes en les abandonnant aux égouts de l'histoire. Mais, dirait Nietzsche, ce réflexe hygiénique est propre au courant même du vivant : il doit régulièrement se libérer (« oublier ») du passé, y faire le ménage, afin de recouvrer dans l'air purifié du présent la spontanéité innocente, insolente et « injuste » d'une nouvelle enfance. Cette rébellion critique signifie le retour et les revendications d'une nature qui secoue son dos pour se délester de toutes les couches culturelles que le passé avait accumulées. Or, on l'a vu, c'est exactement ce mouvement « critique » et « injuste », voire apocalyptique contre lequel Michel Serres nous mettait en garde. Car selon lui, *notre pollution sans limite* risquait de libérer une « violence sans frein » affranchie de notre agencement culturel au service de l'histoire. C'est finalement la terre entière qui menace de se rebeller et de se secouer afin de se débarrasser de « tous les recouvrements que nos entreprises d'appropriation accumulèrent sur elle depuis des millénaires »[1]. Le vivant ou la nature entière fait le ménage, elle décolonise la terre pour se la réapproprier : elle veut reprendre possession des ses « réserves » que le cancer humain avait fini par engloutir et exploiter. En ce sens on voit bien comment cette thèse d'une menace à échelle apocalyptique perpétue et maintient l'idée de l'opposition entre nature et culture. Un des pôles écrase l'autre.

Mais revenons à présent au modèle que décrit Michel Serres, « polluer c'est s'approprier ». Il semble inverser l'approche traditionnelle qui considère la pollution plutôt comme une des conséquences de l'appropriation : je pollue parce que je m'approprie. C'est, à titre d'exemple, ce modèle traditionnel que l'on retrouve chez Sartre. On se souvient peut-être comment dans la quatrième partie de *l'Etre et le néant*, il analyse ce qu'il dénomme « les catégories cardinales de la réalité humaine » : Avoir, faire et être[2]. Chacune de ces catégories se réduit finalement à la dernière, puisque le *désir d'être* forme le moteur même de toute action humaine. Désirer obtenir tel objet (« un stylo »),

1. M. Serres, *Le Mal propre. Polluer pour s'approprier ?*, *op. cit.*, p. 84.
2. J.-P. Sartre, *L'Être et le néant*, Paris, Gallimard, 1943, p. 507-708.

c'est finalement désirer être telle ou telle personne (« un écrivain ») à qui ce genre d'objet appartient. Entre l'objet et le « possédant » s'établit à titre de projet un lien interne et « magique ». Ce projet est précisément celui de « l'appropriation ». Pour véritablement m'appartenir, cet objet doit exister *pour moi*, c'est-à-dire être absorbé dans mes rapports intentionnels vers ce qui se constitue comme mon monde (mes « entours »). Est donc « mien » ce qui entre dans ce monde et dans le but vers lequel je dépasse la totalité de ces objets. Mais en même temps cette totalité à l'image du *pour-soi* est sans limite. Par exemple, je m'entraine à gravir une montagne. C'est tout un projet, qui présuppose un monde (équipage, information, etc.) qui peu à peu se fait mien et finit un peu par me représenter. Et puis arrive le jour où je monte. Une fois au sommet et ayant enfin acquis au prix de mes efforts ce « large point de vue sur la vallée et sur les cimes environnantes »[1], je *n'ai* pas simplement un point de vue, je le suis. Ce panorama, « c'est moi dilaté jusqu'à l'horizon, car il n'existe que par moi, que pour moi ». Et dans la mesure où cet horizon contient le ciel, le soleil, le vent, … il s'étend en quelque sorte à l'infini. Du moins le bref instant où j'ai le loisir d'en jouir avant de redescendre.

Mais voilà que là-haut sur cette cime à la vue imprenable, je retrouve par terre un emballage plastique de l'une ou l'autre boisson dite « énergétique ». Que d'autres soient montés ici, nul doute que je le savais. Et j'ai même pu apercevoir de nombreuses empreintes de chaussures de montagne, cela toutefois ne perturbait aucunement mon projet d'appropriation sportive. Mais ce déchet, lui, il m'irrite. Non seulement il pollue un morceau de nature juché à plus de 3000 mètres, mais il souille mon projet, mon monde, mon « moi ». Pourquoi ?

Pour Sartre, un déchet est compris à l'image de ce qui est éliminé par isolation hors du projet et du monde qu'il instaure : tel objet ne fonctionne plus bien, ou je veux le remplacer par un autre, ou on me le vole, etc. Sartre donne l'exemple suivant :

1. *Ibid.*, p. 681.

> Ma lampe, ce n'est pas seulement cette ampoule électrique, cet abat-jour, ce support de fer forgé : c'est une certaine puissance d'éclairer ce bureau, ces livres, cette table ... elle est animée, colorée, définie par l'usage que j'en fais ; elle est cet usage et n'existe que par là. Isolée de mon bureau, de mon travail, posée dans un lot d'objets [...] elle s'est radicalement « éteinte », elle n'est plus ma lampe ; même plus une lampe en général, elle est revenue à la matérialité originelle [1].

Arracher cet objet de mon monde, c'est un peu comme « arracher mon bras », il meurt. Ou il meurt d'une « mort naturelle » : il s'use. Car s'approprier quelque chose, c'est en faire usage : or tout usage comporte une « destruction appropriative » propre à toute consommation. « Consommer, c'est détruire en incorporant » [2]. Et au plus cet objet s'use, au plus il porte mon empreinte, comme des chaussures éculées gardent la forme des pieds qu'elles ont hébergés. Ce qui « reste », et demeure « hors d'usage » est jeté (dans la *bonne* poubelle).

Bref, un déchet est comme une déjection naturelle inséparable de tout projet d'appropriation : il est inhérent à son cycle. A mesure que l'on s'approprie (consomme), on éjecte ce qui s'avère indigeste. Défile alors toute une classe de ce que François Dagognet appelait des « infra-objets » : objet réduit à la nudité de leur matière, une *matérialité originelle* qui a perdu la forme venant l'animer du dedans : fragments (épaves, objets « fatigués »), déchets (ce qui « déchoit » en reste insignifiant), scories (de *skoria*, crasse), détritus, ordures (qui en fermentant dégagent des odeurs fétides et offrent asile à la vermine : pollution), etc. Dans son petit livre sur les détritus et les déchets, François Dagognet s'oppose à ce qu'il condamne comme « puritanisme matériel » et qui cherche à exclure ces résidus du domaine de la vraie matière. Son motif a quelque chose de moral, sorte de discours de « l'écologiquement correct » qui s'oppose à la « ségrégation » et plaide pour une réinsertion du « moindre », du démoli, de l'abject, du délabré etc. dans l'ontologie hylétique. Il s'agit de « revisiter » la

1. J.-P. Sartre, *L'Être et le néant*, *op. cit.*, p. 680.
2. *Ibid.*, p. 684.

matière par le bas, de célébrer « l'émietté et le déchiqueté »[1], c'est-à-dire tout ce que notre dynamique appropriative a éjecté lors de son processus de « consommation ». Ainsi, il renvoie par exemple aux artistes comme Kurt Schwitters et Réquichot[2] qui, au lieu de voir dans le déchet le résultat d'une décomposition *mettant fin à son existence d'objet*, « exhaussent » ce qui est ainsi abaissé en l'intégrant dans une œuvre d'art. Ils découvrent dans les détritus le matériau invitant à une « retotalisation » qui revendique un sens contraire à celui de notre civilisation destructrice. Bref, du recyclage esthétique, où avec cette *arte povera*, les artistes participent à leur façon à la grande « fête réintégrative »[3] proposée par l'auteur et qui trouve son apogée dans l'idée d'une « boucle » : « ainsi les vieux pneumatiques serviront à l'enrobage des autoroutes, dont ils assourdissent les bruits. Nous sommes mis, ici, en présence d'une boucle : la roue qui use le revêtement ou qui le dénude petit à petit s'avère moins traumatisante lorsqu'elle roule sur des résidus d'anciens caoutchoucs. *Similia similibus!* Les matières se coalisent et s'auto-corrigent ! »[4]

Or, l'idée de cette boucle, qui tente de « faire continuer » la vie d'un objet trop rapidement évacué ou dévalué, ne fait que confirmer l'idée même contre laquelle elle voulait se rebeller : le refus du reste et du déchet. Il faut les réinscrire dans le cycle d'usage et d'appropriation, il faut se les réapproprier, au-delà de toute « phobie de l'abject ». A force de s'apitoyer sur le sort des détritus, l'auteur en a lui-même refoulé l'existence, la « nudité originelle ».

En outre, ce projet de « ré-inclusion » repose sur un présupposé fondamental : « le moindre fragment, la plus fine particule conserve des liens, si ténus soient-ils, avec ce dont ils ont été détachés… jusqu'à

1. Fr. Dagognet, *Des détritus, des déchets, de l'abject. Une philosophie écologique*, Paris, Empêcheurs de penser rond, 1998, p. 28.

2. À propos de cette récupération du « trash » par l'art (« garbage art ») ou son esthétisation, voir L. Vergine, *When Trash Becomes Art : Trash Rubbish Mongo*, New York, Skira, 2007.

3. Fr. Dagognet, *Des détritus, des déchets, de l'abject, op. cit.*, p. 87.

4. *Ibid.*, p. 97.

la poussière qui colle à la semelle de nos chaussures; nous pourrions indiquer sa provenance comme son possible itinéraire ». Les détritus sont comme des « reliquats » qu'il faut apprendre à décrypter[1] et à réinsérer dans « l'antiquaille » (Nietzsche) de l'histoire. Ils portent en eux les empreintes d'une existence, ils en témoignent.

Certes, peut-être que dans *100.000 ans* ce qui aura persisté du genre humain tentera de décrypter les reliquats qu'on leur a légués sous terre à Onkalo – tout en espérant qu'ils ne croiront pas avoir découvert une réserve secrète abritant de très vieux et excellents bordeaux – mais comprendre le déchet et la pollution qu'il implique sur le modèle du reliquat est une autre façon d'en neutraliser ou refouler l'existence réelle. Le déchet, l'ordure, les détritus : leur modèle est l'imposture.

> Là où il y a une accumulation de déchets en désordre, il y a l'homme[2]

En effet, qu'en est-il du statut même du déchet? quel genre « d'objet » est-ce? La thèse que défend François Dagognet ne fait que poursuivre l'idée que tout détritus résulte d'un projet d'appropriation. Et tel l'antiquaire de Nietzsche, notre civilisation devrait réapprendre à respecter « la poussière qui colle à la semelle de nos chaussures ». Parce qu'elle témoigne du trajet que nous avons parcouru. Mais une fois encore, c'est perpétrer le projet imaginaire qui consiste à maintenir l'illusion (ou l'idéal) d'une économie circulaire en neutralisant l'existence de ce qui lui résiste. On a vu comment cette illusion se fonde sur la stricte mais traditionnelle séparation entre nature et culture, biosphère et technosphère. Et cette séparation se retrouve dans les programmes incitant à promouvoir d'une part la production de produits biodégradables, ou d'autre part à générer une culture du recyclage. Ainsi se maintient l'ancienne conception métaphysique du « rien ne se crée, rien ne se perd ». Bien entendu, cet idéal ne trouverait son apothéose conceptuelle que dans le dépassement des opposants en une « synthèse » conciliatrice. Imaginez par exemple une coopération

1. Fr. Dagognet, *Des détritus, des déchets, de l'abject*, *op. cit.*, p. 13
2. J. Lacan, *Ethique de la psychanalyse*, Paris, Seuil, 1986, p. 274.

entre les deux cycles… N'est-ce pas le rôle dévolu à la célèbre larve supposée dévorer les polyéthylènes[1] ? La nature qui se nourrit de notre culture de plastique : certes, vu les centaines de tonnes à dévorer uniquement dans l'océan Arctique, cette larve ou enzyme ne risque pas de mourir d'inanition. Mais surtout, l'idée même permet de maintenir sous le modèle d'une dynamique digestive l'idéal d'une séparation et entente mutuelle entre nature et culture. Les déchets de notre culture et de sa consommation appropriative ont, enfin, trouvé une forme de *biodégradabilité*.

On a vu comment une grande part de l'originalité de la thèse de Michel Serres réside dans l'idée que la pollution n'est pas un effet d'appropriation, mais qu'elle en est la cause. Je ne crache pas dans la soupe après me l'être appropriée – je me l'approprie en crachant dedans. Et peut-être par mégarde, mais le résultat est là : plus personne n'en veut. Cette thèse permet de concevoir le déchet et la pollution non plus comme un effet résultant de nos « désir d'avoir » et « désir d'être », ou se basant sur le modèle cyclique de la consommation et de la digestion, mais comme une donnée originaire. Toutefois, dans son ouvrage, Michel Serres ne s'attarde pas vraiment au statut même du déchet en tant qu'« objet ». Et en un sens, il reste lui aussi fidèle au modèle soutenant l'opposition traditionnelle entre nature et culture. Certes, il inverse le rapport Nietzschéen, puisque la pollution montre comment la culture ensevelit et écrase la nature ; mais en même temps il revendique l'idée d'une nature visant à récupérer sa pureté originaire, voire originelle sous forme d'une grosse bête apocalyptique qui se secoue afin de se débarrasser une bonne fois pour toutes du parasite humain qui lui irrite la peau du dos.

Sa thèse nous aide toutefois à rapprocher l'idée du déchet de celle de l'imposture. On a vu plus haut comment celle-ci repose entre autres sur une tendance à inverser tout rapport réel entre cause et effet. Les déchets qui polluent notre planète entière ne se laissent plus réduire

1. https://www.futura-sciences.com/planete/actualites/pollution-marine-cette-larve-devore-plastiques-plus-resistants-67136/.

à l'ordre des effets : ils ne sont plus simplement des « résidus » de procédés industriels visant à rendre l'humain « maître et possesseur de la nature ». Ils ont acquis une forme d'être qui déborde cet aspect résiduel, du fait même qu'ils ne se laissent plus réabsorber dans aucun des deux cycles : le naturel ou le culturel. En outre, ils s'imposent au sein de cette opposition de façon à brouiller l'enjeu de leur distinction. Le déchet et la pollution *se jouent de cette distinction entre nature et culture.*

Voilà ce qui me reste à illustrer.

Je suis donc à 3000 mètres, jouissant de l'immense panorama, du ciel bien dégagé et du silence bénéfique, quand à mes pieds je distingue soudainement cet abominable emballage. Bien sûr, je puis l'appréhender comme résidu classique et éventuellement retracer son origine, voire « décrypter » et « lire » cet emballage à l'image d'une trace. Et cela se fait sans peine : encore un marcheur peu respectueux confondant pollution et possession. Or, il y a plus : cette référence à une quelconque origine *perd toute sa pertinence.* L'existence même de cette chaine causale n'a plus aucune importance : en fin de compte, l'idée de ce marcheur ou celle de sa culture produisant ce genre de déchet m'irrite bien moins que celle de la présence obscène en tant que telle d'un reste obtus et obstiné qui s'impose d'une façon à faire dévier ou même à court-circuiter toute référence à un quelconque évènement dans le temps. Ce déchet de plastique déborde tout renvoi à son origine, détourne toute référence à un passé concret vers la présence immonde de quelque chose *qui ne passe pas*, qui se passe de passer. Soit une forme de pollution « globale » dont la profusion et *l'endurance* monumentale débordent toute *durée* mesurée en temps historique à échelle humaine. Je l'ai dit plus haut : les déchets nucléaires nous contraignent à penser une forme de « résidu » qui résiste au cycle propre à la consommation. On produit du neuf alors que les restes de l'ancien ne se sont pas encore dissipés. Et donc on tente de les dissimuler sous terre en espérant qu'ils ne se libèrent pas, vu leur pouvoir radioactif ou toxique. Or, les déchets nucléaires ne sont qu'un « paradigme » parmi la totalité de nos détritus : vu l'empressement toujours plus élevé de notre frénésie productrice, la vitesse des programmes visant la destruction (digestion) des restes ne suit pas. Il y a comme un décalage induisant une notion de temporalité qui déborde aussi bien celle de la culture (notre histoire) que celle de la nature (l'oubli). Les déchets actuels renvoient alors à une forme de matière résistant à l'absorption naturelle, à son cycle de biodégradabilité, mais résistant aussi à l'insertion dans la temporalité de l'histoire. Il ne s'agit plus du tout de poussières ou d'une matière que par « pitié écologique » on est convoqué à « exhausser » à nouveau à l'ordre des objets. Des objets, on en produit à échelle gigantesque en se passant bien de recycler la matière de ceux qui se sont dégradés[1]. Mais la résistance de cette matière ne se réduit pas non plus à l'ordre de « l'abject » : matière difforme (vomissements, excréments, salive etc.) qui contamine et trouble les cadres de notre symbolisation culturelle. Cette matière représentée par nos ordures actuelles est au-delà de toute question de forme et de contenu. Aucune forme ne l'anime du dedans ou ne lui prête une structure : forme et structure sont elles-mêmes englouties comme restes dans l'immense immondice et dans les déchetteries envahissant l'espace. Nous produisons une matière qui ne se décompose pas au rythme requis par notre temporalité productrice, mais qui en outre ne se laisse pas envahir par la verdure naturelle ou digérer par l'immense estomac du vivant. Ce petit morceau de plastique à 3000 mètres représente à lui seul une forme de *présence* qui défie celle constituée par nos notions temporelles. Elle a quelque chose de monumental, mais en s'arrachant à tout renvoi à un passé concret et visant une forme d'avenir qui à échelle humaine perd totalement son sens. Une présence en excès sur notre temporalité : *de trop pour toujours.* Il ne suffit pas de ramasser ce déchet en attente d'une poubelle : la poubelle elle-même reprendra le relais. Elle est tout autant *de trop.*

Car – et je me réfère maintenant à l'aspect « spatial » du déchet – le propre de ce résidu est qu'il ne renvoie plus à un passé comme à son

1. Le pourcentage des déchets plastiques recyclés est à peine de 9 %… (National Geographic : https://www.nationalgeographic.fr/environnement/91-des-dechets-plastiques-ne-sont-pas-recycles).

origine, mais à un réseau infini qui relie une masse gigantesque de détritus disséminés sur la planète entière. Ce petit morceau d'emballage crie et crache à lui seul la présence d'une surabondance irrépressible d'immondices et de pollution. En étendue ou en profondeur : *la pollution est partout.* Il y a du plastique jusque dans la fosse océanique la plus profonde du monde. Cette pollution essaime dans tout l'espace vital. Pour nombre d'animaux, ces restes s'imposent comme l'infiniment grand, mais certains débris – comme les microplastiques ne dépassant pas 1/20 millimètre, sont comme un infiniment petit que risquent d'ingérer les micro-organismes. Or, c'est là ingérer quelque chose d'indigeste.

Certes, une végétation surabondante – comme celle que décrit Céline lorsque Ferdinand Bardamu accoste au Congo – peut également occuper l'espace jusqu'à l'étouffement. C'est le signe de la surabondance d'une vitalité déroutante et incontrôlable. Le vivant qui se reproduit avec une fécondité vertigineuse a certes quelque chose d'effrayant ou d'abject, comme l'avait bien montré Aurel Kolnay dans son ouvrage sur la nausée [1]. Mais cette surabondance reste immanente à la vie, à ses lois et structures biologiques. Tout au plus peut-on y voir comme la manifestation d'un dérèglement ou d'une dégénérescence, à l'image d'un cancer et de sa production de blastes. Or, les détritus et leur masse gigantesque ne suivent aucune vie ni loi, aucune structure : ils s'accumulent (se « kippleisent ») en un absolu désordre, restant pleinement indifférents à la notion même d'ordre. Dans la nature, les êtres se multiplient et s'agglomèrent selon ce qu'ils ont de commun. Au niveau des détritus, ce qu'ils ont en commun est tout bonnement le fait qu'ils s'accumulent. Rien de plus. *Mais ce rien forme des touts sans limite ni restriction : tout se jette.*

Et ce tout – ces « restes » vomis par la culture et son histoire – sans ordre ni loi – perturbe la nature dans son ordre et ses lois :

1. Aurel Kolnay parlait alors de « ungehörigen Lebensplus » et d'un « aufgeschwollene Abundanz » dans « Die Sinne und der Ekel », in *Jahrbuch für Philosophie und phänomenologische Forschung* 10 (531), 1929, p. 545.

massivement, il subsiste sans « persévérer dans son être », sans conatus. Omniprésent, mais sans rapport avec aucune substance, le tout qu'est l'immense déchèterie forme et impose un rapport purement spatial entre déchets. Pure juxtaposition sans lien aucun avec une durée profonde et organique... Impossible de sonder dans cette masse un quelconque principe vital ou temporel. Ou plutôt, la question de savoir – en bon spinozien – si à cette masse correspond encore un principe, une origine ou un rapport de cause à effet, ne se pose même plus. Et c'est peut-être surtout cet aspect-là qui prête à ces déchèteries ou à ces masses d'immondices son aspect monumental : une présence obstinée *comme effet en soi*.

Qu'il soit donc « dur » ou « doux », le déchet s'infiltre partout et nulle part à la fois : sa masse représente comme une confusion continue entre l'espace, la matière et l'étendue. *Res extensa* à l'état pur, sans vide mais faisant le vide partout où elle s'annonce. Car la pollution ne se limite pas à défier les limites territoriales (l'industriel de l'est polluant son voisin à l'ouest ; ou vice versa, cela dépend du vent), elle *les détruit* Cette surabondance épaissit le monde, impose une strate sur celle de la terre : mais une couche sans vie ni histoire, et face à laquelle l'être humain lui-même s'avère être « de trop ». Immense et monumentale masse butée, recrachant hors de son tas l'être qui en est responsable.

conclusion : le grand autre

Par son *désir d'avoir* et *d'être*, le *pour-soi* cherche à atteindre une synthèse idéale avec *l'en-soi*. Jouir en même temps du désir de posséder une chose et de la satisfaction de l'avoir. Mais il se peut que cette synthèse *s'impose* au pour-soi : c'est le visqueux, où l'en-soi piège le pour-soi et l'attire, l'absorbe et l'engloutit dans sa contingence. Cette inversion du rapport crée ce que Sartre dénomme une « anti-valeur » : « un être idéal où l'En-soi non fondé a priorité sur le Pour-soi »[1].

1. J.-P. Sartre, *L'Être et le néant*, *op. cit.*, p. 702-703.

Cette « anti-valeur » peut prendre plusieurs formes : celle de la végétation d'une fertilité excessive décrite plus haut, celle de l'abject, ou celle de la « contre-finalité » propre à la bêtise (la matière étouffant le sens), etc. Dans ces exemples, on voit à chaque fois comment la matière (le vivant, la nature, l'en-soi) « se venge » du pour-soi, de la pensée, de l'histoire etc.

L'être humain se sent suffoquer sous le poids d'une nature abondante, ou sous le poids de la matière des mots, de l'inertie des structures bureaucratiques, etc. Or, les déchets, même si certains peuvent être visqueux (graisses, pourritures, excréments…), ne cherchent pas à ensevelir le « pour-soi » dans une synthèse inversée. Ils forment une masse qui elle-même éjecte et expulse l'être humain et son histoire. Il est de trop face à cet agglomération de matière errante, sans racine ni histoire, ni naturelle ni culturelle. Cette vaste poubelle singe ou imite tout au plus une profusion naturelle – mais reste elle-même sans vie. Ou elle se donne pour quelque chose de monumental, mais comme un effet sans cause, ruine sans passé. Un simulacre ou un semblant d'histoire. Bref, une imposture gigantesque se jouant des distinctions qui l'ont générée. Les prises de conscience nous alertant de l'urgence et de la massivité du problème ne s'étendent pas à l'action adaptée, parce que ce qui est « vivant » en nous n'a plus pour tâche de se réinvestir dans « l'histoire ». Le problème n'est plus de cet ordre. Il est en excès sur l'histoire. Et c'est pourquoi aussi nos prises de conscience restent suspendues dans un temps vague et vide : rien dans notre passé n'offre un modèle à imiter et à suivre dans l'espoir de sauver les générations futures. Le sens même de l'avenir (cf. *Onkalo*) s'est dilaté à l'extrême. Mais c'est surtout parce que ce à quoi on doit faire face – ce que finalement nous léguons – est sans histoire et sans vie.

L'emballage immonde à 3000 mètres, certes, pointe du doigt *quelqu'un*. C'est (toujours) la crasse d'un autre (vu que la mienne, je ne la vois pas). Mais au sens où il renvoie à un tout ou à une totalité, la *Crasse* n'est plus à personne et est à tout le monde à la fois. C'est l'homogène déjection du « Grand Autre ».

BIBLIOGRAPHIE

ALAIN, *Propos sur le bonheur*, Paris, Folio-Gallimard, 2000.

ANONYME, *202 Contes de Nasreddin Hodja*, Istanbul, Minyatur Yayinlari.

ALQUIÉ Fernand, *La découverte métaphysique de l'homme chez Descartes*, « Epiméthée », Paris, P.U.F., 1950.

ALVAREZ DE TOLEDO Sandra, Glossaire des *Cartes et lignes d'Erre, Traces du réseau de Fernand Deligny (1969-1979)*, Paris, L'Arachnéen, 2013.

AMORE Anthony M., *The Art of the Con*, New York, St. Martin's Griffin, 2015.

ARENDT Hannah, « Vérité et politique », dans *La crise de la culture*, Paris, Folio-Gallimard, 2017.

– *Du mensonge à la violence*, Paris, Agora Pocket, 2002.

ARIELY Dan, *Toute la vérité (ou presque) sur la malhonnêteté*, trad. de l'anglais par M. Bouvier, Paris, Rue de l'échiquier, 2017.

ARMOGATHE Jean-Robert, *L'antéchrist à l'âge classique, Exégèse et politique*, Paris, Mille et une nuits, 2005.

– « Figures de l'antéchrist à l'âge classique », dans J.-Ch. Darmon, *Figures de l'imposture*, Paris, Desjonquéres, 2013.

ARNAULD Antoine, NICOLE Pierre, *La logique ou l'art de penser*, Paris, Gallimard, 1992.

AVRANE Patrick, *Les imposteurs. Tromper son monde, se tromper soi-même*, Paris, Seuil, 2009.

AUGUSTIN (saint), « De mendacio », *Œuvres de Saint Augustin* II. Problèmes Moraux, Paris, Desclée de Brouwer et Cie, 1937.

– *Les Confessions*, *Œuvres* I, « Bibliothèque de la Pléiade », Paris, Gallimard, 1998.

BAGGAINI Julian, *A Short History of Truth, Consolations for a Post-Truth World*, London, Quercus, 2018.

BARTHES Roland, *La chambre claire*, Paris, Gallimard-Seuil, 1980.

BAUDUIN Andrée, *Psychanalyse de l'imposture*, Paris, P.U.F., 2007.

BELTING Hans, *A History of the Image before Era of Art*, Chicago, University of Chicago Press, 1994.

BELTRACCHI Helene, Beltracchi Wolfgang, *Selbstporträt*, Hambourg, Reinbeck bei Hamburg, 2014.

BERGSON Henri, *Œuvres*, Paris, P.U.F., 1959.

BEST Steven, KELLNER Douglas, « The Apocalyptic Vision of Philip K. Dick : 2003 », in *Cultural Studies Critical Methodologies* 3 (2), 2003.

BINSWANGER Ludwig, *Le Cas Ellen West. Schizophrénie. Deuxième étude*, Paris, Gallimard, 2016.

BOILEAU Nicolas, *Art Poétique, Epîtres, Odes, Poésies diverses et épigrammes*, Paris, Garnier Flammarion, 1998.

BORGES, *Œuvres*, tome II, « Bibliothèque de la Pléiade », Paris, Gallimard, 2010.

BURTON James, *The Philosophy of Science Fiction. Henri Bergson and the Fabulations of Philip K. Dick*, London, Bloomsbury, 2017.

CALVIN Jean, *Œuvres*, « Bibliothèque de la Pléiade », Paris, Gallimard, 2009.

CAILLOIS Roger, *Œuvres*, Paris, Gallimard, 2008.

– *Remarque sur le récit irréel*, introduction au roman uchronique de Marcel Thiry, *Echec au temps*, Bruxelles, Espace Nord, 2013, p. 5-15.

CANNONE Belinda, *Le sentiment d'imposture*, Paris, Folio-Gallimard, 2005.

CARRÈRE Emmanuel, *Le royaume*, Paris, Folio-Gallimard, 2016.

– *Je suis vivant et vous êtes morts*, Paris, Points-Seuil, 2021.

– *L'adversaire*, Paris, Folio-Gallimard, 2000.

– *Le Détroit de Behring, Introduction à L'Uchronie*, Paris, P.O.L., 1986.

CAVAILLÉ Jean-Pierre, « Ruser sans mentir, de la casuistique aux sciences sociales : le recours à l'équivocité, entre efficacité pragmatique et souci éthique », *Les Dossiers du Grihl* [En ligne], Les dossiers de Jean-Pierre Cavaillé, Secret et mensonge. Essais et comptes rendus, mis en ligne le 11 janvier 2010. URL : http://journals.openedition.org/dossiersgrihl/281.

CERCAS Javier, *El impostor*, Barcelona, Litaratura Random House, 2014 ; trad. fr. A. Grujicic, *L'imposteur*, Arles, Actes Sud, 2015.

CHARNEY Noah, *The Art of Forgery*, New York, Phaidon, 2015.

CLANCE Pauline R., LANGFORD Joe, « The Imposter Phenomenon, Recent Research Findings Regarding Dynamics, Personality and Family Patterns and their Implications for Treatment », *Psychotherapy* 30 (3), 1993.

COCTEAU Jean, *Thomas L'imposteur*, Paris, Folio-Gallimard, 1923.

CONSTANT Benjamin, *Des réactions politiques*, chapitre 8 : texte repris dans Francois Boituzat, *Un droit de mentir ? Constant ou Kant*, Paris, P.U.F., 1993.

COSTAMAGNA Philippe, *Histoires d'Œils*, Paris, Grasset, 2016.

DAGOGNET François, *Des détritus, des déchets, de l'abject. Une philosophie écologique*, Paris, Empêcheurs de penser rond, 1998.

DARMON Jean-Charles, « Libertinage et imposture : Remarques sur quelques exercices de « souplesse » de Cyrano à Fontenelle », dans J.-Ch. Darmon, *Figures de l'imposture*, Paris, Desjonquères, 2013.

DÉCOUT Maxime, *Pouvoirs de l'imposture*, Paris, Minuit, 2018.

DESCARTES René, *Œuvres de Descartes*, éd. C. Adam et P. Tannery, 11 vol., Paris, Vrin, CNRS, 1964-1974.

– *Œuvres Philosphiques*, éd. F. Alquié, 3 vol., Paris, Classiques Garnier, 1998-2010.

DELEUZE Gilles, *L'Île déserte, Textes et entretiens, 1953-1974*, Paris, Minuit, 2002.

– *Proust et les signes*, Paris, P.U.F., 1998.

– *Cinéma, Tome 2, L'Image-temps*, Paris, Minuit, 1985.

– *Logique du sens*, Paris, Minuit, 1969.

– *Différence et répétition*, Paris, P.U.F., 1968.

– *Spinoza et le problème de l'expression*, Paris, Minuit, 1968.

– *Nietzsche et la philosophie*, Paris, P.U.F., 1962.

DELEUZE Gilles, Guattari Felix, *Qu'est-ce que la philosophie ?*, Paris, Minuit, 1991.

– *Mille plateaux*, Paris, Minuit, 1980.

DERRIDA Jacques, *Histoire du mensonge : Prolégomènes*, Paris, Galilée, 2012.

– *La dissémination*, Paris, Seuil, 1972.

DESCOLA Philippe, *Par-delà nature et culture*, Paris, Gallimard, 2005.

DEUTSCH Helene, *Les « comme si » et autres textes 1933-1970*, [1992], Paris, Seuil, 2007.

DICK Philip K., *Time Out of Joint*, New York, Mariner Books (Reissue edition), 2012.

– *The exegesis of Philip K. Dick*, ed. by P. Jackson, J. Lethem, Boston, New York, Houghton Mifflin Harcourt, 2011.

– *Do Androids Dream of Electric Sheep*, New York-Gollancz, New Edition-SF Masterworks, 2007.

– *The Shifting Realities of Philip K. Dick*, Selected Literary and Philosophical Writings, L. Sutin (ed.), New York, Vintage Edition, 1995.

– *Martian Time-Slip*, New York, Ballantine Books, 1964.
– *Selected Stories of Philip K. Dick*, New York, Pantheon Books, 2002.
DURING Elie, « Vérité et imposture au sens extra-moral : le coup Sokal », dans J.-Ch. Darmon, *Figures de l'imposture*, Paris, Desjonquères, 2013.
DIDEROT Denis, *Œuvres*, « Bibliothèque de la Pléiade », Paris, Gallimard, 1951.
EISENBERGER Elie, *The Relationship Between Humans and Machines : Through the Eyes of Philip K. Dick* (article en ligne sur le site : http://www.philipkdick.com)
FERRARIS Mauricio, *Postvérité et autres énigmes*, Paris, P.U.F., 2019.
FRIEDLÄNDER Max Jakob, *On Art and Connoisseurship*, Boston, Beacon Press, 1960.
FUREDY Frank, *Therapy Culture : Cultivating Vulnerability in an Uncertain Age*, London, Routledge, 2003.
GARCÍA Lorca Isabel, *Recuerdos míos*, Madrid, Tusquets, 2002.
GINZBURG Carlo, « Signes, traces, pistes. Racines d'un paradigme de l'indice », *Le débat* 6 (6), 1980.
GIONO Jean, *Les grands chemins*, Paris, Gallimard, 1951.
GODEFROID L., *Dictionnaire de théologie Catholique*, "Mensonge", Tome Dixième, Paris, Librairie Letouzey et Ané, 1928.
GOODMAN Nelson, *Language of Art*, London, Oxford University press, 1969.
GORI Roland, *La fabrique de l'imposture*, Paris, Actes Sud, 2015.
GRACIÁN Baltasar, *Art et figures du succès, Oracle manuel*, Paris, Points-Seuil, 2012.
GRAY John, *The Soul of the Marionette*, London, Penguin, 2016.
GRAYLING A.C., *Descartes*, London, Pocket Books, 2005.
GUARNERI Luigi, *La double vie de Vermeer*, trad. de l'Italien par M. Pozzoli, Arles, Babel, 2006.
GUENANCIA Pierre, *Lire Descartes*, Paris, Gallimard, 2000.
HALLYN Fernand, *Descartes. Dissimulation et Ironie*, Genève, Droz, 2006.
HAN Byung-Chul, *Shanzhai : Dekonstruktion auf Chinesisch*, Berlin, Merve Verlag, 2011.
HARPET Cyrille, *Du déchet, philosophie des immondices : corps, ville, industrie*, Paris, l'Harmattan, 1999.
HATFIELD Gary, « The Cartesian Circle », in *The Blackwell Guide to Descartes'Mediations*, S. Gaukroger (ed.), Oxford, Blackwell, 2006.
HEBBORN Eric, *Drawn to Trouble, Confession of a Master Forger*, New York, Random House, 1993.

HIGHSMITH Patricia, *The Talented Mr Ripley*, London, Vintage Books, 1993.
INGERFLOM Claudio S., *Le Tsar c'est moi, L'imposture permanente d'Ivan le terrible à Vladimir Poutine*, Paris, P.U.F., 2015.
IRVING Clifford, *FAKE! - Adventures of the Greatest Art Forger of Our Time*, New York, Mcgraw-Hill, 1969.
JANKÉLÉVITCH Vladimir, *Philosophie morale*, Mille & Une Pages, Paris, Flammarion, 2019.
JOULE Robert-Vincent, Beauvois Jean-Léon, *Petit traité de manipulation à l'usage des honnêtes gens*, Grenoble, PUG, 2015.
KESSACI Lyasmine, « Le « Romand » de l'imposture », *Cliniques méditerranéennes* 1 (81), 2010.
KETS DE VRIES Manfred F.R., « The Dangers of Feeling Like a Fake », *Harvard Business Review* 83 (9), 2005, p. 108-116. https://www.researchgate.net/publication/7592973.
KLUGE Alexander, Richter Gerhard, *Dezember*, Berlin, Suhrkamp, 2000.
KOESTLER Arthur, *The Act of Creation*, Hutchinson, Arkana, 1964.
KOLNAY Aurel, « Die Sinne und der Ekel », *Jahrbuch für Philosophie und phänomenologische Forschung* 10 (531), 1929.
KUHLA Karoline, *Fake News*, Hamburg, Carlsen Verlag, 2017.
LACAN Jacques, *Ethique de la psychanalyse*, Paris, Seuil, 1986.
LAVERAN Sophie, *Le concours des parties, Critique de l'atomisme et redéfinition du singulier chez Spinoza*, Paris, Classiques Garnier, 2014.
LENAIN Thierry, *Art Forgery*, London, Reaction Books, 2011.
LESSING Alfred, « What is Wrong with a Forgery? », *Journal of Aesthetic and Art Criticism*, vol. 23, 1965.
LEVINSON Paul, *Fake News in Real Context*, New York, Connected Editions, 2018.
LEWIS C.S., *A Grief Observed*, New York, Phoenix Press, 1984.
LITTRÉ Émile, *Dictionnaire de la langue française*, Tome Troisième, Paris, Hachette, 1877.
MACÉ Marielle, « Sartre et l'imposture comme style d'être », dans J.-Ch. Darmon, *Figures de l'imposture*, Paris, Desjonquères, 2013.
MALEBRANCHE Nicolas, *De la recherche de la vérité*, *Œuvres*, Paris, Vrin, 2006.
MARTIN Jean-Clet, *Logique de la science-fiction, De Hegel à Philip K. Dick*, Paris, Les Impressions, 2017.
MCGINN Bernard, *Antichrist, Two Thousand Years of the Human Fascination with Evil*, New York, Columbia University Press, 2000.
MCINTYRE Lee, *Post-Truth*, Massachussets, MIT, 2018.

MENAND Louis, « Literary Hoaxes and the Ethics of Authorship », in : *The New Yorker*, 10 Décembre, 2018.

MERLEAU-PONTY Maurice, *Signes*, Paris, Gallimard, 1960.

MIGNOLO Walter, *The Darker Side of Western Modernity*, Durham & London, Duke University Press, 2011.

MILLER Christopher L., *Imposters : Litérary Hoaxes and Cultural Authenticity*, Chicago, University of Chicago Press, 2018.

MILOSZ Czeslaw, « Science fiction and the coming of the Antichrist », in : Czeslaw Milosz, *Emperor of the Earth*, Berkeley, Los Angeles, London, University of California Press, 1981.

MINOIS Georges, *Le traité des trois imposteurs, Histoire d'un livre blasphématoire qui n'existait pas*, Paris, Albin Michel, 2009.

MOLIÈRE, *Œuvres complètes*, « Bibliothèque de la Pléiade », Paris, Gallimard, 1956.

MORRIS Michael, *Die Einen nennen es Fake News, die Anderen Enthüllungen*, Fichtenau, Amadeus-Verlag, 2017.

MONSAINGEON Baptiste, *Homo detritus et l'idéal trompeur d'un monde sans restes*, Conférence prononcée au Mucem, le 20 avril 2017, édition numérique.

– *Homo Detritus*, *Critique de la société du déchet*, Paris, Editions du Seuil, 2017.

MONTALTE Louis de, *Réponses aux Lettres Provinciales*, Cologne, Pierre Marteau, 1696.

MONTAIGNE Michel de, *Les Essais*, Paris, Quarto Gallimard, 2009.

MRUGALLA Edgar, *Der König der Kunstfälscher*, Berlin, Frankfurt am Main, Ullstein, 1993.

NEIMAN Susan, *Widerstand der Vernunft : Ein Manifest in postfaktischen Zeiten*, Wals bei Salzburg, Ecowin Verlag, 2017.

NICHANIAN Mikaël, *Détruire les Arméniens. Histoire d'un génocide*, Paris, P.U.F., 2015.

NIETZSCHE Friedrich, *Œuvres philosophiques complètes*, tome II, Paris, Gallimard, 1990.

ORESKES Naomi, CONWAY Erik N., *Merchants of Doubt : How a Handful of Scientists Obscured the Truth on Issues from Tobacco Smoke to Global Warming*, New York, Bloomsbury Press, 2011.

PALMER Christopher, *Philip K. Dick : Exhilaration and Terror of the Postmodern*, Liverpool, Liverpool University Press, 2003, p. 85 sq.

PASCAL Blaise, *Œuvres complètes*, « Bibliothèque de la Pléiade », tome I et II, Paris, Gallimard, 1998.

PARTSCH Susanna, *Tatort Kunst, Über Fälscher, Betrüger und Betrogene*, Munich, C.H. Beck Verlag, 2015.

PEREC Georges, *Le Condottière*, Paris, Seuil, 2012.

PEREIRA Andrea, Van Bavel Jay, « The Partisan Brain : an Identity-Based Model of Political Belief », in : *Trends in cognitive Science*, 22 (3), 2018, p. 213-224.

PINKER Steven, *Enlightenment Now : The Case for Reason, Science, Humanism, and Progress*, Viking, 2018.

POLET Grégoire, *Excusez les fautes du copiste*, Paris, Folio-Gallimard, 2006.

POUSSIN Nicolas, *Lettres et propos sur l'art*, Paris, Hermann, 2014.

PROUST Marcel, *A la recherche du temps perdu*, « Bibliothèque de la Pléiade », tome I-IV, Paris, Gallimard, 1987-1989.

RABATÉ Etienne, « Lecture de *L'Adversaire* d'Emmanuel Carrère : le réel en mal de fiction », dans *Emmanuel Carrère, faire effraction dans le réel*, L. Demanze, D. Rabaté (dir.), Paris, P.O.L., 2018.

RABATÉ Jean-Michel, *Tout dire ou de rien dire. Logiques du mensonge*, Paris, Stock, 2005.

RANCIÈRE Jacques, *Les Bords de la fiction*, Paris, Le Seuil, 2017.

RABIN-HAVT Ari, *Lies, Incorporated. The World of Post-Truth Politics*, New York, Anchor, 2016.

RENOUVIER Charles, *Uchronie, L'utopie dans l'histoire*, *Esquisse historique apocryphe de développement de la civilisation européenne tel qu'il n'a pas été, tel qu'il aurait pu être*, Paris, Bureau Critique de la Philosophie, 1876.

REVAULT D'ALLONNES Myriam, *La faiblesse du vrai*, Paris, Le Seuil, 2018.

RIQUIER Camille, *Archéologie de Bergson. Temps et métaphysique*, Paris, P.U.F. Epiméthée, 2009.

ROSAND David, *The Meaning of the Mark, Leonardo and Titian*, Spencer Museum of Art, Univ. of Kansas City.

ROSSET Clément, *Le principe de cruauté*, Paris, Minuit, 1988.

ROURKE Daniel, *Kipple and Things : How to Hoard and Why not to Mean*, 2011, mis en ligne : https://machinemachine.net/portfolio/kipple-and-things)

ROUSSEAU Jean-Jacques, *Œuvres complètes*, « Bibliothèque de la Pléiade », tome III, Paris, Gallimard, 1964.

ROUVILLOIS Frédéric, *Le collectionneur d'impostures*, Paris, Flammarion, 2010.

SAKULKU Jaruwan, ALEXANDER James, « The Impostor Phenomenon », *in* http://bsris.swu.ac.th/journal/i6/6-6_Jaruwan_73-92.pdf, 2011.

SARRAUTE Nathalie, *Œuvres complètes*, « Bibliothèque de la Pléiade », Paris, Gallimard, 1996.

SARTRE Jean-Paul, *L'imaginaire*, Paris, Folio-Gallimard, 1986.

– *Cahiers pour une morale*, Paris, Gallimard, 1983.

– *L'Être et le néant*, Paris, Gallimard, 1943.

SECHEHAYE Marguerite, *Journal d'une schizophrène*, Paris, P.U.F., 2003.

SERRES Michel, *Le parasite*, Paris, Pluriel, 2014

– *Le Mal propre. Polluer pour s'approprier ?*, Paris, Editions le Pommier, 2008.

SIMON-NAHUM Perrine, « La défense-ajar, Romain Gary, l'écriture et son double », dans J.-Ch. Darmon, *Figures de l'imposture*, Paris, Desjonquères, 2013.

SINAPI Michèle, « Le mensonge officieux dans la correspondance Jérôme-Augustin », *Mensonge et image*, *Rue Descartes* 8 (9), 1993.

SMERLAK Matteo, *Les trous noirs*, « Que sais-je ? », Paris, P.U.F., 2016.

National Geographic : https://www.nationalgeographic.fr/environnement/91-des-dechets-plastiques-ne-sont-pas-recycles.

SPINOZA, *Œuvres IV*, *Éthique*, Paris, P.U.F., 2020.

STEINBERG Sylvie, *La confusion des sexes, Le travestissement de la Renaissance à la Révolution*, Paris, Fayard, 2001.

SUTIN Lawrence, *Divine Invasions, A Life of Philip K. Dick*, London, Orion, 2006.

SWIFT Jonathan, *L'art du mensonge en politique*, Grenoble, Million, 1993.

SZENDY Peter, *Le supermarché du visible. Essai d'iconomie*, Paris, Minuit, 2017.

TATSUMI Yashihiro, *L'enfer*, Paris, Éditions Cornélius, 2008.

TIMMERMANS Benoît, « La chair du discours à l'âge classique », *Mensonge, Mauvaise Foi, Mystification, Les mésaventures du pacte fictionnel*, coordination scientifique Th. Lenain, Paris, Vrin, 2004, p. 39-55.

VERGINE Lea, *When Trash Becomes Art : Trash Rubbish Mongo*, New York, Skira, 2007.https://www.futura-sciences.com/planete/actualites/pollution-marine-cette-larve-devore-plastiques-plus-resistants-67136.

WINNICOTT Donald W., *Processus de maturation chez l'enfant. Développement affectif et environnement*, chapitre IX, Paris, Payot, 1970.

YOUNG Kevin, *Bunk : The Rise of Hoaxes, Humbug, Plagiarists, Phonies, Post-Facts, and Fake News*, Minnesota, Graywolf Press, 2017.

ZOURABICHVILI François, *Deleuze, Une philosophie de l'événement*, Paris, P.U.F., 1994.

origine des chapitres III, V, VII et remerciements

Les chapitres III et V de ce volume ont fait l'objet d'un petit ouvrage publié en Anglais sous le titre *L.I.S., Lies – Imposture – Stupidity*, aux éditions Jonas ir Jokubas, 2019. Une version néerlandaise du chapitre VII avait fait l'objet d'une publication dans un livre d'hommage au collègue et amis Paul Moyaert (Orde Scheppen, Vantilt 2019).

Je tiens à remercier tous mes collègues et amis (de Leuven, Nijmegen, Liège, Dijon, Barcelone, Grenade, Séville, etc.) de m'avoir offert l'opportunité de discuter ensemble de ces thèmes et qui ont dès lors participé à l'élaboration de ce livre.

table des matières

Achevé d'imprimer en décembre 2021
sur les presses de
La Manufacture - Imprimeur – 52200 Langres
Tél. : (33) 325 845 892

N° imprimeur : 211260 - Dépôt légal : décembre 2021
Imprimé en France